KB200496

크리스토퍼 라이트의

다니엘서 강해

크리스토퍼 라이트의
다니엘서 강해

지은이 크리스토퍼 J. H. 라이트
옮긴이 박세혁
펴낸이 김혜정
기획위원 김건주
디자인 홍시 송민기
마케팅 윤여근, 정은희
초판 1쇄 인쇄 2020년 3월 02일
2쇄 발행 2022년 6월 28일
발행처 도서출판 CUP
출판신고 제 2017-000056호(2001.06.21.)
주소 (04549) 서울특별시 중구 을지로 148, 803호(을지로3가, 중앙데코플라자)
전화 02) 745-7231
팩스 02) 6455-3114
이메일 cupmanse@gmail.com
홈페이지 www.cupbooks.com
페이스북 facebook.com/cupbooks
인스타그램 instagram.com/cupmanse/

ISBN 979-11-90564-01-4 03230 Printed in Korea
* 파손된 책은 구입하신 서점에서 교환해 드리며 책값은 뒤표지에 있습니다.

크리스토퍼 라이트의

다니엘서 강해

크리스토퍼 J. H. 라이트 지음 | 박세혁 옮김

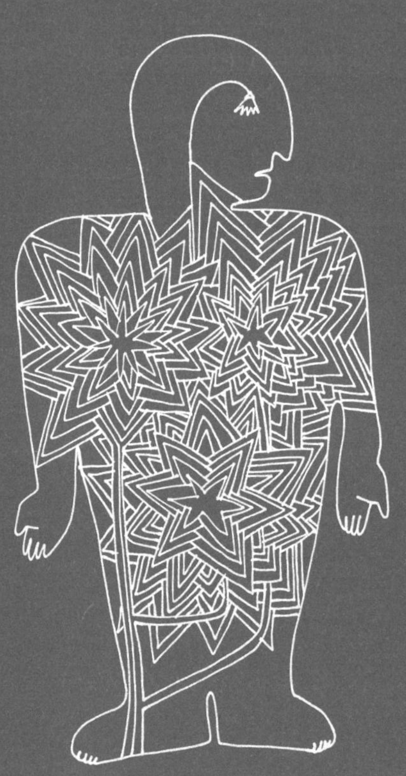

Hearing the Message of Daniel

Sustaining Faith in Today's World

CUP

Hearing the Message of Daniel

Sustaining Faith in Today's World

Christopher J. H. Wright

데이비드와 로즈메리 할리에게

"… 그렇게 하지 아니하실지라도 …"

추천의 글

류호준 목사, 백석대학교 신학대학원 구약학 교수(은퇴)

최근 한국에도 종말론 선풍이 불었다. 주로 이단을 중심으로 한 임박한 종말론이 일반 그리스도인 사이에 스며들었다. 기존 교회 그리스도인들 사이에서도 종말에 관한 특수 현상이 눈이 띤다. 이에 편승하여 몇몇 종말론 집회도 언제나 성황을 이룬다. 종말론과 연계해 반드시 등장하는 책이 있다. 신약의 요한계시록과 구약의 다니엘서다. 공통점은 묵시적 문헌이기 때문이다. 이런 이유로 사람들은 요한계시록처럼 다니엘서도 종말에 관한 암호가 들어 있다고 생각한다. 누군가 신통한 목사나 학자가 그 비밀코드를 깨어줄 것이라고 믿는다. 마치 인봉한 두루마리를 펼칠 자가 없어 탄식하는 계시록의 한 장면이 떠오른다.

다니엘서는 정말 비밀의 책인가? 암호를 해독해야 하는가? 특별한 사람들만이 암호 해독 기술을 독점하고 있는가? 다니엘서는 '종말예측사업'에 독점적으로 사용되는 책일까? 신비로운 묵시현상을 기록하고 있는 다니엘서 후반(7장 이후)을 보면 그렇게 보이기도 한다. 이 책의 저자 크리스토퍼 라이트는 단호하게 아니라고 말한다. 그럼 다니엘서의 의도와 목적은 어디에 있을까? 저자는 비우호적이고 위협적인 세상 속에 처해 있는 하나님의 백성들에게 하나님이 역사의 주관자이심을 믿고 인내하라는 줄기찬 권고가 다니엘서의 진정한 목적이라고 강력하게 설파한다. 다니엘서는 악한 세상에 대한 대안의 세상을 보여주는 저항문헌일 수 있다는 것이다. 이 책은 다니엘서 본문해설과 설교를 통해 독자들의 신앙과 선교관을 견고하게 만드는 은밀한 힘을 지녔다. 언제나 그렇듯 튼실한 성경신학과 적절한 예화와 흡인력 있는 글쓰기는 저자 크리스토퍼 라이트의 특징이다. 온화한 목양의 품격이 느껴지는 강해서이다. 이 세상 안에서 역사를 주관하시는 하나님을 알고, 그분을 경외하는 심정으로 이 세상에서 당당하게 삶을 살기로 작정하는 모든 그리스도인에게 용기를 주는 책이다. 신실한 목회자의 서재에 소중한 자리를 차지하리라 믿어 의심치 않는다.

존 골딩게이 풀러신학교 교수

많은 사람이 세상이 어디로 가고 있는지 두려워하며, 그리스도인들도 두려워하는 것처럼 보이는 때가 많다. 다니엘의 환상은 독자들에게 왜 두려워할 필요가 없는지를 보여주며, 그와 그의 친구들에 관한 이야기는 담대하고 솔직하며 신실한 삶이란 무엇을 뜻하는지를 본보기로 보여준다. 크리스토퍼 라이트는 다니엘서에 관해 자주 설교해왔으며, 오늘날 우리 삶의 절박한 상황을 위한 다니엘서의 메시지를 들을 수 있도록 도와줄 가장 적합한 사람이다.

이동원 지구촌교회 원로목사, 지구촌 목회리더십센터 대표

진지한 성경학도들에게 계시록은 난제의 책이다. 그러나 계시록 못지않은 난제의 책이 다니엘서다. 사실 다니엘서를 이해하지 못하면 계시록을 이해할 수 없다. 그래서 다니엘서는 성경의 큰 산봉우리 중 하나다. 저자는 이 다니엘서를 쉽게 오르도록 돕고 있다. 엄밀하게 말하면 이 책은 주석도 아니고 강해 설교도 아니다. 주석과 강해설교의 중간쯤에서 우리를 향해 손짓하고 있다. 그래서 이 책은 학자나 평신도 누구도 쉽게 접근이 가능한 책이다. 크리스토퍼 라이트는 존 스토트의 동역자답게 복음을 굳게 붙들고 있다. 그리고 이 복음으로 다니엘서를 들여다보고 풀어내고 있다. 다니엘이 살던 세상 못지않게 복잡한 포스트모던 성도들에게 다니엘처럼 이 세상을 살아내는 말씀의 지혜를 설파하고 있다. 그래서 이 책은 설교자와 평신도 모두에게 강력하게 추천하고픈 책이다. 이 책으로 오늘날 이 세상에서 신앙을 굳건하게 지키는 이들이 더 많이 일어나기를 소망한다.

엘런 데이비스 듀크대학교 신학대학원 성경과 실천신학 교수

매우 읽기 쉬운 이 책에서는 다니엘서가 아이들의 책이나 성경 안의 괴짜 같은 책이 아니라 현대의 그리스도인에게 가장 어려운 윤리적 물음에 대해 직접 답하는 책이라는 것을 잘 보여준다. 단어와 문학적 디테일에 대한 크리스토퍼 라이트의 세심한 주의력과 그의 목회적 상상력은 성경을 다수 세계와 소수 세계 문화에서 살아가는 사람들의 경험과 연결하며, 이로써 우리가 성경의 맥락을 이해하며 그 일부로 참여할 수 있게 해준다.

김은호 오륜교회 담임목사

복음주의 신학으로 우리에게 잘 알려진 크리스토퍼 라이트의 책이 나온 데 대해 진심으로 환영한다. 그는 전작《크리스토퍼 라이트의 십자가》와《크리스토퍼 라이트의 성령의 열매》를 통해 복음의 정수를 제시하며 한국 교회와 그리스도인들에게 영적 감격을 안겨 주었다. 이번 책《크리스토퍼 라이트의 다니엘서 강해》 역시 바벨론과 같은 세상에 살아가고 있는 많은 그리스도인에게 다니엘처럼 믿음의 소신을 굽히지 않는 뜨거운 영적 도전을 안겨주고 있다. 다니엘의 인생은 하나님께 뜻을 정함으로부터 출발했다. 그리고 성령의 인도하심을 따라 살았다. 이 책은 하나님 앞에 뜻이 분명한 인생을 살았던 다니엘에게 부으시는 주님의 섭리하심과 은혜를 주목하며 하나님의 하나님 되심을 강조한다. 바라기는 복음의 본질과 다른 것을 타협하지 않고, 믿음으로 살아가길 소망하는 모든 그리스도인에게 이 책이 기쁨의 지혜로 읽히길 기대한다.

피터 메이든 오엠 명예 국제 이사, 케직 미니스트리즈 대표 사역자

크리스토퍼 라이트는 자신의 구약학 지식, 성경을 해석하는 탁월한 재능, 적절하고 실천적인 방식으로 이를 적용하는 능력을 결합하여 다니엘서에 관한 이 뛰어난 책을 써냈다. 그리스도를 따르는 사람들에게 점점 더 낯설게 변하고 있는 것처럼 보이는 문화 속에서 신실하게 살기 위해 노력하는 모든 사람은 이 책을 통해 헤아릴 수 없을 정도로 귀중한 도움을 얻게 될 것이다.

송태근 삼일교회 담임목사

크리스토퍼 라이트의 명료하면서도 깊이 있는 다니엘서 해석이 돋보이는 책이다. 저자는 대제국 바벨론 한복판에서 일하시는 하나님께 주목하면서, 적대적인 세상 속에서 하나님의 백성들이 걸어야 할 믿음의 길이 무엇일지 생각하도록 이끈다. 우리가 이 책의 안내를 따라 다니엘서의 말씀에 귀 기울인다면, 세상보다 더 크실 뿐만 아니라 그의 백성들을 통해 세상을 새롭게 하시는 하나님을 만나게 될 것이다.

존 딕슨 공적 기독교 연구소의 설립 이사, 성 앤드루스의 로즈빌 시니어 사역자,
오스트레일리아 매콰리대학교 고대사학과 명예 연구원

크리스토퍼 라이트는 그의 위대한 멘토이자 친구였던 존 스토트처럼, 하나님의 말씀과 하나님의 세상을 함께 해석해내는 너무나도 드문 능력을 갖추고 있다. 목회자와 소모임 인도자, 그리스도인 모두가 보석 같은 이 책에서 다니엘서 본문에 대한 명확한 설명—이는 결코 쉬운 일이 아니다—과 그리스도인들이 어떻게 세속화하고 있는 세상 속에서 압력을 받는 소수 집단으로서 당당하게 살아갈 수 있는가에 관한 풍성한 통찰을 얻을 수 있을 것이다. 이 책을 통해 나는 다니엘서를 다시 읽고 나 자신의 상황에서 그 안에 담긴 보물에 대해 설교하고 싶은 마음이 들었다. 크리스토퍼 라이트의 글이 지닌 국제적인 감각 때문에, 다른 이들 역시 그들이 어디에서 살든지 나와 똑같은 느낌을 받게 될 것이라 확신한다.

차준희 박사, 한세대학교 구약학 교수, 한국구약학회 회장 역임, 한국구약학연구소 소장

"크리스토퍼 라이트의 책은 무조건 구입해서 읽을 만한 가치가 있다." 지금까지 이러한 판단은 한 번도 틀린 적이 없다. 다니엘서는 요한계시록과 같이 묵시문학에 속하는 책으로 전문가들도 쉽게 다가가기 어려운 책이다. 그러나 이 책은 전문주석서도 아니고 전문학술서도 아니다. 탁월한 구약전문가가 친절한 설교자로 변신하여 다니엘서를 쉽게 풀이한 강해서이다. 일반 독자도 편안하게 이해할 수 있도록 풀어 쓴 점이 장점이자 특징이다.

저자는 다니엘서 본문을 설교조로 풀이하면서 중간중간 현실적인 적용을 언급한다. 이를 통해 신기할 정도로 2,600년 전의 이야기를 오늘의 이야기로 들여온다. 이 책은 미래가 아무리 두렵게 보이더라도, 그 또한 하나님의 주권에 달려있음을 명심하고, 이 땅에서 하나님의 선교를 위해 하나님의 백성답게 살아가도록 권면한다. 이 세상 안에 있지만 이 세상에 속해 있지 않은, 하나님의 나라에 속한 신앙인들이 구체적으로 이 땅에서 어떤 삶을 살아야 하는지, 이 책이 길잡이가 되어줄 것이다. 크리스토퍼 라이트의 또 한 권의 작품을 우리말로 읽게 되다니, 여간 행복한 것이 아니다!

전성민 밴쿠버기독교세계관대학원 원장

다니엘에 대한 크리스토퍼 라이트의 설교를 읽는 것은 성경을 사랑하며 세상에서 살아가는 그리스도인을 흥분케 한다! 하나님 나라의 반대는 다름 아닌 인간의 제국이다. 크리스토퍼 라이트는 다니엘 강해에서 하나님의 나라에 대항하는 제국의 교만한 모습과 그 처참한 결말을, 그리고 모든 제국을 멸하고 영원히 서는 하나님 나라의 영광스러운 소망을 다니엘의 비전만큼이나 생생하게 설명한다. 그는 또한 미래의 천국이 아니라 지금 여기 제국의 땅에서 하나님의 통치를 드러내야 하는 하나님 백성들의 삶을 겸손하게 성찰하고 담대하게 진단한다.

자신의 잘못을 덮기 위해서라도 이웃의 죄에 더 날카로운 한국 교회를 생각할 때 "세상을 위해 더 많이 기도하고 교회의 죄에 대해 더 많이 슬퍼해야 할지도 모르겠다"라는 라이트의 고백은 가슴을 저리게 한다. 또한 자신들만이 소명 받은 특별한 존재라고 여기는 교회 안팎의 전문 종교인들 앞에 주눅 들기 쉬운 "모든 종류의 직업을 가지고 살아가는 그리스도인들"에게 그들이야말로 "제대로 자리를 잡고 있는 다니엘들이다!"라고 격려하는 라이트의 말은 가슴을 뛰게 한다. 개인적인 야망을 경계하고 이교적 문화 관습을 조심해야 하지만, 더욱 강력하고 위협적인 우상은 국가주의와 종교와 결탁한 애국주의라는 라이트의 경고는 가슴을 서늘케 한다.

다니엘이 환상을 보던 2500년 전 바벨론과 자신이 일했던 인도와 영국을 포함한 다양한 현장 경험을 연결하며 다니엘서를 지금 여기를 살아가는 우리를 위한 말씀으로 생생히 살려내는 설교는 다시 만나기 힘든 학자-목자의 성실하고 신실한 솜씨다. 구약은 물론 신약까지 넘나들며 다니엘의 메시지를 성경 전체와 현대 사회의 맥락 속에서 풀어내는 솜씨는 그야말로 강해 설교의 둘도 없는 모범이다. 이 책을 통해 독자들은 냉철한 주해, 가슴 뜨거운 묵상, 하나님의 선교를 살아내는 부지런한 실천이 한데 어우러진 그리스도인의 삶을 만난다. 다니엘서를 '총리'가 될 수 있는 '학습법'을 알려주는 책으로만 소비해 온 한국의 그리스도인들은 이제 비로소 다니엘서의 참 힘을 알 수 있게 되었다. 당장 이 책을 읽어 보라. 인간 제국을 초라하게 만드는 하나님 나라의 힘찬 박동에 우리의 심장 또한 감사와 감격으로 펄떡거릴 것이다.

마이클 고힌 커버넌트 신학교 선교신학 교수, 미셔널 트레이닝 센터 신학 교육 책임자

설교자들에게 추천하고 싶은 책이다. 건전한 성서학에 굳건히 뿌리를 내리고 있는 이 책은, 다니엘을 통해 하나님이 그의 동시대인들에게 하신 말씀에 귀를 기울이게 함으로써 우리가 오늘 그 말씀을 들을 수 있게 해준다. 성령께서 우리의 선교적 상황에서 우리에게 하시는 말씀을 들을 때 다니엘서의 메시지가 우리에게 생생하게 다가온다. 크리스토퍼 라이트는 우리에게 본문이 무엇을 말하는지를 말해줄 뿐 아니라 본문이 무엇을 하려고 하는지를—즉 그때와 지금 적대적인 문화 속에서 독특한 백성을 만들어내고자 한다는 것을— 보여준다. 이 소중한 책은 우리가 본문의 맥락에 충실하면서도 현재 상황에 알맞게 적용할 수 있는 방식으로 다니엘서를 읽고 설교하도록 도와준다.

차례

저자 서문

"올 네이스션스, 1986년 1월~3월." 심하게 닳은 수기 원고 묶음의 첫 페이지 상단에 적힌 문구다. 내가 올 네이션스 크리스천 칼리지 채플 예배에서 다니엘서 1~7장을 처음으로 설교할 때 사용했던 원고다. 당시 나는 가족과 함께 인도의 유니온 성경신학교(Union Biblical Seminary)에서 봉직하던 중 휴가를 얻어 영국으로 돌아와서 지내고 있었다. 올 네이션스는 그 몇 달 동안 감사하게도 우리에게 머물 곳을 제공했고, 그 기간 동안 매주 수요일 아침 채플 예배에서 다니엘서를 연속으로 강해설교하는 책임을 맡게 되었다.

당시 올 네이션스의 학장은 나중에 싱가포르에 있는 국제 OMF의 국제 이사가 된 데이비드 할리(David Harley)였다. 올 네이션스에서 만난 이후 데이비드와 그의 아내 로즈메리는 나를 만날 때마다 나에게 인사말과 함께 "그렇게 하지 아니하실지라도…"라고 말한다. 다니엘 3장 17~18절에서 사드락과 메삭, 아벳느고가 했던 이 말에 관한 나의 설교가 그 당시 많은 학생에게 깊은 인상을 남긴 것 같다(혹은 적어도 데이비드와 로즈메리에게는 그랬던 것 같다). 이렇게 이 책이 출간될 수 있는 것은 그때 할리 부부가 나를 초대해

준 덕분이었기에 우리가 함께하는 사역에 대한 애정과 감사의 마음을 담아 이 책을 그들에게 바친다.

흔히 그렇듯이 시간이 흐르는 동안 나는 강해 설교를 재활용하고, 재고하고, 수정하고, 확장하고, 업데이트하고, 다른 상황에서 전하곤 했다. 나는 유니온 성경신학교에서 다시 다니엘서에 관한 설교를 했고, 인도에서 돌아오고 나서 몇 년이 지난 후 올 네이션스에서 다시 설교했다. 1~6장에 대한 강해 설교는 1993년에 오늘을 위한 말씀(Word for Today) 시리즈의 일부로《불로 시험받다: 다니엘 1~6장 : 오늘날 세상 속에서의 견고한 믿음》이라는 제목으로 미국 성서유니온(Scripture Union)에서 출간되었다. 이 책은 (아마존에서 1페니에 팔리는 것을 보기는 했지만) 여러 해 동안 절판된 상태였으며, 따라서 나는 다시 한번 이 책을 업데이트하고 다니엘서의 나머지 부분에 관한 장들을 추가해 이 책을 되살리자고 제안한 캐티아 코브릿(Katya Covrett)과 존더반(Zondervan) 출판사와 최종 원고를 꼼꼼하게 편집해준 낸시 에릭슨(Nancy Erickson)에게도 감사를 드린다.

지적해둘 두 가지 내용이 있다.

첫째, 이 책은 다니엘서에 대한 주석이 아니다. 복잡한 본문에 대한 자세한 주석과 이 책이 제기하는 문제들을 주도면밀하게 다룬 다니엘서에 대한 수많은 탁월한 주석이 있다. 다니엘서를 깊이 있게 연구하기 원하는 사람들은 이런 자료를 참고해야 한다. 이 책은 설교로부터 시작된 책이며, 글의 형식에 맞춰 부드럽게 만들기는 했지만, 설교의 형식을 아직도 많이 유지하고 있다. 강해 설교가 그래야 하듯이 이 책에서는 본문의 핵심 주제와 목적에 충실하고, 설명이 필요한 부분에 관해서는 설명하고(또한 필요하지 않은 부분은 생략하고—이것은 언제나 주관적인 판단의 문제다), 우리의 역사적, 문화적 맥락 속에서 본문에 대한 어떤 반응이 우리에게 적합한지를 살펴보려고 노력했다.

둘째, 이 책은 다니엘서의 통일성이나 후반부의 장들 혹은 다니엘서 전체의 연대에 관한 비판적인 물음에 대해 어떤 입장도 취하지 않는다. 다니엘서 전체가 적대적이며 위협적인 문화 속에서 살아가는 하나님의 백성을 격려하고, 타락한 인간들이 '자기 마음대로 행하여' 하나님과 그분의 백성에 맞서 자신들의 반역적인 뜻을 실행하려고 할 때조차도 일어나는 모든 일을 하나님이 주권적으로 통제하고 계심을 보여주고자 한다. 따라서 나는 다니엘서 자체의 관점에서, 또한 다니엘서에 담긴 환상이라는 각도에서 읽고 해석하려고 노력했다. 후반부 장들의 환상이 정말로 미래에 대한 예언인지, 아니면 과거와 현재의 사건에 대한 예언자적 해석인지에 관한 학자들의 논쟁을 살펴보고자 하는 사람들은 더 자세한 주석을 참고해야 한다. 아래 책들은 최근에 나온 가장 유익하고 철저한 주석 중 일부다.

- Baldwin, Joyce. *Daniel: Tyndale Old Testament Commentaries*. (Leicester: Inter-Varsity Press; Downers Grove, IL: InterVarsity Press, 1978.)
- Goldingay, John E. *Daniel*. Word Biblical Commentary 30. (Dallas: Word, 1989.《다니엘서》, 솔로몬).
- Lucas, Ernest C. *Daniel*. Apollos Old Testament Commentary.

(Leicester: Apollos, 2002. 《다니엘》, 부흥과개혁사).

- Wells, Samuel, George Sumner. *Esther and Daniel*. Brazos Theological Commentary on the Bible (Grand Rapids: Brazos, 2013).

이 책과 비슷하게 더 대중적인 수준의 강해서 중에서는 아래의 책들이 유익하다.

- Wallace, Ronald S. *The Message of Daniel: The Lord is King*. The Bible Speaks Today (Leicester: Inter-Varsity Press, 1979).
- Fernando, Ajith. *Spiritual Living in a Secular World: Applying the Book of Daniel Today* (London: Monarch, 2002, 《현대를 사는 다니엘: 세상 조직 속의 그리스도인》
- Reid, Andrew. *Kingdoms in Conflict: Reading Daniel Today*. (Sydney: Aquila Press, 1993).

프롤로그

어렸을 때 피아노를 배웠지만, 제대로 치려는 노력을 포기했던 나는 십 대 때 들은 대로 피아노를 연주할 수 있다는 것을 알게 되었다. 나는 1960년대 초 벨파스트의 우리 교회 중고등부에서 불렀던 노래를 연주하곤 했다. 더 사실적으로 말하면, 습득한 두세 개의 조만으로 모든 곡을 연주해 대부분의 노래에 몹쓸 짓을 했고, 노래하는 이들 대부분을 힘들게 했다. 그 옛날 우리가 아주 많이 불렀던 "죄 많은 이 세상은 내 집 아니네"(This World Is Not My Home)라는 곡은 나처럼 어설픈 피아노 연주자에게도 매우 쉬웠다.[1]

나는 귀에 쏙쏙 박히는 이 노래를 연주하기를 즐겼지만, 연주하면 이 노래를 부르지 않아도 되었기 때문에 즐기기도 했다. 솔직히 나는 이 노래의 가사를 전혀 좋아하지 않았다. 가사가 충실하지 못하고 절반만 참인 것처럼 들렸다. 치기 어린 이상주의자였던 나에게는 순전한 현실 도피주의를 노래하는 것처럼 느껴졌다. 돌이켜보면 나는 그때 이 세상이 내 집이며, 하나님이 어떤 목적을 위해 나를 이곳에 보내셨다고 생각했다. 그러니 천사들은 원한다면 가서 다른 누군가를 데려가면 될 것이다. 나는 여기 머물겠다고 생각했다.

물론 이 노래가 부분적으로는 옳다. 어떤 의미에서 이 세상은 그리스도인에게 낯선 영토다. 이것은 하나님의 선한 피조물이며 하나님이 우리가 피조물 안에서 집으로 삼고 살게 하신 공간인 지구 자체가 아니라 성경에서 지칭하는 '세상,' 하나님과 상관없이, 더 나아가 그분에 반역하며 조직된 인간의 세상, 타락과 저주, 악과 죄의 공간인 세상을 말한다. 우리는 이 세상으로부터 구원을 받았지만, 여전히 그 안에서 살아가야 한다. 따라서 우리는 이 세상을 '편안하게 느껴서는' 안 된다.

어떤 의미에서 우리는 죄로 가득하며 하나님에 맞서 반역하는 세상을 '지나쳐가고 있을' 뿐이다. 성경에서는 순례라는 말이 줄곧 사용되고 있다. 우리는 더 나은 어딘가를 향해 여행하고 있다. 물론 성경에서는 이곳을 그저 당신이 죽어서 가는 저 하늘의 천국이 아니라 완전히 새로운 피조물, 새 하늘과 새 땅으로 묘사한다. 우리는 이 세상 안에서 살고 있지만, 그 너머에 자리 잡고 있는 운명, 즉 죄와 악의 저주로부터 해방된 새로운 세상, 하나님이 의도하신 대로 우리가 정말로 집으로 삼을 수 있는 세상을 바라보며 살아간다.

신약에서는 이런 긴장을 날카롭게 부각하면서 사탄의 왕국이나 이 세상의 왕국들과 대조되며 갈등하는 하나님의 나라에 관해 이야기한다. 그리스도인은 이러한 일차적인 긴장을 유지하면서 살아가야 한다. 우리는 '이 세상 안에 있지만, 이 세상에 속해 있지 않다'. 이곳은 여전히 하나님의 세상이기에 우리는 이 세상을 집으로 삼고 있지만, 세상 자체가 하나님으로부터 너무나도 소외되어 있기에 우리도 이 세상으로부터 소외되어 있다.

그렇다면 그리스도인은 어떻게 지상의 왕국 안에서 살아가는 동시에 하나님 나라의 시민으로서 살 수 있을까? 더 구체적으로 어떻게 그리스도인은 어떤 다른 종교의 문화이든(이슬람국가의 경우처럼), 세속적이며 점점 더 이교화되고 있는 서양 문화이든, 낯선 비기독교적 문화 속에서 자신의 신앙을 증언할 수 있을까(혹은 보존할 수 있을까)? 특히 그렇게 하면 오해나 고통, 위협, 심지어는 죽음과 같은 엄청난 대가를 치러야만 한다면 어떻게 그렇게 할 수 있을까?

나는 인도의 몇몇 그리스도인이 정말로 진지하게, 사업을 하면서 정직함의 성경적 기준을 온전히 유지하기는 불가능하다고 말하는 것을 들었다. 자신들이 어떻게 하기를 원하든, 막후에서 주고받는 뇌물과 부패 없이는 사업하는 것 자체가 힘들며, 더 솔직히 가능하기는 하지만, 이를 위해서는 엄청난 믿음과 용기가 필요하다고 말한다. 인도의 일부 지역에서 동네의 힌두교 축제에 참여하거나 이를 위해 재정적인 지원을 하는 것을 거부하는 그리스도인들은 개인적으로 협박을 받거나 그들의 집이나 재산에 대한 심각한 파괴 행위를 당한다.

영국의 교사들은 기독교에 대한 적대적인 분위기를 지적하면서 기독교 신앙에 대한 헌신을 공개적으로 드러내어 세뇌 교육이나 불관용이라는 비난을 받게 되면 징계 조치가 내려질 것이라는 위협을 받기도 한다고 말한다. 특히 성 윤리 분야에서 모든 종류의 기독교적 헌신은 이제 불관용을 암시하는 것으로 여겨진다. 현재 영국에서 정치 지도자들은 "우리는 불관용을 관용하지 않을 것이다"라고 공개적으로 말한다. 한 그리스도인 여성은 자신의 고용주가 계약을 위한 협상 과정의 일부로서 고객의 성적 접근을 받아들이라고 기대한다는 사실이 분명해졌을 때 직업을 포기했다. 북아일랜드에서 빵집을 운영하던 그리스도인 부부는 동성 커플에게 "동성 결혼을 지지하라"라는 문구로 장식된 결혼 케이크 판매를 거부했다는 이유로 '평등'에 관한 법 조항을 위반했다고 법원에서 유죄 판결을 받았다. 그들이 양심에 따라 가게를 운영할 수 없다면, 이것은 사업체를 잃어버리는 것을 의미할 수도 있다. 이런 종류의 낮은 수준의 적대감과 배제를 드러내는 예는 훨씬 더 많다. 파키스탄과 나이지리아, 케냐, 이집트, 시리아, 이라크 등에서 기독교 신자들에게 가해지는 잔인한 공격이나 살인과 비교하면, 이것은 살짝 찌르기에 불과하다.

이런 문제는 새로운 것이 아니다. 그리스도인들은 네로가 그들을 사자 먹이로 내어줄 때부터, 심지어 그 이전부터 이런 문제에 직면해왔다. 유대인들 역시 그들의 역사 내내 같은 문제에 직면했다. 가장 비극적인 것은 그들이 스스로 기독교 국가라고 주장하던 나라들로부터 끔찍한 박해를 당하기도 했다. 따라서 성경이 이런 문제에 많은 관심을 기울인다는 사실에 놀랄 필요가 없다. 다니엘서에서는 다니엘과 친구들의 이야기를 통해, 또한 그가 받은 환상을 통해 이 문제를 정면으로 다룬다. 이 책의 주요 주제는, 한 분이시며 참되고 살아 계신 하나님—이스라엘의 하나님—을 믿는 사람들이, 적대적이고 때로는 목숨을 위협하는 국가와 문화, 정부 안에서 살아가고 일하고 살아남을 수 있는가 하는 문제다. 그리고 이 책에서 우리는 이 문제에 초점을 맞출 것이다. 비기독교 국가와 문화 속에서 그리스도인으로서 살아간다는 것은 무엇을 뜻하는가? 어떻게 우리는 '세상 속에서' 살면서도 세상이 우리를 소유하여 세상의 타락한 가치와 전제라는 틀 안으로 우리를 억지로 밀어넣지 않게 할 수 있을까?

사실 다니엘서는 여러 다른 목적을 위해, 특히 산수에 재능이 있고 세상의 종말을 예측하는 일에 매료된 사람들에 의해 사용되었다. 하지만 이것은 이 책의 관심사가 아니다. 구체적인 예측을 위한 복잡한 성경적 산수를 좋아하는 사람들은 언제나 자신의 결론을 수정해야 하는 것처럼 보인다. 이 책에 기록된 숫자의 의미를 해석하는 방식은 거의 숫자만큼이나 다양하다. 어떤 경우든 신약에서는 (그다지 유익한 표현이 아닌) '세상의 종말'이 놀랍고 예상할 수 없는 사건일 것이라고 말한다. 종말의 시간표를 정확히 짜놓은 사람들에게는 더욱 그럴 것이다. 1970년대에 다니엘과 에스겔에 대한 그럴듯한 해석에 기초한 '종말'에 대한 수많은 자신만만한 예측이 존재했다. 소련이 이스라엘을 침공하고 이로써 최후의 아마겟돈 전쟁이 시작될 것이라는 예측이었다. 더는 소련은 존재하지 않기에 이 예측은 빗나간 것처럼 보인다. 그럼에도 '종말' 예측 산업은 아직도 계속되고 있다.

이런 식의 미래 예측은 다니엘서에 등장하는 한심한 이들과 다를 바 없는 점성술사와 마법사들에게 맡겨두고, 그 대신 다니엘과 세 친구가 그랬듯이 지금 여기에서 하나님의 백성으로서의 우리의 삶과 선교라는 문제를 붙들고 씨름할 것이다. 이 책을 쓴 목적은, 미래가 아무리 무서워 보이더라도 그것이 주권적인 주 하나님의 손에 달려 있다는 것을 명심하도록—그런 확신 속에서 하나님의 선교를 위해 하나님의 세상 속에서 살아가야 하는 이 어려운 책무를 충실히 감당하도록—그리스도인들을 권면하기 위함이다.

타협 혹은 대결 1

다니엘 1장

1 유다 왕 여호야김이 다스린 지 삼 년이 되는 해에 바벨론 왕 느부갓네살이 예루살렘에 이르러 성을 에워쌌더니

2 주께서 유다 왕 여호야김과 하나님의 전 그릇 얼마를 그의 손에 넘기시매 그가 그것을 가지고 시날 땅 자기 신들의 신전에 가져다가 그 신들의 보물 창고에 두었더라

3 왕이 환관장 아스부나스에게 말하여 이스라엘 자손 중에서 왕족과 귀족 몇 사람

4 곧 흠이 없고 용모가 아름다우며 모든 지혜를 통찰하며 지식에 통달하며 학문에 익숙하여 왕궁에 설 만한 소년을 데려오게 하였고 그들에게 갈대아 사람의 학문과 언어를 가르치게 하였고

5 또 왕이 지정하여 그들에게 왕의 음식과 그가 마시는 포도주에서 날마다 쓸 것을 주어 삼 년을 기르게 하였으니 그 후에 그들은 왕 앞에 서게 될 것이더라

6 그들 가운데는 유다 자손 곧 다니엘과 하나냐와 미사엘과 아사랴가 있었더니

7 환관장이 그들의 이름을 고쳐 다니엘은 벨드사살이라 하고 하나냐는 사드락이라 하고 미사엘은 메삭이라 하고 아사랴는 아벳느고라 하였더라

8 다니엘은 뜻을 정하여 왕의 음식과 그가 마시는 포도주로 자기를 더럽히지 아니하리라 하고 자기를 더럽히지 아니하도록 환관장에게 구하니

9 하나님이 다니엘로 하여금 환관장에게 은혜와 긍휼을 얻게 하신지라

10 환관장이 다니엘에게 이르되 내가 내 주 왕을 두려워하노라 그가 너희 먹을 것과 너희 마실 것을 지정하셨거늘 너희의 얼굴이 초췌하여 같은 또래의 소년들만 못한 것을 그가 보게 할 것이 무엇이냐 그렇게 되면 너희 때문에 내 머리가 왕 앞에서 위태롭게 되리라 하니라

11 환관장이 다니엘과 하나냐와 미사엘과 아사랴를 감독하게 한 자에게 다니엘이 말하되

12 청하오니 당신의 종들을 열흘 동안 시험하여 채식을 주어 먹게 하고 물을 주어 마시게 한 후에

13 당신 앞에서 우리의 얼굴과 왕의 음식을 먹는 소년들의 얼굴을 비교하여 보아서 당신이 보는 대로 종들에게 행하소서 하매

14 그가 그들의 말을 따라 열흘 동안 시험하더니

15 열흘 후에 그들의 얼굴이 더욱 아름답고 살이 더욱 윤택하여 왕의 음식을 먹는 다른 소년들보다 더 좋아 보인지라

16 그리하여 감독하는 자가 그들에게 지정된 음식과 마실 포도주를 제하고 채식을 주
니라
17 하나님이 이 네 소년에게 학문을 주시고 모든 서적을 깨닫게 하시고 지혜를 주셨
으니 다니엘은 또 모든 환상과 꿈을 깨달아 알더라
18 왕이 말한 대로 그들을 불러들일 기한이 찼으므로 환관장이 그들을 느부갓네살 앞
으로 데리고 가니
19 왕이 그들과 말하여 보매 무리 중에 다니엘과 하나냐와 미사엘과 아사랴와 같은
자가 없으므로 그들을 왕 앞에 서게 하고
20 왕이 그들에게 모든 일을 묻는 중에 그 지혜와 총명이 온 나라 박수와 술객보다
십 배나 나은 줄을 아니라
21 다니엘은 고레스 왕 원년까지 있으니라

세상이 무너져내리고 있다. 다니엘서 1장에 요약된 사건을 겪으며 살아가던 사람들에게는 그렇게 보였을 것이다.

> 유다 왕 여호야김이 다스린 지 삼 년이 되는 해에 바벨론 왕 느부갓네살이 예루살렘에 이르러 성을 에워쌌더니 주께서 유다 왕 여호야김과 하나님의 전 그릇 얼마를 그의 손에 넘기시매 그가 그것을 가지고 시날 땅 자기 신들의 신전에 가져다가 그 신들의 보물 창고에 두었더라. _단 1:1~2

그저 있는 그대로 사실을 진술하는 것처럼 들린다. 하지만 이 본문에서 다루지 않은 내용이 많아서 이 책의 이면에서 일어나고 있는 충격적인 사건들의 영향력을 느끼고자 한다면 현대의 독자를 위해 공백을 어느 정도 채워야 할 필요가 있다.

제국들의 충돌

_ 다니엘 1:1

때는 주전 6백 년 경이었다. (역사가들은 고대 근동이라고 부르지만) 우리가 지금 중동이라고 부르는 지역에서 팽창하던 제국이 무너지고 있었다. 아시리아는 150년 동안 이 지역을 지배해왔다. 한 세기 반에 걸쳐 강력한 군사력으로 수많은 작은 나라들을 무자비하게 정복한 아시리아는 중앙집권화된 지배 체제를 이뤘다. 아시리아 제국의 중심부는, 현재 우리가 이라크 북부와 시리아 북동부라고 부르는 지역, 이 책을 쓰는 시점에 이른바 이슬람 국가(ISIS 혹은 ISIL)가 장악하고 있는 지역이었다. 아시리아는 강경하고 혹독한 통치와 적이라고 여기는 이들을 잔인하게 대하는 것으로 악명이 높았다.

사마리아를 수도로 삼았던 북이스라엘 왕국도 멸망한 소국 중 하나였다. 이 왕국은 약 한 세기 전인 주전 721년에 멸망했고, 사방으로 뿔뿔이 흩어지고 말았다. 당시 예루살렘을 수도로 삼았던 남유다 왕국은 멸망을 피했지만, 한 세기 이상 아시리아 제국 내의 봉신 국가로 지내야만 했다.

하지만 이제 아시리아가 몰락하고 있었다. 이 지역 전체가 혼란에 빠져 있었다(이 지역의 상황은 지금도 크게 달라지지 않은 것처럼 보인다). 1989~1990년 유럽에서 소련이 몰락한 후 그 일부를 이루고 있던 많은 나라가 독립을 얻고 새롭게 등장한 것처럼 아시리아의 몰락으로 유다처럼 작은 나라들 안에서 민족주의가 등장했다.

하지만 이 지역에 새롭게 부상하는 세력이 있었다. 바빌로니아는 느부갓네살이라는 젊은 왕의 열정적인 지도력 아래에서 메소포타미아 유역의 남쪽 끝에서 북상하고 있었다. 하지만 지도의 반대쪽에 있던 서쪽의 강력한 세력인 이집트는 자신들이 과거에 이 지역에서 누리던 지배력을 재확립할 수 있는 적기라고 생각했다. 따라서 주전 609년에 이집트의 왕인 파라오 네코(바로 느고)는 바빌로니아라는 새로운 위협에 맞서는 아시리아를 돕기 위해 군대를 이끌고 팔레스타인을 통과해 진격했다.

그 당시 유다의 왕은 요시야였다. 요시야는 이미 아시리아로부터의 유다의 독립을 주장하기 위한 준비를 하고 있었다. 그는 오랫동안 고대한 대로 미워하던 아시리아 제국이 멸망하는 것이 지체되기를 바라지 않았다. 그래서 요시야는 아시리아를 지원하기 위해 오고 있던 파라오 네코(바로 느고)를 저지하려고 자신의 군대를 이끌고 진격했다. 의도는 좋았지만, 소용이 없었다. 가망이 없을 정도로 수적으로 열세였던 그의 군대는 므깃도에서 이집트인들을 맞닥뜨렸지만 패배하고 말았다. 파라오 네코(바로 느고)는 요시야의 아들이자 후계자인 살룸(고니야로도 불림)을 붙잡아 이집트로 압송했다. 그런 다음 예루살렘에서 야호야김을 왕좌에 앉혔다. 그가 바로 다니엘서 1장 1절에 언급된 왕이다. 비록 오래 지속하지는 못했지만, 사실상 이집트의 봉신이었던 그의 통치는 주전 609년에 시작되었다.

느부갓네살은 죽어가던 아시리아 제국의 시체를 빼앗으려던 이집트의 시도를 무력화시켰다. 그는 주전 605년에 갈그미스 전투에서 이집트를 결정적으로 격퇴했다. 이 전투의 결과 바빌로니아는 메소포타미아와 서아시아 전체를 지배하는 세력이 되었고, 다음 70년 동안 그 세력을 유지했다. 열왕기하 23장 29~35절에서는 이 시기 이스라엘의 역사를 간략히 서술하고 있다.

이 시기는 한 시대의 종말이자 새로운 시대의 시작이었다. 이 지역의 작은 나라들은 바빌로니아의 권위에 굴복해야 했고, 유다 역시 그런 소국 중 하나였다. 느부갓네살은 갈그미스에서 승리한 직후 남하해 예루살렘을 위협했다. 그때 그는 소수의 포로를 바빌로니아로 끌고 갔다. 이 새로운 봉신 국가가 고분고분 행동하도록 만들기 위한 인질이었을 것이다.

이 초기의 포로 중에는 다니엘과 그의 세 친구도 있었다. 당시 이들은 어린 십 대들이었을 것이다. 아마도 그들은 예루살렘에서 종교적 직분이나 정부의 공직을 위해 훈련을 받으며, 다윗의 도성에서 이스라엘 하나님의 정부를 섬기는 일을 하게 될 것이라고 기대했을 것이다. 하지만 그들은 경고도 받지 못하고 집에서 1,600㎞ 떨어진 곳으로 보내져 그들이 알고 있는 모든 것으로부터 분리된 채 이교를 믿는 이방인의 적국에서 살게 되었다. 그들은 온통 외국인들, 낯선 언어, 낯선 문화, 무엇보다도 수많은 신과 우상들로 둘러싸여 살게 되었다. 이것은 이 소년들에게 끔찍하고 충격적인 경험이었을 것이다. 다니엘 1장 1~2절에 묘사된 사건이 있고 난 뒤 몇 년이 지나지 않아서 더 나쁜 상황이 찾아왔다.

597년에 여호야김이 바빌로니아에 대한 반란을 일으켰다. 느부갓네살이 보복을 위해 도성으로 접근하는 사이에 여호야김이 때마침 죽고 말았다(혹은 살해를 당했다). 다음 왕인 그의 아들 여호야긴은 지혜롭게 느부갓네살에게 항복했고, 이로써 도성을 지킬 수는 있었지만, 자신은 지키지 못했다. 느부갓네살은 이 나라의 수많은 핵심 지도자들과 함께 여호야긴을 바벨로니아에 포로로 끌고 갔다. 이것이 이른바 1차 유배다(주전 605년에 더 작은 규모의 유배가 있었기에 엄밀히 말하면 2차 유배다). 이 유배자 중에 에스겔이라는 젊은이가 포함되어 있었다. 하나님은 5년 후에 그를 예언자로 부르시게 된다.

느부갓네살은 시드기야를 예루살렘의 왕으로 세웠고 그가 더 지혜롭게 행동할 것이라고 기대했다. 하지만 안타깝게도 그는 그렇지 못했다. 10년 후 그는 예레미야의 경고와 조언에도 다시 한 번 반란을 일으켰다. 이번에는 느부갓네살이 아무것도 남기지 않고, 그 누구도 살려두지 않았다. 그는 예루살렘을 포위 공격했고, 예루살렘 주민들이 18개월 동안 큰 고통과 기근, 질병 가운데 살게 만든 후 그의 군대는 주전 587년에 성벽을 부수고 도성으로 몰려 들어가 살육을 자행했다. 그들은 성전을 약탈한 후 불태웠다. 다윗의 도성을 파괴하고 불태워 잔해와 재만 남게 했다. 그런 다음 시드기야 왕을 비롯해 많은 주민을 포로로 끌고 갔다. 예레미야를 포함해 가장 가난한 사람들만 그 땅에 남도록 허용되었다. 그리고 결국에는 그들조차 이집트로 도망쳤다. 이것은 구약의 역사 전체에서 가장 충격적인 사건이었으며, 예레미야 애가의 흐느끼는 시가에서는 이 사건의 무시무시한 공포를 그려내고 있다.

역사적 위기 속의 신앙

_ 다니엘 1:2

왜 이 모든 일이 일어났을까? 2절에서는 숨 막힐 정도로 단도직입적인 대답을 제시한다. "주께서"—즉 여호와, 이스라엘의 하나님께서—"유다 왕 여호야김[을] [느부갓네살]의 손에 넘기시매."

하나님이 하셨다!

물론 그분이 하셨다고 우리는 말한다. 우리는 이를 알고 있다. 우리는 이미 예언서를 읽었고, 예언자들은 이스라엘 백성에게 하나님이 그들의 원수들을 통해 그들을 벌하실 것이라고 계속해서 말했다. 우리는 이 이야기를 회고하며 돌아볼 수 있다. 예루살렘의 멸망? 유배? 수많은 경고 이후 마침내 하나님의 심판이 집행되었다.

하지만 당시 유다에서 대부분의 사람은 예언서를 읽지 못했다. 예레미야와 같은 예언자들의 말을 들을 기회가 있었다고 해도 그들은 습관적으로 그들의 말을 무시했다. 그들은 더 기분 좋은 메시지를 전하는 다른 예언자들의 말을 듣는 편을 선호했다. 따라서 유다의 생 마지막 십 년과 유배 초기 몇 년 동안 정치적, 외교적 혼란 속에서 많은 사람은 이 모든 일에 대해 당혹스러워하며 이해할 수 없다고 느꼈을 것이다.

현재 일어나고 있는 사건들을 이해하려고 노력하던 그들에게는 수많은 질문이 있었다. 어떻게 이스라엘의 하나님이 그분의 백성이 이런 취급을 받도록 내버려 두실 수 있을까? 어떻게 여호와께서 적에게 이렇게 당하실 수 있단 말인가? 그분이 늙어서 쇠약해지셨는가? 바빌로니아의 신들이 실제로 더 젊고 더 강했던 것일까? 시대의 흐름에 맞춰 바빌로니아의 신들을 섬기는 편이 더 현명한 것이 아닐까? 아니면 예레미야가 주장했듯이 정말로 여호와께서 자기 백성에게 이런 일을 행하신 것이라면 그분은 불공평하고 불의하신 것이 아닐까?(에스겔은 에스겔 18장에서 이런 불평에 대해 다뤘다.) 그리고 설령 그들이 언약을 깨뜨린 죄 때문에 심판을 받아 마땅하다고 하더라도 처벌이 받아들일 수 있기는커녕 견딜 수도 없을 정도로 너무나도 가혹한 것이 아닐까? 이것이 예레미야애가의 분위기다.

그리고 (정말로 하나님이 이렇게 하셨다는) 예언자들의 말을 받아들였던 이들이 마주해야 했던 가장 어려운 질문은, “이제 미래를 위한 소망이 과연 존재하는가?”였다. 만약 하나님이 이스라엘에 심판을 쏟으셨다면 장차 기대할 만한 무언가가 남아 있기는 한 것일까? 언약이 깨어졌다면 고칠 수 없는 것이 아닐까? 이것은 정말 여호와 하나님의 백성인 이스라엘의 종말이 아닐까?

그리고 이스라엘을 통해 이루고자 하신 하나님의 목적은 어떻게 된 것일까? 이스라엘 백성은 하나님이 그들을 나머지 민족들이 하나님의 복을 경험하도록 하는 통로로 만들기 위해 자신들을 민족으로 만드셨다고 믿었다. 이것이 하나님이 아브라함에게 주신 약속(창 12:1~3)이었으며, 하나님이 이스라엘과 그토록 친밀한 관계를 맺으신 이유였다. 이것이 성전 안에 거하는 하나님의 임재의 목적이었으며, 성전 내 기구들을 이루는 모든 거룩한 물건들의 더 심층적인 의미였다. 하나님은 자신이 **온 땅의 하나님**이심을 궁극적으로 보여주시기 위해 **이스라엘의 하나님**이 되셨다. 성전에서 불렀던 많은 시편은 바로 이 믿음을 노래했다. 그렇다면 살아계신 하나님을 예배하는 것과 연관된 이 물건들이 이교도 왕에 의해 제거되고, 더 나아가 그것들을 그의 신을 위한 신전에 두었다는 사실(2절)을 이 백성은 어떻게 이해해야 했을까?

그 이교 신전은 '시날' 땅에 있었다. 이것은 NIV가 (각주에서 설명하듯이) 2절에서 '바빌로니아'로 번역한 히브리어 단어다. 이 말은 이 지역을 가리키는 이상한 이름으로서 바벨탑이 세워진 땅을 지칭할 때 처음 사용되었다(창 11:1~9). 마치 하나님이 엄청난 순간 이동을 통해 역사를 거꾸로 되돌려 이스라엘을 아브라함에 관해서는 들어보기도 전인 시간으로, 하나님이 아브라함에게 떠나라고 명하신 땅으로 데려가시는 것과 같다. 분명 무언가가 대단히 잘못되었다. 모든 것이 거꾸로 돌아갔다. 역사가 통제를 벗어난 것처럼 보였다. 하나님이 통제를 상실하신 것일까?

한편으로는 그들의 신앙과 다른 한편으로는 세상에서 일어나는 사건들 사이에 거대한 틈이 생겨나서 마치 사건들이 그들의 신앙과 전적으로 모순되는 것처럼 보였다. 따라서 그들은 마지막 결정적인 질문을 던진다. 정말 하나님이 여전히 통제하고 계시는가? 대재앙이 덮쳤을 때 하나님은 여전히 주권적이신가? 하나님이 그분의 목적과 모순되는 것처럼 보이는 무언가, 혹은 적어도 우리가 그분의 뜻이라고 생각했던 바와 정면으로 충돌하는 무언가를 행하실 때도 우리는 작정하신 대로 행동하시는 하나님의 자유를 받아들일 수 있을까?

그리스도인들에게 1890~1990년 유럽 내 공산주의 독재 정권의 몰락과 베를린 장벽의 붕괴에 개입하신 하나님의 손에 관해 말하는 것은 어려운 일이 아니다. 하지만 하나님이 애초에 무신론을 신봉하는 소련에 의해 철의 장막이 쳐지도록 내버려 두신 까닭을 그리스도인들이 이해하기는 그다지 쉽지 않다. 특히 제2차 세계대전이라는 끔찍한 대가가 유럽을 나치의 독재 정권으로부터 해방하기 위해 치를 만한 가치가 있던 값이라고 생각했던 이들에게는 특히나 더 어려웠다—그들은 나치가 훨씬 더 오래 지속되는 또 다른 독재 정권에 의해 대체되는 것을 지켜보아야만 했다. 이런 사건들이 하나님의 뜻과 어떻게 조화를 이룰 수 있을까? 그토록 많은 그리스도인이 공산주의 독재 정권 아래에서 고통당할 때 하나님은 어디에 계셨을까?

하나님이 그리스도인들에게 복음을 전하라고 명하셨으며 교회가 모든 나라에서 복음을 증언하고 성장하는 것이 하나님의 목적이라고 믿는다면, 어떻게 우리는 이것을 너무나도 많은 나라가 기독교 선교사들에 대해 문호를 닫고 그리스도인의 활동을 제한하거나 금지하도록 하나님이 내버려 두신다는 사실과 조화시킬 수 있을까?

1950년대 초에 중국의 공산 정권이 모든 기독교 선교사를 추방했을 때 기독교 교회 전체에 충격파가 전해졌다. 중국은 그 시대에 최대의 '선교지' 중 하나였기 때문이다. 나는 북아일랜드 벨파스트의 선교사 가정에서 자랐다. 나의 부모님은 내가 네 자녀 중 막내로 태어나기 전 20년 동안 브라질에서 선교사로 지내셨다. 나는 그때 중국에서 일어나고 있는 끔찍한 일에 대해 어른들이 화가 나서 목소리를 죽인 채 이야기하던 것을 기억하고 있다. 하나님은 땅끝까지 왕성하게 선교가 이뤄지기를 원하신다고 믿는다면, 그리고 하나님이 세상을 통제하고 계신다고 믿는다면, 하나님이 지구상에서 가장 큰 나라에서 선교가 말살되도록 내버려 두시는 상황을 어떻게 받아들일 수 있을까? 이제 와 돌이켜보면 중국 내 서양 선교의 종말이 중국 내에서 진행되는 **하나님의 선교**의 종말을 뜻하는 것은 아니었고, 그곳에 있는 교회의 종말을 뜻하는 것도 아니었음을 이해할 수 있다. 사실 주일마다 중국 교회에서 하나님을 예배하는 그리스도인의 수는 서유럽 전체의 교회에서 예배하는 그리스도인의 수보다 더 많다.

지금은 우리가 이 모든 것을 이해할 수 있지만, 그 당시에는 그야말로 엄청난 충격이었다. 왜 하나님은 이런 일이 일어나도록 허용하실까?

오늘날 세계에서 그리스도인에 대한 가장 무자비한 위협은 중동에서(한때 아시리아가 지배했던 바로 그 지역에서) 나타나고 있다. 2천 년 동안 신앙을 실천하며 보존해온 기독교 공동체들이 잔인하게 살해되거나 쫓겨나 망명을 하거나 치욕적으로 정복당하고 있다. 다시 한번 우리로서는 어떻게 하나님이 이런 일이 그분의 백성에게 일어나도록 내버려 두실 수 있는지 이해하기가 어렵다. 어떻게 우리는 하나님의 주권을 주장하는 신앙을 굳게 붙들 수 있을까? 이런 오싹한 고통과 상실 속에서 우리는 어떻게, 어디에서 하나님 나라의 표지를 분별할 수 있을까?

나에게는 이 지역에서 사는 많은 아랍 그리스도인 친구들이 있다. 나는 이메일을 통해 그들 중 한 사람에게 바로 이 질문을 던졌다. 그 이메일에서 나는 어쩌면 50년이 지나서 과거를 돌아보면서 하나님이 중국에서 그러셨듯이 박해 속에서도 일하셨음을 이해할 수 있을지 모르겠다고 말했다. 그 친구는 나에게 이런 답장을 보내왔다.

> 나는 아랍 그리스도인들인 우리가 하나님이 일하고 계신다는 것을 이해하기 위해 50년이나 기다릴 필요가 없다고 생각합니다. 이른바 아랍의 봄이라는 비극 속에서 중동과 북아프리카에서 실제로 일어나고 있는 일은 실로 믿기지 않을 정도입니다. 몇 가지 사례만 말씀드리겠습니다.
>
> 지금까지 시리아의 엄격하고 근본주의적인 성향을 띠는 지역에서 사는 이슬람교인들에게 다가가고자 하는 진지한 시도가 없었습니다. 수많은 종교적, 정치적 요인 때문에 시리아의 그리스도인들에게는 거의 불가능한 일이었습니다. 하지만 이제 백만 명이 넘는 난민이 발생하고 그들 대부분이 이 지역 출신인 상황에서 레바논의 교회는 복음을 들고 그들에게 다가갈 수 있게 되었습니다. 얼마 전에 나는 시리아 접경 지역에서 멀지 않은 한 마을 교회에서 설교했는데, 그곳에서는 청중의 80%가 이슬람교도였고 그 중 약 30%는 이미 자신의 삶을 예수 그리스도께 의탁한 사람들이었습니다. 한 여인은 나의 아내에게 "우리에게 일어난 가장 놀라운 일은 시리아에서 우리가 살던 도시에서 발생

하던 죽음과 파괴를 피한 것이 아니라 우리의 정신과 마음을 바꾸신 메시아 예수를 발견한 것입니다"라고 말했습니다.

물론 나는 절대로 복음을 위한 이런 기회들이 생겨났기에 끔찍한 사건들이 그 자체로 선한 것이 되었다고 주장하지 않는다. 악은 악이고, 이는 주전 587년 예루살렘을 파괴한 이들에 대해서도 마찬가지이며 오늘날 그리스도인들을 박해하는 이들에 대해서도 마찬가지다. 하지만 우리는 그분의 선하심과 구원의 목적이 궁극적으로 악에 대해 승리하며, 악한 의도로 이뤄진 일조차도 복음의 대의에 이바지할 수 있게 하시는 하나님을 믿는다. 이것이 곧 요셉의 믿음이었다. 그는 자신의 형제들에게 그들이 자신에게 저지른 일은 '악을 위한 것'이었다고 단호하게 말했다. 하지만 그 모든 것 배후에서 하나님은 "그것을 선으로 바꾸사 오늘과 같이 많은 백성의 생명을 구원하게 하시려" 하셨다(창 50:20).

다니엘서는 바로 이런 종류의 신앙과 사실 사이의 모순으로 시작된다. 그리고 계속해서 이 모순 속에서 살아가야 했지만 그런데도 살아남았을 뿐 아니라 새로운 사실에 적응하고 자신들의 믿음의 순수성을 지켜낼 수 있었던 젊은이들의 이야기를 들려준다. 통제를 벗어난 것처럼 보이는 세상에서도 그들의 하나님은 여전히 통제하고 계시다고 그들은 주장할 수 있었다.

개인적 위기 속에서의 신앙

_ 다니엘 1:3~20

그들이 살던 세계를 집어삼킨 국제적 위기 때문에 다니엘과 그의 친구들은 문화적, 개인적 위기에 빠졌다. 이들은 그때 너무나도 어렸지만, 이 위기를 통해 심각한 시험을 받았다. 그들은 바빌로니아에서 살아야 했을 뿐 아니라 제국의 정부에서 일하라는 요구를 받았다. 이는 느부갓네살 정부의 정책 때문이었다.

> 왕이 환관장 아스부나스에게 말하여 이스라엘 자손 중에서 왕족과 귀족 몇 사람, 곧 흠이 없고 용모가 아름다우며 모든 지혜를 통찰하며 지식에 통달하며 학문에 익숙하여 왕궁에 설 만한 소년을 데려오게 하였고 그들에게 갈대아 사람의 학문과 언어를 가르치게 하였고 또 왕이 지정하여 그들에게 왕의 음식과 그가 마시는 포도주에서 날마다 쓸 것을 주어 삼 년을 기르게 하였으니 그 후에 그들은 왕 앞에 서게 될 것이더라. 그들 가운데는 유다 자손 곧 다니엘과 하나냐와 미사엘과 아사랴가 있었더니 환관장이 그들의 이름을 고쳐 다니엘은 벨드사살이라 하고 하나냐는 사드락이라 하고 미사엘은 메삭이라 하고 아사랴는 아벳느고라 하였더라._단 1:3~7

느부갓네살은 정복한 주민 중 최고의 엘리트들을 문화적으로 재교육시켜 성장하던 자신의 신생 국가를 위해 일하도록 하겠다고 생각했다. 이는 대영 제국이 인도 같은 나라에서 '현지인들' 중 엘리트 계급에게 영어 교육을 제공하고, 이를 통해 제국 정부 아래서 일상적인 공무를 처리하는 유능한 관리자 계급을 길러내고자 했던 방식과 비슷하다. 관대한 정책처럼 들리며, 분명히 일부에서는 (영국 치하의 인도에서처럼) 자신들이 얻은 교육과 기회에 대해 감사하기도 했을 것이다. 물론 동시에 이로 인해서 혜택을 받은 이들과 나머지 주민 사이에 거리가 벌어지기도 했다. 그것은 제국이 자신의 이익을 위해 이용할 수 있는 전복적인 특권 부여 전략이었다.

느부갓네살은 자신이 어떤 종류의 사람들을 원하는지를 구체적으로 밝혔다. 그들은 신체적으로도, 지적으로도 공직을 맡기에 적합해야 했다. 다니엘과 그의 친구들은 이런 자질을 갖추고 있었다. 그것은 예루살렘에서 하나님과 정부를 섬기기 위해 적합한 자질이었지만, 역사의 잔인한 뒤틀림 때문에 곧 예루살렘을 파괴할 왕이 그 자질을 활용하게 되었다.

느부갓네살의 공직자 훈련 과정은 3년 동안 계속되었으며 네 요소가 포함되었다.

❶ 바빌로니아의 언어와 문화, 학문에 대한 교육

❷ 국가에 의한 관리

❸ 바빌로니아 제국의 정부 내 일자리

❹ 원래의 민족적인 이름을 대체하는 바빌로니아식 이름으로 개명

예루살렘에서 자란 유대인 소년들에게 이것은 엄청난 문화적 변화와 방향 전환을 의미했다. 어떻게 반응할지를 결정해야만 했던 그들은 양심과 힘겨운 싸움을 했을 것이다. 그들이 어떻게 이 새로운 상황을 받아들일 수 있다는 말인가? 이런 프로그램을 수용함으로써 여호와에 대한 자신들의 신앙을 타협하고 심지어 우상 숭배를 저지르게 되는 것 아닐까?

그들에게 선택권이 있기는 했을까? 그렇다. 그들은 전면적인 거부의 길을 택할 수도 있었고, 결국 그 길은 순교로 끝났을 것이다. 그랬다면 그들은 신앙과 신념을 위해 죽었던 수많은 사람과 함께 역사 속에서 기억되었을 것이다. 그들에게 이 길을 택할 용기가 없었던 것은 아니었다. 그렇지 않다는 것을 우리는 알고 있다. 다니엘서 3장과 6장을 보면 네 사람 모두 다른 상황에서 필요하다면 죽을 각오가 되어 있다는 것을 알 수 있다. 우리는 그들이 네 요구 중 세 가지를 수용하는 것을 보게 된다. 내가 어렸을 때 들었던 다니엘서의 이 장에 대한 대부분의 설교에서는 소극적인 거부, 다니엘과 그의 친구들의 용감한 자세를 강조했다. 설교자들과 성경공부 인도자들은 그들이 놀라울 정도로 수용적인 태도를 보여준다는 점에 대해서는 아무런 언급도 하지 않았다. "아니오"라고 말하기 전에 그들은 세 번 "예"라고 말했다.

그들은 이교적 교육에 대해 "예"라고 말했다

그들은 모두 "갈대아 사람의 학문과 언어"를 배워야 했다(단 1:4하). 즉 그들은 바빌로니아 문화와 문명에 대한 완전한 재교육을 받아야 했다. 메소포타미아 문명은 고대 세계에서 가장 오래되고 가장 발전한 문명 중 하나였다. 문학과 수학, 천문학, 원시적 과학 분야에서 큰 성취를 이루었다. 하지만 이 문명은 다신론, 즉 많은 신과 우상을 지닌 종교의 온갖 특징과 뒤섞여 있기도 했다. 마술과 밀교의 관행으로 가득 차 있었다. 특히 고대의 유사 과학에 동반되는 점성술과 온갖 미신에 집착했다. 따라서 바빌로니아식 교육은 분명히 잡탕이었다. 많은 부분은 인간의 긍정적인 성취로 받아들일 수 있었지만, 또한 많은 부분은 유대교의 유일신론 관점에서 볼 때 불쾌했을 것이며, 최악의 경우에는 모욕적이며 우상 숭배적이었을 것이다. 바빌로니아식 교육은 많은 점에서 구약 이스라엘의 신앙과 근본적으로 다른 종교-문화적 세계관에 기초해 있었다.

하지만 이 유대인 십대들은 이 공부에 전념했을 뿐 아니라 심지어 남들보다 더 뛰어났으며 구두시험에서 바빌로니아인 동료들보다 더 높은 점수를 받았다! 이는 그 자체로 놀라운 성과였다. 막대처럼 생긴 수백 개의 기호로 이뤄진 쐐기 문자를 사용했던 바빌로니아의 언어는 알파벳을 사용하는 히브리어보다 훨씬 더 복잡했다. 또한 바빌로니아 문헌 다수는 종교적이었고 바빌로니아의 신들과 의례로 가득 차 있었을 것이기에 그들은 영적으로 어려움을 겪었을 것이다.

하지만 본문에서는 그들이 열심히 공부했을 뿐만 아니라 하나님이 친히 그들에게 그들이 배우는 모든 것을 이해할 수 있게 해 주셨다고 말한다. 이 역시 놀랍다. 하나님은 그들이 자신들의 신앙이 하나님에 관해 가르치는 바와 모순되는 것들을 이해할 수 있도록 도와주셨다! 그들은 바빌로니아인들이 믿는 바를 알아야 했다. 하지만 그들 스스로 그것을 믿을 필요는 없었다. 여기에 세속 문화 속에서 그리스도인으로서 살아가는 것의 어려움에 관해 배워야 할 교훈이 있다. 우리는 그 문화의 신념 체계를 공유하지 않으면서 우리가 몸담고 살아가는 문화를 이해할 필요가 있다.

> 하나님이 이 네 소년에게 학문을 주시고 모든 서적을 깨닫게 하시고 지혜를 주셨으니 다니엘은 또 모든 환상과 꿈을 깨달아 알더라.
> 왕이 말한 대로 그들을 불러들일 기한이 찼으므로 환관장이 그들을 느부갓네살 앞으로 데리고 가니 왕이 그들과 말하여 보매 무리 중에 다니엘과 하나냐와 미사엘과 아사랴와 같은 자가 없으므로 그들을 왕 앞에 서게 하고 왕이 그들에게 모든 일을 묻는 중에 그 지혜와 총명이 온 나라 박수와 술객보다 십 배나 나은 줄을 아니라. _단 1:17~20

이어지는 장들에서 볼 수 있듯이 그들이 믿음을 굳게 지키고 우상 숭배에 저항할 수 있었다는 사실은, 그들이 어렸을 때 그들 안에 이스라엘의 신앙 안에서 굳건한 기초가 세워졌기에 바빌로니아 대학 교육과정을 이겨낼 수 있었음을 말해준다. 그들은 객관적, 비판적으로 공부했다. 그들은 이 과정에서 배워야 했던 모든 것을 배웠지만, 그것이 전제하는 모든 것을 믿을 필요는 없었다. 그들은 그 안에 포함된 거짓은 삼키지 않고 그 내용을 완벽히 습득할 수 있었다. 그리고 그들은 교육과정에서 탁월한 성적을 거둔 덕분에 사회와 정부 안에서 놀라운 영향력을 행사할 수 있는 지위에 오를 수 있었다.

그리스도인들이 전적으로 분리된 교육 체계를 가지고 있어야 한다고 생각하는 흐름이 일부 그리스도인 중에 있다. 서양의 학교와 대학이 기초로 삼고 있는 세속적, 인본주의적 전제가 성경적 진리관과 조화를 이룰 수 없다고들 말한다. 따라서 우리는 우리 자녀를 가정에서 교육하거나 교과과정 전체를 성경적인 신념의 기초 위에 체계화한 기독교 학교와 대학을 설립해야 한다는 것이다. 나는 이렇게 믿고 그에 따라 행동하는 사람들을 알고 있으며, 그들의 관점을 존중한다. 나는 그들이 하고자 하는 바를 정말로 알고 있다면 기독교 학교와 대학, 대학교 역시 필요하다고 확신한다. 하지만 나는 그것이 서양에서 교회를 둘러싸고 있는, 점점 더 세속화되는(또한 이교화되는) 문화에 대응하는 유일하게 합당한 방식이라는 주장에 대해서는 동의하기 어렵다고 생각한다.

정말로 중요한 것은, 젊은이들이 우리 문화의 세속적 이교주의와 전혀 접촉하지 못하게 함으로써 그들을 보호하는 것이 아니라 그들이 이 문화를 잘 알고 분별하도록 가르침으로써 굳건한 믿음과 성경적 지식에 따라 문화와 상호작용하고 선한 것과 악한 것을 구별하도록 하는 것이라고 나는 생각한다. 그것이 기독교 가정과 교회의(또한 기독교 교육 기관의) 책무이며, 안타깝게도 우리는 이 책무를 완수하지 못하는 경우가 많다. 그리스도인들이 복음뿐만 아니라 문화까지도 이해하고 있지 않다면 어떻게 성경적 진리를 우리의 세속 문화가 지니고 있는 필요와 의문에 대한 해답으로 제시할 수 있겠는가? 이것이 바로 존 스토트(John Stott)가 “이중적 듣기”라고 불렀던 바다. 즉 우리는 하나님의 말씀에 귀를 기울이는 동시에 우리 주변의 세상에도 귀를 기울여야 한다. 우리는 하나님의 말씀을 믿고, 그 말씀에 복종하고 순종하기 위해(혹은 성경에 주의를 기울임으로써 하나님께 순종하기 위해) 그 말씀에 귀를 기울인다. 하지만 동시에 우리는 세상에 굴복하거나 순응하기 위해서가 아니라 세상을 이해하고 의미 있는 방식으로 복음을 알리고 전하기 위해 세상에도 귀를 기울인다.

나는 우리 자녀들이 인도의 학교에서 힌두교도와 시크교도, 이슬람교도와 어깨를 맞대고 5년 동안 공부한 다음 영국에서 후기 중등과정(sixth-form, 대학 진학 전 2년 동안의 고등학교 과정)을 이수하며 이 과정을 거치면서 흔히 만날 수 있는 불가지론자와 회의론자, 무신론자들(학생과 교직원!)과 섞여서 지냈다는 것을 언제나 감사하게 생각한다. 아이들은 수많은 질문을 집으로 가져왔고, 우리는 저녁 식사를 하며 그것에 관해 이야기했다. 아이들은 자신의 신념을 방어하고 자신의 선택과 도덕적 가치를 스스로 지켜내야 했다. 하지만 이를 통해 아이들은 주변 문화를 더 잘 이해할 수 있게 되었고, 배타적으로 '기독교 교육'만 받았을 때보다 우리의 세속 문화 속에서 소금과 빛이 되기 위한 훈련을 더 잘 받게 되었다고 생각한다.

그들은 정치적 경력에 대해 "예"라고 말했다

그들은 자신들이 공직을 위해 훈련을 받고 있음을 알고 있었다. 하지만 이것은 누구의 정부인가? 단지 우상을 섬기며 교만한 이교 나라의 정부일 뿐 아니라 구체적으로 바빌로니아 정부, 즉 이미 이스라엘의 예언자들이 하나님의 심판을 향해 돌진하고 있다고 여러 차례 경고했던 나라의 정부였다. 그들은 예레미야가 보낸 두루마리를 들어보았을 것이다. 바빌로니아가 완전히 멸망할 것이라는 예레미야 50~51장의 말씀을 알고 있었을 것이다! 특히 그들은 고향에서 자신들을 붙잡아 이곳으로 끌고 왔으며 예루살렘을 최종적으로 파괴하기 위해 다시 한번 공격하게 될 느부갓네살 왕을 섬기게 될 것이다. 어떻게 그들이 고향을 배신하고 그런 왕과 나라를 섬기는 일을 받아들일 수 있단 말인가?

하지만 그들은 그 일을 받아들였다. 사실 그들은 자신들이 정부에서 하는 일을 하나님을 섬기는 방식으로 여겼다—나중에 느부갓네살이 자신들을 산 채로 화장하겠다고 협박할 때 그들은 왕에게 직접 그렇게 말했다("우리가 섬기는 하나님…" 단 3:17). 아마도 그들은 마찬가지로 이교도 왕을 섬겼던 요셉 이야기로부터 격려를 얻었을 것이다. 혹은 오바댜가 아합과 이세벨의 노골적인 우상 숭배와 배교, 악행에도 불구하고 그들이 통치하는 동안 고위직을 맡았던 것(왕상 18:1~4)에 대해 묵상했을지도 모른다. 다시 말해서 결코 그들은 이스라엘의 살아 계신 하나님께 충성하지 않는 정부를 섬겼던 '최초의 신실한 그리스도인'은 아니었다.

그리스도인은 정치에 관여해서는 안 된다고 말하는 그리스도인들이 있다. 그들은 정치가 절반의 진리와 타락, 아첨으로 가득 차 있는 모호한 세계라고 주장한다. 그리고 일반적으로 세상이, 구체적으로는 우리의 나라가 하나님의 심판을 받게 될 것을 우리가 알고 있다면 가라앉고 있는 배에서 파티 게임을 하는 것이 무슨 의미가 있느냐고 주장한다. 다시 한번 나는 성경이 이런 종류의 퇴각 증후군에 반대한다고 믿는다. 하나님이 세상을 다스리신다. 그리고 그리스도인이 세상의 빛이 되고자 한다면 교회 건물 안에서 빛나는 제단의 초에 머물러서는 안 된다.

나는 정치의 영역에서 일하라는 하나님의 부르심을 따르고 있는 그리스도인들에 대해 감사와 존경의 마음을 가지고 있다. 그들은 다니엘과 그의 친구들처럼 하나님의 부르심을 따라 입법과 행정, 사법의 다양한 부서에서 일하고 있다. 이것은 쉬지 않고 정신과 육체, 감정, 양심의 힘을 사용해 인간의 능력을 한계까지 확장해야만 하는 직업이다. 우리는 이런 역할을 맡은 형제자매들에 대해 의문을 품거나 그들을 비판하는 대신 그들을 위해 기도하고 그들이 정직한 길을 걸을 수 있도록 권면해야 한다.

그들은 이름을 바꾸는 것에 대해 "예"라고 말했다

우리는 고대 세계만큼 이름을 중요하게 생각하지 않는다. (오늘날의 일부 전통적인 문화에서 그렇듯이) 당시 문화에서 당신의 이름은 당신의 전인격을 담고 있다고 말할 수 있었다. 여전히 세계의 많은 지역에서 그렇듯이 당시에는 이름이 인종적, 종교적 정체성을 드러냈다. 따라서 느부갓네살이 자신의 모든 신입 공무원들이 적절한 바빌로니아식 이름을 가지고 있어야 한다고 주장했을 때, 이것은 이 소년들의 이름처럼 그들의 이름에 하나님의 이름—여호와나 엘—이 포함된 유대인들에게 특히나 큰 희생을 요구한 셈이었다. 다니엘은 '하나님이 심판자이시다'라는 뜻이다. 하나냐는 '여호와께서 은혜로우시다'라는 뜻이다. 미사엘은 '누가 하나님과 같은가?'라는 뜻이다. 아사랴는 '여호와께서 나의 도우시는 분이시다'라는 뜻이다. 심지어 그들의 새 이름에는 이교도의 신들이 포함되어 있었기에 이는 더 심한 모욕이자 수치였다. 예를 들어, 아벳느고는 아마도 바빌로니아의 신 중 하나인 '느고의 종'이라는 뜻이었을 것이다. 마찬가지로, 다니엘의 바빌로니아식 새 이름 안에 포함된 벨은 또 다른 바벨로니아 신의 이름이었다.

나는 이런 상황에 충분히 공감할 수 있다. 나의 이름인 크리스토퍼에는 나의 주이시며 구원자이신 예수 그리스도의 이름이 들어있다. 그 뜻은 '그리스도를 지닌 사람'이라는 뜻이다. 나는 부모님이 내 이름과 내 삶에 그리스도를 넣어주신 것에 대해 매우 기쁘게 생각한다. 하지만 내가 인도에 갔을 때 비자를 받는 조건 중 하나로 내 이름을 크리스(Chris)에서 힌두교의 여러 강력한 신들 중 하나의 이름인 크리쉬나(Krishna)로 바꾸어야만 한다고 생각해보라. 내가 기꺼이 그렇게 했을까? 설령 그랬더라도 나는 비참한 기분이었을 것이다.

따라서 우리는 이것이 이 소년들에게 무척이나 괴로운 일이었을 것으로 생각한다. 이스라엘의 신자에게 이스라엘의 살아 계신 하나님의 이름과 이교 신의 이름을 맞바꾼다는 것은 불가능한 일이었다! 하지만 다시 한번 우리는 그들이 개명을 받아들였다는 것을 알게 된다. 아마도 바울이 우상에 관해 촉구했던 그런 성숙함으로 그들은 이 신들이 아무것도 아니며 그들의 이름이 아무것도 아님을 알았을 것이다. 그들은 이스라엘의 살아 계신 하나님이 여전히 그들의 하나님이실 뿐 아니라 유일한 하나님이심을 잘 알고 있었기에 침을 꿀꺽 삼키며 이 이교 이름을 자신들의 입술과 의복 휘장에 받아들였을 것이다.

우리는 이들이 역사 속에서 일하시는 하나님의 활동으로 그들에게 강요된 문화적인 변화에 대해 놀라울 정도로 수용하는 태도를 보였음을 알 수 있다. 이미 그들은 나중에 예레미야가 포로로 끌려간 이들에게 보낸 편지에서 당부했던 내용(렘 29장)에 따라 행동하고 있었다. 예레미야는 포로로 끌려간 이들이 바빌로니아에서 정착해야 하고, 거기서 살고 일하고 공동체를 세우고 번성해야 하며, 바빌로니아를 위해 기도해야 하고, 자신을 단순히 유배의 희생자가 아니라 하나님에 의해 그곳으로 보냄을 받은 사람으로 보아야 한다고 말했다.

그들은 비록 고통스럽고 불쾌했지만 놀라울 정도로 문화적 적응에 대해 수용적인 태도를 취했다. 그들은 게토로 물러나지 않았다. 그들은 타협하고 그들의 삶을 잃어버리기를 거부했다. 또한 그런 어렵고도 분별력이 필요한 선택의 결과로 그들은 바빌로니아를 섬길 수 있었을 뿐 아니라 바빌로니아에 영향을 미칠 수 있었으며, 뒷 장에서 볼 수 있듯이 나중에는 동료 유대인들의 삶을 지켜낼 수 있었다.

그들은 왕의 음식에 대해 "아니오"라고 말했다

> 다니엘은 뜻을 정하여 왕의 음식과 그가 마시는 포도주로 자기를 더럽히지 아니하리라 하고 자기를 더럽히지 아니하도록 환관장에게 구하니, 하나님이 다니엘로 하여금 환관장에게 은혜와 긍휼을 얻게 하신지라. 환관장이 다니엘에게 이르되, "내가 내 주 왕을 두려워하노라. 그가 너희 먹을 것과 너희 마실 것을 지정하셨거늘 너희의 얼굴이 초췌하여 같은 또래의 소년들만

못한 것을 그가 보게 할 것이 무엇이냐? 그렇게 되면 너희 때문에 내 머리가 왕 앞에서 위태롭게 되리라" 하니라.

환관장이 다니엘과 하나냐와 미사엘과 아사랴를 감독하게 한 자에게 다니엘이 말하되, "청하오니, 당신의 종들을 열흘 동안 시험하여 채식을 주어 먹게 하고 물을 주어 마시게 한 후에 당신 앞에서 우리의 얼굴과 왕의 음식을 먹는 소년들의 얼굴을 비교하여 보아서 당신이 보는 대로 종들에게 행하소서" 하매, 그가 그들의 말을 따라 열흘 동안 시험하더니, 열흘 후에 그들의 얼굴이 더욱 아름답고 살이 더욱 윤택하여 왕의 음식을 먹는 다른 소년들보다 더 좋아 보인지라. 그리하여 감독하는 자가 그들에게 지정된 음식과 마실 포도주를 제하고 채식을 주니라.

_단 1:8~16

말도 안 되는 일이다! 그렇게 많은 것을 받아들인 후에 왜 음식처럼 사소한 것에 목숨을 건단 말인가? 그들이 얼마나 많은 것을 받아들일 준비가 되어 있었는지를 생각하면 그들이 왕이 내려주는 고기와 음식을 삼킬 수 없었던 이유를 이해하기가 어렵다. 분명히 왕성한 식욕을 가지고 있었을 이 네 소년은 무엇 때문에 3년 동안 날마다 식욕을 돋우는 왕의 진미를 거부하겠다고 마음먹었을까?

이 문제에 관한 다니엘이 분명한 입장을 정했던 이유를 설명하기 위한 많은 시도가 있었다. 나에게는 두 종류의 설명만이 타당해 보인다.

1 레위기에 기록된 음식에 관한 유대교의 법에 따르면 **왕의 음식은 부정했을 것이다.** 왕궁의 주방에 도착하기 전 우상한테 바쳤을 것이며, 따라서 '오염되어' 있었을 것이다. 어느 쪽이든 엄격한 유대인들에게는 불쾌한 일이었다. 이 설명에서는, 다니엘과 친구들이 유대인으로 자신들의 정체성과 유일신론적 신앙의 상징적인 표지를 적어도 하나는 보존하겠다고 결심했다고 본다. 레위기에 적힌 음식에 관한 법 자체가 이스라엘이 나머지 다른 민족들과 구별된다는 것을 상징했다(레 20:25~26). 다니엘과 그의 친구들은 더 이상 구별된 땅에서 동족인 이스라엘 백성과 함께 살 수 없었지만, 적어도 구별된 식단을 보존하고, 이로써 그들의 참된 정체성과 그들의 하나님에 대한 헌신을 규칙적으로 상기시켜 주는 상징적인 행동을 할 수 있었다. 그들은 왕의 음식을 거부함으로써 유대교 신자로서 구별된 삶의 방식을 취한다는 것을 입증했다.

상징적인 행동이 그 자체로는 그다지 중요하지 않을 수도 있지만, 상황에 따라서는 강력하고, 잠재적으로는 위험할 수도 있는 의미를 지닐 수도 있다. 휴일에 바닷가에 가서 누군가에게 물을 뿌리는 것은 재미있는 놀이다. 하지만 당신이 성부와 성자와 성령 하나님의 이름으로, 세례로서 누군가에게 물을 뿌린다면, 어떤 나라에서는 이 단순한 상징적 행동 때문에 그 사람들의 생명과 당신 자신의 생명이 위험에 빠질 수도 있다. 노래 부르기는 그저 무해하고 무력한 행동처럼 보이겠지만, 흑인 영가는 노예제의 억압으로 생겨난 노래로서 많은 경우 현재에 대한 시적 이미지 속에서 미래적 현실을 상징함으로써 궁극적인 해방의 소망을 지켜낼 수 있게 해주었다. 어떤 그리스도인들은 비종교적인 환경이나 직장에서 그리스도인으로서 자신의 정체성을 드러내기 위해 십자가나 물고기, 다른 기독교 상징을 지닌 작은 배지나 브로치를 착용한다. 그들은 이런 행위가 자신의 기독교 신앙에 대한 무언의 주장을 하므로 자신이 타협하지 않는 행동의 기준을 지켜야만 한다는 것을 알고 있다. 또한 이 때문에 곤란한 상황에 부닥칠 수도 있다. 최근 영국에서 그리스도인들은 작은 십자가를 착용해 다른 신앙을 지닌 사람들에게 불쾌감을 주었다는 이유로 직장을 잃기도 했다.

상징의 실질적 형식이 그 자체로는 중요하지 않더라도 때로는 기독교적 신념이나 기독교적 양심을 이렇게 상징적으로 표현할 필요가 있다. 때로는 무언가에 관해 입장을 취하고 어딘가에서 선을 긋는다는 사실 자체가 문제의 본질보다 증언으로서 더 중요할 수도 있다. (의례적으로 부정한 음식이 그 자체로 악하지는 않은 것처럼) 그리스도인들이 거부하며 "아니오"라고 말하는 모든 대상이 반드시 그 자체로서 악한 것은 아니다. 하지만 거부나 참여하지 않음을 통해 원칙이나 조용한 증언을 표현할 수도 있다.

케임브리지에서 학생이었을 때 학교 조정팀에 있었다. 보통 우리는 주일에 훈련하지 않았다. 하지만 가끔 우리 팀은 주일에 열리는 조정 경기에 참가했는데, 나는 그리스도인이어서 주일에 시합하고 싶지 않다고 말하고 참여하지 않았다. 당연히 코치와 팀원들은 이를 달가워하지 않았다. 단 하루를 위해서 나를 대신할 선수를 구해야 했기 때문이다[하지만 아무도 나를 찾아와서 〈불의 전차〉(Chariots of Fire) 같은 영화를 만들지는 않았다!]. 그 이후로 주일 성수의 본질에 관한 나의 신념은 다소 바뀌었고, 이제 나는 신체적인 운동보다는 제한 없는 거래를 통한 탐욕과 이윤의 압력 때문에 주일을 악용하는 것에 대해 더 우려한다. 따라서 아마도 나는 이제 그와 똑같은 태도를 취하지는 않을 것이다. 하지만 그 당시에는 내가 그리스도인으로서 나 자신의 증언과 개인적인 양심이라는 맥락에서 그렇게 했던 것이 옳았다고 확신한다. 그 행위를 통해 나는 비록 운동을 사랑하고 이를 위해 많은 것을 기꺼이 희생하겠지만 내 삶에서 조정보다 더 중요한 무언가가 존재한다고 주장한 셈이다. 대학 조정팀에서 이런 태도는 신성 모독에 가까웠다!

인도에서는 지배적인 힌두교 문화가 사회에 널리 퍼져 있으며, 그리스도인들은 힌두교 신들에 대해 경의를 표할 것을 요구하는 직장과 이웃의 관습을 그대로 따를 수 없을 때가 많다. 때로는 사탕을 나눠주거나 꽃잎을 흩뿌리는 것처럼 무해한 행위일 수도 있다. 전혀 거슬릴 것이 없어 보이지만, 힌두교 문화에서 이런 행동은 신들에게 예를 표하는 것을 암시하기도 하기에, 그리스도인들이 참여하지 않는다면 사람들이 이를 불쾌하게 여길 수도 있고, 그 결과 그리스도인들은 사회적인 추방이나 신체적인 학대를 당할 수도 있다. 인도의 그리스도인들은 이런 사회적 의례에 참여할 것인지에 관해 "어디에서 선을 그어야 하는가?"라는 물음에 대해 다른 태도를 보인다. 하지만 그 선을 어디에 긋든지, 또한 그 행동이 그 자체로 얼마나 중요하지 않은 것이든지, 그리스도인은 주변의 문화와 종교 속에서 자신의 독특한 신앙의 표현을 어떻게 보존할 수 있는지를 신중하게 생각해 보아야 한다. 그들의 거부에 대한 이런 해석이 옳다면, 다니엘과 그의 친구들은 유대인으로서 자신들의 식단의 독특성을 보존했다.

하지만 그들의 행동을 해석하는 또 다른 방식이 존재한다.

2 음식은 왕에 대한 '언약적 충성'을 상징했을 수도 있다. 이 설명은 유대교의 관점에서 음식이 무엇을 상징했는가에 초점을 맞추기보다, 음식이 바빌로니아의 권력자들에게 무엇을 상징했는가에 더 초점을 맞춘다. 다니엘의 결정에 대한 이런 해석을 주장하는 이들은, 바빌로니아는 부정한 외국 땅이기에 엄밀히 말해서 바빌로니아에서는 모든 음식이 부정했을 것임을 지적한다. 어떤 경우든 레위기의 율법에서 포도주는 금지되지 않았고, 고기처럼 채소도 요리하기 전에 신에게 바쳤을 가능성이 있다. 또한 그들의 채식은 그들이 훈련받는 동안에만 지속되었을 뿐 평생 지킨 원칙이 아니었던 것처럼 보인다. 이후에 다니엘은 일시적으로 육식을 삼갔으며, 이는 그가 나중에는 정상적으로 고기를 먹었음을 암시한다(단 10:2, 3). 따라서 레위기의 음식 관련 법에 기초해 왕의 음식을 거부한 것이 아닐 수도 있다.

고대 세계에서 누군가의 식탁에서 함께 음식을 먹는 것을 사람들 사이의 언약적 유대를 공고하게 하는 수단으로 삼는 경우가 종종 있었다. 그러므로 왕의 식탁에서 내려준 음식을 먹는다는 것을 왕에 대한 전적인 의존과 그에 대한 전적인 충성을 선언하는 것으로 간주했다. 다니엘과 그의 친구들은 바로 이런 암시—왕에 대한 절대적인 충성과 복종의 맹세—를 정중히 거부하고자 했던 것일지도 모른다. 또한 이를 통해 그들이 이런 거부 의사를 고수하면 아스부나스가 자신과 그들 모두가 위험해질 것이라고 두려워했던 이유를 더 잘 설명할 수 있다. 그리고 뒤에 나오는 "왕의 음식을 먹는"이라는 구절과도 더 잘 어울린다. 다니엘 11장 26절에서는 "그의 음식을 먹는 자들이 그를 멸하리니"라고 말한다. 이는 그들이 (그의 음식을 먹음으로써) 왕에게 절대적인 충성을 맹세했지만, 나중에는 반역자가 되어 그를 배반할 것이라는 뜻이다.

이 네 젊은 유대인들은 느부갓네살과 그의 나라를 섬길 수 있고 섬기겠다고 이미 결심했다. 실제로 그들은 자신들의 능력을 최대한 발휘하여 섬길 것이다. 그들은 이 역할에 필요한 훈련을 받기 위해 정부가 요구하는 모든 변화를 수용할 것이다. 하지만 그들은 오직 여호와께만 줄 수 있는 궁극적인 충성과 헌신을 느부갓네살이나 그의 나라에 바치지는 않을 것이다. **언약적** 충성은 배타적으로 하나님께만 드릴 수 있었다. 인간 왕의 식단과 포도주 목록이 아무리 매력적이어도 왕에게 그런 충성을 바칠 수는 없었다.

다시 말해서, 다니엘과 그의 친구들은 (로마서 13장에서 바울이 말하듯이) 왕과 그의 정부가 하나님에 의해 세워졌음—하나님이 그 순간 그분의 목적에 이바지하도록 그들을 그 자리에 두셨음—을 인정하는 것과 왕에게 무조건적인 '언약적' 충성을 바치는 것을 구별할 수 있었다(너무나도 많은 그리스도인은 이 필수적인 구별을 하지 못하고 있다). 그들은 하나님 **아래에서** 국가를 섬기고자 했다. 하지만 그들은 국가가 마치 하나님**인 것처럼** 국가를 섬기려고 하지 않았다. 그들은 하나님이 그들이 살게 하신 "그 성읍의 평안을 구하고자" 했지만, 모든 비판이나 의문을 침묵시키는 우상 숭배적인 애국주의를 거부했다. 느부갓네살과 같은 사람은 하나님에 의해 **세워졌음**을 부풀려서 스스로 신적인 **지위**를 지닌다고 주장하면서 (나중에 실제로 일어난 것처럼) 그들이 받아들일 수 없는 절대적인 요구를 하기가 너무나도 쉽다는 것을 그들은 너무나도 잘 알고 있었다. 따라서 그들은 더 높은 우선순위에 충성하는 마음—이스라엘의 하나님이신 여호와에 대한 언약적 충성—으로 양심의 자유를 지키겠다고 결심했다. 이런 통찰의 중요성과 그에 근거해 그들이 취한 입장은 왕의 음식이 왕의 풀무불이 되었을 때(단 3장) 완벽히 입증된다. 그들이 1장에서 내린 결정 덕분에 그들이 훨씬 더 어려운 선택을 해야 했을 때 그들은 믿음을 지켜낼 수 있었다.

그들이라면 영국인들이 수세대에 걸쳐 배워온 거의 우상 숭배에 가까운 찬송가를 부르지 않았을 것이다.

> 나의 조국이여, 세상의 그 무엇보다 그대에게
> 완전하고 전적이며 완벽한 사랑의 섬김을
> 아무것도 묻지 않는 사랑을 바칩니다. …

조지 오웰(George Orwell)은 국가주의를 '단 한 나라나 다른 기구와 자신을 동일시하고 그것이 선악을 초월한다고 여기는 마음의 습관'이라고 정의했다.[1] 혹은 더 대중적인 표어를 사용하자면 '옳든지 그르든지 내 나라'라는 말이다. 이런 종류의 우상 숭배적인 애국주의는 하나님에 대한 궁극적인 충성과 충돌할 수 있는 여러 다른 형태의 충성과 유사하다. 우리는 어떤 정당이나 스포츠팀, 회사, 심지어 기독교계 안에서는 교파, 특정한 신학적 고백, 혹은 어떤 잘못도 범할 수 없다고 여기는 탁월하고 재능있는 지도자에게 강박적이며 우상 숭배적인 충성을 바치는 위험에 빠질 수도 있다.

우리는 우리의 충성과 헌신, 신념을 살펴야 하며, 주님이신 그리스도에 대한 우리의 최종적인 충성에 비추어 끊임없이 이를 비판적으로 점검해야 한다. 나는 위대한 가치를 지니고 있지만, 그리스도인의 유일한 우선순위가 아닌 대의에 지나치게 열광하고 있는 것은 아닐까? 특정한 공적 인물이나 조직—세속적이든, 기독교적이든—을 비판 없이 지지하다가 노골적인 실수나 잘못에 대해서도 방어적인 태도를 보이며 이를 변명하고 있지는 않은가? 내가 일하고 있는 회사에 대한 충성은 시장 안에서 그 회사가 정당하고 정직하게 성공하기를 바라는 건전한 바람인가? 아니면 다른 사람들이나 진실과 정직이라는 원리에 어떤 영향을 미치게 되든지, 회사가 나에게 요구하는 것은 무엇이든지 맹목적으로 수용하는 건강하지 못한 태도인가? 나의 정치적 충성이나 견해는 하나님의 관심사와 우선순위에 대한 참으로 성경적인 관점이 아니라 편견이나 이기심에 기초하고 있지 않은가? 내 마음은 그리스도의 마음으로 '변화'되기보다는 '이 세상을 본받고' 있지는 않은가?

다니엘과 그의 친구들은 자신들의 입장을 대답하지만, 정중하게 했다. 왕의 음식을 거부하겠다는 그들의 입장이 그들 자신뿐 아니라 자신들의 바벨로니아인 감독자인 아스부나스에게도 큰 문제를 일으킬 것을 그들이 인정했다는 점은 주목할 만하다. 그들은 "우리는 당신이 주는 왕의 고기와 포도주를 먹지 않겠습니다. 받아들이십시오. 알아서 하십시오"라는 식의 호전적인 자세를 취하지 않았다. 오히려 그들은 그가 체면과 그의 직업, 어쩌면 그의 목숨을 구할 수 있도록 돕기 위한 대안을 제안했다. 그들이 따뜻하고 지혜로운 방식으로, 그들의 감독조차도 마음에 들어 하는 방식으로 거부하는 행위를 실천했다.

만약 이것이 이 사람(우리가 기억하고 있듯이 이 젊은이들의 삶을 황폐하게 만드는 적국 정부를 대표하는 사람)을 향한 그들의 습관적인 태도였기에 "하나님이 다니엘로 하여금 환관장에게 은혜와 긍휼을 얻게 하신" 것도 결코 놀랍지 않다(단 1:9). 그리스도인으로서 우리가 양심을 근거로 어떤 문제에 대한 입장을 고수해야만 할 때조차도 가능하면 정중한 방식으로, 건설적인 제안과 더불어 그렇게 할 수 있고 그렇게 해야 한다. 그렇게 해도 다니엘과 그의 친구들의 경우처럼 우리에게 유리한 방식으로 문제가 해결되지 않을 수 있지만, 여전히 그렇게 노력할 만한 가치가 있다.

하나님은 그들의 결단과 행동이 옳다는 것을 보여주셨다. 이 장에서는 다니엘과 그의 세 친구를 서사의 전면과 중심에 놓고 있다. 하지만 하나님이 세 차례 이 이야기에 개입하고 계시며, 세 경우 모두에 "하나님이 주셨다"라고 기록되어 있다는 점이 주목할 만하다. 히브리어 본문을 문자적으로 번역하면 이렇다.

- "**하나님이** 여호야김을 느부갓네살의 손에 주셨다"(2절). 국제 관계에서의 하나님의 주권에 관한 말씀이다.
- "**하나님이** 환관장 앞에서 다니엘에게 은혜와 긍휼을 주셨다"(9절). (요셉의 경우와 비슷하게) 다니엘 개인의 삶에서의 하나님의 주권에 관한 말씀이다.
- "**하나님이** 이 네 소년에게 지식과 이해력을 주셨다"(17절). 앞서 지적했듯이 지식과 이해력의 대상이 바빌로니아의 이교 문화와 문학이었으므

로 이는 매우 놀랍다.

그리고 전쟁터에서 교실에 이르기까지 하나님의 주권이 행사된 결과로서 이 장의 마지막 말씀처럼 "다니엘은 고레스 왕 원년까지" 그곳에 남아있었다(단 1:21). 이것은 그저 각주가 아니다. 이 장의 메시지의 두 측면을 요약하는 말씀이다.

한편으로 이는 역사 전체를 아우르는 하나님의 주권을 가리킨다. 고레스는 느부갓네살이 바빌로니아 제국을 세우고 나서 약 70년이 지난 후 그 제국을 무너뜨린 페르시아의 왕이었다(그렇기 때문에 다니엘과 그의 친구들은 바빌로니아로 끌려왔을 때 아주 어린 소년들이었을 것이다). 따라서 이 장의 첫 번째 절에서 이스라엘을 파괴한 제국이 마지막 절에서 멸망하고 다른 제국으로 대체된 것이다. 하지만 다니엘은 살아남았고, 그의 민족, 이스라엘의 하나님이신 여호와의 백성은 살아남았다.

다른 한편으로는 격동의 와중에 네 사람의 믿음과 헌신, 아주 어렸을 때부터 그들이 내려야만 했던 어려운 결단에 대해 하나님이 친히 이들을 신원(伸寃)하셨음을 가리킨다. 그들은 압력과 위협 아래에서 하나님에 대한 자신들의 언약적 충성을 증명해냈다. 하나님은 여전히 주권적이시며 다니엘은 여전히 신실했다. 따라서 우리는 두 가지를 배울 수 있다.

- 하나님은 주권적이시며 여전히 세상을 다스리고 계신다.
- 우리는 다른 모든 경쟁자에 맞서 오직 하나님만께만 전적인 충성을 마땅히 바쳐야 한다.

이것이 바로 이 장 전체에서 빛나며 이 책의 나머지 부분에서도 계속해서 울려퍼지게 될 두 가지 위대한 진리다.

2
순금으로 된 머리 진흙으로 된 발

다니엘 2장

1 느부갓네살이 다스린 지 이 년이 되는 해에 느부갓네살이 꿈을 꾸고 그로 말미암아 마음이 번민하여 잠을 이루지 못한지라

2 왕이 그의 꿈을 자기에게 알려 주도록 박수와 술객과 점쟁이와 갈대아 술사를 부르라 말하매 그들이 들어가서 왕의 앞에 선지라

3 왕이 그들에게 이르되 내가 꿈을 꾸고 그 꿈을 알고자 하여 마음이 번민하도다 하니

4 갈대아 술사들이 아람 말로 왕에게 말하되 왕이여 만수무강 하옵소서 왕께서 그 꿈을 종들에게 이르시면 우리가 해석하여 드리겠나이다 하는지라

5 왕이 갈대아인들에게 대답하여 이르되 내가 명령을 내렸나니 너희가 만일 꿈과 그 해석을 내게 알게 하지 아니하면 너희 몸을 쪼갤 것이며 너희의 집을 거름더미로 만들 것이요

6 너희가 만일 꿈과 그 해석을 보이면 너희가 선물과 상과 큰 영광을 내게서 얻으리라 그런즉 꿈과 그 해석을 내게 보이라 하니

7 그들이 다시 대답하여 이르되 원하건대 왕은 꿈을 종들에게 이르소서 그리하시면 우리가 해석하여 드리겠나이다 하니

8 왕이 대답하여 이르되 내가 분명히 아노라 너희가 나의 명령이 내렸음을 보았으므로 시간을 지연하려 함이로다

9 너희가 만일 이 꿈을 내게 알게 하지 아니하면 너희를 처치할 법이 오직 하나이니 이는 너희가 거짓말과 망령된 말을 내 앞에서 꾸며 말하여 때가 변하기를 기다리려 함이라 이제 그 꿈을 내게 알게 하라 그리하면 너희가 그 해석도 보일 줄을 내가 알리라 하더라

10 갈대아인들이 왕 앞에 대답하여 이르되 세상에는 왕의 그 일을 보일 자가 한 사람도 없으므로 어떤 크고 권력 있는 왕이라도 이런 것으로 박수에게나 술객에게나 갈대아인들에게 물은 자가 없었나이다

11 왕께서 물으신 것은 어려운 일이라 육체와 함께 살지 아니하는 신들 외에는 왕 앞에 그것을 보일 자가 없나이다 한지라

12 왕이 이로 말미암아 진노하고 통분하여 바벨론의 모든 지혜자들을 다 죽이라 명령하니라

13 왕의 명령이 내리매 지혜자들은 죽게 되었고 다니엘과 그의 친구들도 죽이려고 찾았더라

14 그 때에 왕의 근위대장 아리옥이 바벨론 지혜자들을 죽이러 나가매 다니엘이 명철하고 슬기로운 말로

15 왕의 근위대장 아리옥에게 물어 이르되 왕의 명령이 어찌 그리 급하냐 하니 아리
옥이 그 일을 다니엘에게 알리매
16 다니엘이 들어가서 왕께 구하기를 시간을 주시면 왕에게 그 해석을 알려 드리리이
다 하니라
17 이에 다니엘이 자기 집으로 돌아가서 그 친구 하나냐와 미사엘과 아사랴에게 그
일을 알리고
18 하늘에 계신 하나님이 이 은밀한 일에 대하여 불쌍히 여기사 다니엘과 친구들이
바벨론의 다른 지혜자들과 함께 죽임을 당하지 않게 하시기를 그들로 하여금 구하
게 하니라
19 이에 이 은밀한 것이 밤에 환상으로 다니엘에게 나타나 보이매 다니엘이 하늘에
계신 하나님을 찬송하니라
20 다니엘이 말하여 이르되 영원부터 영원까지 하나님의 이름을 찬송할 것은 지혜와
능력이 그에게 있음이로다
21 그는 때와 계절을 바꾸시며 왕들을 폐하시고 왕들을 세우시며 지혜자에게 지혜를
주시고 총명한 자에게 지식을 주시는도다
22 그는 깊고 은밀한 일을 나타내시고 어두운 데에 있는 것을 아시며 또 빛이 그와
함께 있도다
23 나의 조상들의 하나님이여 주께서 이제 내게 지혜와 능력을 주시고 우리가 주께
구한 것을 내게 알게 하셨사오니 내가 주께 감사하고 주를 찬양하나이다 곧 주께
서 왕의 그 일을 내게 보이셨나이다 하니라
24 이에 다니엘은 왕이 바벨론 지혜자들을 죽이라 명령한 아리옥에게로 가서 그에게
이같이 이르되 바벨론 지혜자들을 죽이지 말고 나를 왕의 앞으로 인도하라 그리하
면 내가 그 해석을 왕께 알려 드리리라 하니
25 이에 아리옥이 다니엘을 데리고 급히 왕 앞에 들어가서 아뢰되 내가 사로잡혀 온
유다 자손 중에서 한 사람을 찾아내었나이다 그가 그 해석을 왕께 알려 드리리이
다 하니라
26 왕이 대답하여 벨드사살이라 이름한 다니엘에게 이르되 내가 꾼 꿈과 그 해석을
네가 능히 내게 알게 하겠느냐 하니
27 다니엘이 왕 앞에 대답하여 이르되 왕이 물으신 바 은밀한 것은 지혜자나 술객이
나 박수나 점쟁이가 능히 왕께 보일 수 없으되
28 오직 은밀한 것을 나타내실 이는 하늘에 계신 하나님이시라 그가 느부갓네살 왕

에게 후일에 될 일을 알게 하셨나이다 왕의 꿈 곧 왕이 침상에서 머리 속으로 받은
환상은 이러하니이다
29 왕이여 왕이 침상에서 장래 일을 생각하실 때에 은밀한 것을 나타내시는 이가 장
래 일을 왕에게 알게 하셨사오며
30 내게 이 은밀한 것을 나타내심은 내 지혜가 모든 사람보다 낫기 때문이 아니라 오
직 그 해석을 왕에게 알려서 왕이 마음으로 생각하던 것을 왕에게 알려 주려 하심
이니이다
31 왕이여 왕이 한 큰 신상을 보셨나이다 그 신상이 왕의 앞에 섰는데 크고 광채가 매
우 찬란하며 그 모양이 심히 두려우니
32 그 우상의 머리는 순금이요 가슴과 두 팔은 은이요 배와 넓적다리는 놋이요
33 그 종아리는 쇠요 그 발은 얼마는 쇠요 얼마는 진흙이었나이다
34 또 왕이 보신즉 손대지 아니한 돌이 나와서 신상의 쇠와 진흙의 발을 쳐서 부서뜨
리매
35 그 때에 쇠와 진흙과 놋과 은과 금이 다 부서져 여름 타작 마당의 겨 같이 되어 바
람에 불려 간 곳이 없었고 우상을 친 돌은 태산을 이루어 온 세계에 가득하였나이다
36 그 꿈이 이러한즉 내가 이제 그 해석을 왕 앞에 아뢰리이다
37 왕이여 왕은 여러 왕들 중의 왕이시라 하늘의 하나님이 나라와 권세와 능력과 영
광을 왕에게 주셨고
38 사람들과 들짐승과 공중의 새들, 어느 곳에 있는 것을 막론하고 그것들을 왕의 손
에 넘기사 다 다스리게 하셨으니 왕은 곧 그 금 머리니이다
39 왕을 뒤이어 왕보다 못한 다른 나라가 일어날 것이요 셋째로 또 놋 같은 나라가
일어나서 온 세계를 다스릴 것이며
40 넷째 나라는 강하기가 쇠 같으리니 쇠는 모든 물건을 부서뜨리고 이기는 이라 쇠
가 모든 것을 부수는 것 같이 그 나라가 뭇 나라를 부서뜨리고 찧을 것이며
41 왕께서 그 발과 발가락이 얼마는 토기장이의 진흙이요 얼마는 쇠인 것을 보셨은즉
그 나라가 나누일 것이며 왕께서 쇠와 진흙이 섞인 것을 보셨은즉 그 나라가 쇠 같
은 든든함이 있을 것이나
42 그 발가락이 얼마는 쇠요 얼마는 진흙인즉 그 나라가 얼마는 든든하고 얼마는 부
서질 만할 것이며
43 왕께서 쇠와 진흙이 섞인 것을 보셨은즉 그들이 다른 민족과 서로 섞일 것이나 그
들이 피차에 합하지 아니함이 쇠와 진흙이 합하지 않음과 같으리이다

44 이 여러 왕들의 시대에 하늘의 하나님이 한 나라를 세우시리니 이것은 영원히 망
하지도 아니할 것이요 그 국권이 다른 백성에게로 돌아가지도 아니할 것이요 도리
어 이 모든 나라를 쳐서 멸망시키고 영원히 설 것이라
45 손대지 아니한 돌이 산에서 나와서 쇠와 놋과 진흙과 은과 금을 부서뜨린 것을 왕
께서 보신 것은 크신 하나님이 장래 일을 왕께 알게 하신 것이라 이 꿈은 참되고
이 해석은 확실하니이다 하니
46 이에 느부갓네살 왕이 엎드려 다니엘에게 절하고 명하여 예물과 향품을 그에게
주게 하니라
47 왕이 대답하여 다니엘에게 이르되 너희 하나님은 참으로 모든 신들의 신이시요
모든 왕의 주재시로다 네가 능히 이 은밀한 것을 나타내었으니 네 하나님은 또 은
밀한 것을 나타내시는 이시로다
48 왕이 이에 다니엘을 높여 귀한 선물을 많이 주며 그를 세워 바벨론 온 지방을 다
스리게 하며 또 바벨론 모든 지혜자의 어른을 삼았으며
49 왕이 또 다니엘의 요구대로 사드락과 메삭과 아벳느고를 세워 바벨론 지방의 일
을 다스리게 하였고 다니엘은 왕궁에 있었더라

1 장에서는 국제적인 위기로 시작해 개인적인 위기로 이동했다.

2장의 움직임은 반대 방향이다.

개인적인 문제로 시작해 세계사의 무대에서 마무리된다.

느부갓네살과 그의 꿈

_ 다니엘 2:1~13

느부갓네살이 다스린 지 이 년이 되는 해에 느부갓네살이 꿈을 꾸고 그로 말미암아 마음이 번민하여 잠을 이루지 못한지라. 왕이 그의 꿈을 자기에게 알려 주도록 박수와 술객과 점쟁이와 갈대아 술사를 부르라 말하매 그들이 들어가서 왕의 앞에 선지라. 왕이 그들에게 이르되, "내가 꿈을 꾸고 그 꿈을 알고자 하여 마음이 번민하도다" 하니,
갈대아 술사들이 아람 말로 왕에게 말하되, "왕이여 만수무강 하옵소서. 왕께서 그 꿈을 종들에게 이르시면 우리가 해석하여 드리겠나이다" 하는지라.
왕이 갈대아인들에게 대답하여 이르되, "내가 명령을 내렸나니 너희가 만일 꿈과 그 해석을 내게 알게 하지 아니하면 너희 몸을 쪼갤 것이며 너희의 집을 거름더미로 만들 것이요, 너희가 만일 꿈과 그 해석을 보이면 너희가 선물과 상과 큰 영광을 내게서 얻으리라. 그런즉 꿈과 그 해석을 내게 보이라" 하니,
그들이 다시 대답하여 이르되, "원하건대 왕은 꿈을 종들에게 이르소서. 그리하시면 우리가 해석하여 드리겠나이다" 하니,
왕이 대답하여 이르되, "내가 분명히 아노라. 너희가 나의 명령

이 내렸음을 보았으므로 시간을 지연하려 함이로다. 너희가 만일 이 꿈을 내게 알게 하지 아니하면 너희를 처치할 법이 오직 하나이니, 이는 너희가 거짓말과 망령된 말을 내 앞에서 꾸며 말하여 때가 변하기를 기다리려 함이라. 이제 그 꿈을 내게 알게 하라. 그리하면 너희가 그 해석도 보일 줄을 내가 알리라" 하더라. 갈대아인들이 왕 앞에 대답하여 이르되, "세상에는 왕의 그 일을 보일 자가 한 사람도 없으므로 어떤 크고 권력 있는 왕이라도 이런 것으로 박수에게나 술객에게나 갈대아인들에게 물은 자가 없었나이다. 왕께서 물으신 것은 어려운 일이라. 육체와 함께 살지 아니하는 신들 외에는 왕 앞에 그것을 보일 자가 없나이다" 한지라.

왕이 이로 말미암아 진노하고 통분하여 바벨론의 모든 지혜자들을 다 죽이라 명령하니라. 왕의 명령이 내리매 지혜자들은 죽게 되었고 다니엘과 그의 친구들도 죽이려고 찾았더라.

_단 2:1~13

느부갓네살 통치의 초기 몇 해는 매우 분주했다(그리고 이 사건은 그의 재위 2년 차에 일어났다, - 1절). 그는 신생 제국을 공고하게 하기 위해 수많은 전쟁을 벌여야 한다. 여러 차례 국경 지역에서 반란이 일어났고 다른 외부의 위협도 존재했다. 그는 새로운 세상의 패권을 장악한 새 왕으로서 개인적인 명성과 평판을 스스로 세워가야 했다. 이 모든 상황이 그의 안에 내적인 불안과 공포를 만들어냈고, 이는 불안하게 만드는 꿈으로 표출되었던 것으로 보인다.

고대 바빌로니아에서는 나쁜 꿈, 특히 본문이 암시하듯이 반복되는 악몽을 나쁜 징조로 여겼다. 그리고 그것을 기억조차 할 수 없다는 특히 더 나쁜 징조였다! 바빌로니아인들에게는 당신이 상상할 수 있는 모든 종류의 꿈을 해석하는 전문가들이 쓴 수많은 꿈 해설서가 있었지만, 해석할 꿈을 기억하지 못한다면 그런 책도 아무 소용이 없었을 것이다! 이 이야기에서는 (우리가 흔히 경험하듯이) 느부갓네살이 정말로 꿈을 기억하지 못했고 마술사들이 자신에게 꿈을 말해주기를 원했는지, 아니면 완벽히 잘 기억하고 있었지만, 마술사들의 능력을 시험하고 싶었는지를 명확하게 밝히지는 않는다.

더욱더 놀라운 것은 하나님이 이 젊은 이교도 왕의 잠재의식에 개입하셨다는 사실이다. 그의 신하들은 오직 신들만이 그가 자신들에게 요구하는 것—그가 무슨 꿈을 꾸었는지를 그에게 말하고 그를 위해 이를 해석하는 것—을 행할 수 있다고 인정했다. 하지만 나중에 다니엘은 살아계신 하나님이 그 꿈을 계시하고 해석하실 수 있으실 뿐 아니라 처음부터 그의 머릿속에 꿈을 넣어주신 분이 바로 살아계신 하나님이셨다고 분명히 말한다(단 2:23, 28, 45).

역사와 나라들을 다스리시는 주권적인 이스라엘의 하나님이 지금까지는(발람과 그의 나귀 같은 몇몇 예외를 제외하면) 그분의 예언자들의 입을 통해서만 말씀하셨지만 이제 다니엘과 기도의 벗들인 그의 세 친구가 아니라 (아직은) 그분을 인정하지도 않았던 이교도 왕에게 세계사에 대한 그분의 계획을 계시하기로 작정하신 것이다. 다니엘이 사건의 극적인 반전을 매우 빨리 받아들였다는 점은 주목할 만하다. 대부분의 경우 그의 동시대인들은 외국이나 이교에 관련된 모든 것에 대해 훨씬 더 적대적인 태도를 지니고 있었다. 특히 이 외국인 느부갓네살이 누구였는지를 기억해보라. 그는 다니엘과 그의 친구들을 고향에서 억지로 끌고 왔으며, 불과 몇 년이 지난 후에는 그들의 도시 예루살렘을 파괴하고 주의 성전을 불태우고 그곳 사람 대부분을 바빌로니아로 압송할 사람이었다. 어떻게 하나님이 이런 사람에게 말씀하실 수 있겠는가? 하나님이 계시를 주고자 하신다면 당신의 백성 중 한 사람을 사용하셔야 하지 않겠는가? 하나님의 방식은 지금 우리한테만큼이나 그 당시 유대인들에게 도무지 이해할 수 없는 것이었을 것이다.

사실 이 이야기는 첫 네 장에서 서술하는 하나님과 느부갓네살의 일련의 만남 중 첫 번째를 다룬다. 이 만남을 통해 결국 그는 (다니엘 4장의 마지막 부분에서는) 하늘의 하나님이 더 높은 왕이심을 기꺼이 인정하는 '회심'에 이르게 된다. 여기서 이미 하나님은 꿈을 통해 느부갓네살의 마음속에서 일하고 계신다. 다니엘에 의해 믿음의 관점으로 해석되었을 때 이 꿈은 그에게 역사 안에서 그의 위치를 보여주며, 그가 어디로부터 권력을 얻었는지를 알려주고, 그가 그토록 열정적으로 건설하고 있는 제국에 대한 참된 관점을 제공하며, 지상의 모든 인간 제국을 다스리시는 하나님의 더 큰 능력에 대해 그에게 경고할 것이다. 그가 평균 이상의 지능을 지닌 왕이었다고 해도 꽤 어려운 교과과정이었을 것이다.

우리는 마땅히 지녀야 할 겸손함으로 살아계신 하나님이 모든 인간을 그분의 형상으로 만드셨으며, 그분이 번역자나 상황화하는 선교사도 필요 없이 누구에게나 말씀하실 수 있음을 기억해야 한다. 물론 예수께서는 제자들에게 그들이 당신을 증언해야 한다고 말씀하셨다. 하지만 그들의 인간적인 증언 이전에, 와중에, 이

후에—교회 안에서가 아니라 세상 안에서, 세상을 향해— 증언하시는 분은 성령이시다. 우리는 하나님이 불신자들의 마음과 생각 속에서 말씀하실 수 있음을 믿어야 할 뿐 아니라 그분이 언제 그렇게 하시는지에 대한 징조에 더 민감하게 주의를 기울여야 한다.

다니엘과 그의 하나님

_ 다니엘 2:14~23

그 때에 왕의 근위대장 아리옥이 바벨론 지혜자들을 죽이러 나가매 다니엘이 명철하고 슬기로운 말로 왕의 근위대장 아리옥에게 물어 이르되, "왕의 명령이 어찌 그리 급하냐?" 하니, 아리옥이 그 일을 다니엘에게 알리매 다니엘이 들어가서 왕께 구하기를 "시간을 주시면 왕에게 그 해석을 알려 드리리이다" 하니라. _단 2:14~16

우리가 다시 한번 다니엘을 만날 때 우리가 느끼는 첫 번째 놀라움은, 1장에서 그가 왕의 음식과 연관된 문제에 대해 타협하기를 거부했다고 해서 이교도의 세속 권력에 대해 전면적인 비협조의 정책을 채택한 것은 아니었다는 점이다. 아마도 처형의 위협 때문에 그가 훨씬 더 집중하는 마음이기는 했겠지만, 그는 대단히 적극적으로, 기꺼이 도우려고 하는 것처럼 보인다.

사실 다니엘은 이런 식의 태도를 보일 수도 있었다. "오, 내가 미워하는 왕이여, 당신의 꿈은 스스로 해석하십시오. 원한다면 우리를 죽이십시오. 그러면 우리는 순교자가 될 테지만 당신은 여전히 당신의 꿈이 무엇을 뜻하는지 알지 못할 것입니다." 하지만 1장에서 보았듯이, 다니엘과 그의 친구들은 물러남의 길, 경건한 분리주의 혹은 거룩한 순교의 길을 택하지 않았다. 그들은 훌륭한 자격을 갖춘 정부 관리로서 공적 행정을 분주히 수행하고 있었지만, 자신의 신앙의 독특성과 완전성을 보존하는 자세를 취했다.

이 부분의 이야기에서 세 가지에 주목하라.

다니엘의 기도 공동체

> 이에 다니엘이 자기 집으로 돌아가서 그 친구 하나냐와 미사엘과 아사랴에게 그 일을 알리고 하늘에 계신 하나님이 이 은밀한 일에 대하여 불쌍히 여기사 다니엘과 친구들이 바벨론의 다른 지혜자들과 함께 죽임을 당하지 않게 하시기를 그들로 하여금 구하게 하니라. 이에 이 은밀한 것이 밤에 환상으로 다니엘에게 나타나 보이매…. _단 2:17~19상

벨파스트의 중고등부에서 우리가 부르곤 했던 또 다른 노래의 후렴구는 이렇게 시작된다.

> "다니엘과 같은 사람이 되겠어요. 혼자서라도 용감하게 맞서겠어요."

나중의 이야기에서 다니엘이 홀로 사자들과 맞서야 했던 것은 사실이지만(6장), 앞 장에서 그와 그의 친구들은 계속해서 서로를 지원하고 함께 사귐을 나눴다. 다니엘이 대변인 역할을 하면서 목

숨을 걸고 왕에게 찾아간 사람이었을지도 모르지만, 그는 외로운 영웅이 아니었다. 그는 필요한 기도의 도움을 요청했고 그런 도움을 받았다.

이 네 젊은 그리스도인은 함께 일했다. 함께 재교육 기간 동안 동고동락했고, 함께 나라를 섬겼고, 함께 하나님을 섬겼다. 따라서 그들은 서로를 도우며 문자적으로, 또한 비유적으로 살아남을 수 있었다. 그리고 함께 기도하기 위해 만날 때 이는 그저 그날의 업무로부터 도피해 따뜻하고 편안한 사귐을 나누기 위함이 아니었다. 그들은 자신들이 맡은 공적 책무의 시급한 문제를 하나님 앞으로 가져왔다.

나는 교회의 모든 친교와 기도 모임이 그렇기를 바란다. 가정 모임에서 모두가 편안하게 느끼는 수준에서 겉돌고 구성원들의 삶의 팍팍한 현실을 제대로 건드리지 못하는 경우가 많다. 지적인 성경공부나 감정적인 예배, 심지어는 간절한 기도로 도피할 수도 있다. 하지만 도착하면서 우리가 복도에 외투를 걸어두면서 우리의 삶의 현실까지도 그곳에 남겨두고 올 수도 있다.

내가 기억하는 가장 좋았던 가정 모임은 오늘날 그리스도인들이 직면하는 몇몇 도덕적 문제에 관한 토론으로 대화가 이어졌던 모임이다. 이런 대화를 하던 중 타이어 판매점에서 일하던 젊은 참석자 알프(Alf)가 갑자기 직장에서 일어나고 있는 속임수와 은밀한 관행에 관해 이야기하기 시작했다. 영수증을 조작하고, 부가세를 청구한 다음 기록하지 않은 채 착복하고, 재고가 사라지는 일이 일어났다. 직급이 낮은 직원으로서 그는 어떻게 이런 일에 대처할 수 있을까? 정직하지 못한 관행에 참여하지 않는다면 그는 쓰라린 엄지손가락처럼 도드라질 것이다. 더 나쁜 경우에는 다른 직원들의 증오와 배척을 감수해야 했다. 반면에, 그가 (전에 한 번 시도했듯이) 관리자들에게 이를 알렸을 때는, 무슨 일이 일어나고 있는지를 그들이 너무나도 잘 알고 있었지만, 노동자들 사이에서 선동과 반항이 발생하는 것을 피하고자 이를 무시하기로 작정했다는 것을 알게 되었다. 따라서 속임수를 보고한다면 그는 동료들뿐 아니라 관리자들과의 관계에서 어려움을 겪을 것이며 아마도 직장을 잃게 될 것이다.

갑자기 모임에 참여한 사람들은 도덕과 정직의 문제가 그저 철학적인 토론의 문제가 아니라 알프의 일상적인 현실임을 깨달았다. 정말로 그는 이 문제 때문에 큰 정신적 압력과 영적 스트레스를 받고 있었다. 우리는 그의 딜레마에 대한 깔끔한 해결책을 제시할 수는 없었지만, 그에게 지혜와 힘을 달라고 하나님께 기도할 수 있었다. 그때부터 이 모임에서는 기도 시간에 직장에서 부딪치는 사람들의 현실적인 문제를 놓고 정기적으로 기도했다. 또한 우리는 교회의 목회자에게 주일마다 공적 영역에서 발생하는 사회적, 도덕적 문제를 성경적 관점에서 주의 깊게 살펴보는 연속 설교를 계획해달라고 부탁했다.

인도에서 살 때 나는 세속적, 전문적 직업을 가진 그리스도인 평신도를 대상으로 한 세미나에서 강연해달라는 부탁을 자주 받았다. 나는 성실과 정의, 정직에 관한 날 선 구약의 가르침을 정면으로 다룬 다음 그들에게 주변 세상과 다르게 사는 것을 오늘날 이 세상에서 하나님의 백성으로서 그들의 사명으로 삼아야 한다고 권면했다.

그런 다음 나는 그들에게 인도의 문화와 사회 속에서 그리스도인으로 살아가면서 느끼는 긴장과 문제에 관해 이야기해달라고 부탁했다. 그들은 쏟아내듯이 자신들의 경험을 말했다. (위로부터 아래까지 사회에 만연한) 뇌물을 주거나 받으라는 압력, 부패와 정직하지 못한 관행, 교묘한 장려금과 그다지 교묘하지 않은 위협, 비양심적인 착취, 모든 측면에서 암시장에 참여하지 않고서는 사업을 할 수 없다고 생각하는 태도 등에 관해 이야기했다.

한번은 다양한 전문직에 종사하는 사람들에게 자신들의 교회가 이런 문제에 관해 뭐라고 가르쳤는지 물어보았다. 나는 그들이 목회자들한테서 어떤 가르침을 배웠는지, 교회 안에서 다른 그리스도인들과의 교제를 통해 그들이 그리스도인으로서 비기독교적 세상 속에서 살아가도록 도울 수 있는 어떤 도움이나 기도를 받았는지 물었다. 나는 그런 생각 자체가 공허한 웃음과 순전한 놀라움을 자아냈던 것을 생생히 기억하고 있다.

"우리의 목회자들은 그런 것에 관해서는 설교를 하거나 가르치지 않습니다"라고 그들은 말했다. "사실 그들 중 일부는 다른 사람들보다 더 나을 것이 없죠!" 어떤 이들은 세상의 사악함으로부터 도피하기 위해 교회에 가는 것이고, 교회에서조차 그런 이야기를 듣고 싶지는 않다고 말했다! 이유가 무엇이든, 그들이 온갖 압력과 문제를 수반하는 날마다 하는 세속적인 일과 그들의 '종교적인' 삶 사이에는 분명히 어마어마한 간극이 존재했다. 그들은 교회 안에서 아무런 도움도, 기도도, 실천적인 성경적 가르침도 받지 못하고 있었다. 그들에게는 다른 그리스도인들과 함께 이런 문제를 놓고 함께 씨름할 수 있는 모임도 없었다. 그들이 그리스도인으로 바르게 서서 자신들이 처한 상황의 도덕적, 영적 어둠 속에서 하나님의 진리의 빛을 효과적으로 증언하기가 어렵다고 생각하는 것도 당연했다. 그것이 인도의 상황이었다. 하지만 나는 서양에서 이른바 세속적 전문직과 직장에서 일하는 수많은 그리스도인이 그들의 교회와 목회자들로부터 더 나은 도움을 받고 있는지 의문이다.

다니엘은 친구들과 함께 하나님 앞에 무릎을 꿇었기 때문에 왕 앞에 홀로 설 수 있었다.

다니엘의 찬양

다니엘이 하늘에 계신 하나님을 찬송하니라.
다니엘이 말하여 이르되,
"영원부터 영원까지 하나님의 이름을 찬송할 것은
지혜와 능력이 그에게 있음이로다.
그는 때와 계절을 바꾸시며
왕들을 폐하시고 왕들을 세우시며
지혜자에게 지혜를 주시고
총명한 자에게 지식을 주시는도다.
그는 깊고 은밀한 일을 나타내시고
어두운 데에 있는 것을 아시며
또 빛이 그와 함께 있도다.
나의 조상들의 하나님이여,
주께서 이제 내게 지혜와 능력을 주시고

우리가 주께 구한 것을 내게 알게 하셨사오니
내가 주께 감사하고 주를 찬양하나이다.
곧 주께서 왕의 그 일을 내게 보이셨나이다" 하니라.
_단 2:19하~23

모든 기도 모임이 이 경우처럼 적어도 직접적으로 성공적이지는 않다. 하지만 모든 기도 모임은 여기에 기록된 다니엘의 찬양의 본보기를 따를 수 있다. 또한 다니엘 9장에 기록된 그의 다른 기도로부터도 많은 것을 배울 수 있다. 이 기도는 마지막 부분에서 개인적인 내용에 대해 다루기 전에 하나님과 그분의 길에 초점을 맞춘다.

여기서 다니엘이 하나님에 관한 위대한 진리를 고백하면서 기도를 시작하는 것처럼 그렇게 기도를 시작하는 것은 언제나 좋다. 초대 교회도 사도행전 4장 23~31절에서 다니엘처럼 생명의 위협을 받는 상황에서 그렇게 기도했다. 일단 이렇게 기도를 시작하면 다른 모든 것을 올바른 관점에서 바라볼 수 있게 된다. 하나님에 관한 진리가 상황에 관한 우리의 감정보다 우선하게 될 것이다. 친교의 모임들이 이렇게 기도하는 법을 배우는 것이 중요하다. 그렇게 하지 않으면 지나치게 내향적인 시선을 갖게 되며 일종의 영적 건강 염려증에 걸리고 만다. "우리의 문제들을 봐. 신음해. 신음해." 혹은 그 모임은 구성원들을 위한 일종의 집단 치료와 비슷한 것이 되어 설교가 가서 닿을 수 없는 부분에 새로운 활력을 불어넣기 위해 한 주에 한 차례씩 맞는 친교의 주사제가 되고 말지도 모른다.

하지만 기도 공동체의 목적은 친교에 의존하는 것이 아니라 하나님을 의지하는 법을 배우는 것이다. 따라서 언제나 하나님을 높이고 그분을 우선으로 삼아야 한다. 사람들은 그분의 힘과 능력을 고백하는 법을 배워야 하고 다시 혼자가 될 때 그 능력을 의지할 수 있는 법을 배워야 한다. 다니엘조차도 나중에는 자신의 주위에 기도의 공동체가 없을 때 홀로 서야만 했기 때문이다. 하지만 죽음을 정면으로 응시해야만 했을 때 그는 기도의 삶 덕분에 살아남을 수 있었고 믿음을 지켜낼 수 있었다(단 6장).

다니엘은 이 찬송가에서 특히 하나님에 관한 두 진리를 노래한다. 첫째는 그분이 역사를 다스리신다는 것이며(21절), 둘째는 그분이 그분의 목적을 드러내신다는 것이다(22절). 두 진리 모두 이 책의 나머지 부분에 기록된 이야기와 환상을 통해 반복적으로 예증된다. 하나님은 일하시며, 하나님은 말씀하신다. 하나님은 무능하지 않으시며, 침묵하지 않으신다.

오늘날 세상은 이를 믿지 않는다. 스스로 하나님을 믿는다고 생각하기를 좋아하는 사람들조차도 언제나 이런 하나님—성경이 말하는 살아계신 참 하나님—을 원하지는 않는다. 내가 들었던 한 여론조사에서는 사람들에게 역사 안에서 일하시는 하나님을 믿는지 물었다. 한 사람은 "아니, 그냥 평범한 하나님"이라고 답했다. 느부갓네살은 알지 못했지만 자신의 꿈을 해석해달라고 요구함으로써 "평범한 하나님"과 전혀 다른 하나님과의 만남을 요구하고 있었다. 그리고 그는 결국 그 만남에 의해 변화되었다. 서양의 교회에서 우리는 의미 있는 방식으로 하나님의 위대하심을 인정하는 습관을 잃어버렸기에 사람과 상황의 역동적인 변화를 목격하는 경우가 너무나도 드물다.

하지만 다니엘은 자신이 믿는 하나님이 자신을 나눠주기를 좋아하시는 하나님이심을 깨달았다. 하나님에 관해 그가 하는 말이 하나님이 그에게 주셨다고 그가 주장하는 바로 그것이라는 점에 주목하라. "지혜와 능력이 그에게 있음이로다"(20절). "주께서 이제 내게 지혜와 능력을 주시고"(23절). 여기에는 어떤 교만도, 어떤 참람함도 없다. 이는 그저 사실의 진술일 뿐이다. 다니엘은 자신이 지닌 모든 기술과 능력이 선물로 받은 것임을 인정했다. 그는 30절에서 똑같은 사실을 느부갓네살에게도 그대로 말한다. 그가 느부갓네살에게 이 진리를 설득하는 데는 오랜 시간이 걸렸다.

예수께서는 제자들에게 성령의 모든 자원을 주겠다고 약속하셨다. 그분은 우리가 그분이 하신 것과 똑같은 (사실 더 큰) 일을 하게 될 것이라고 약속하셨다. 지혜와 능력을 구하기만 하면 된다(약 1:5, 고후 12:9, 10). 하지만 그것은 우리 자신의 지성이나 업적이 아니라 하나님한테서 오는 것이다. 그리고 이것은 세 번째 논점과 연결된다.

다니엘의 능력과 그 원천

> 이에 아리옥이 다니엘을 데리고 급히 왕 앞에 들어가서 아뢰되, "내가 사로잡혀 온 유다 자손 중에서 한 사람을 찾아내었나이다. 그가 그 해석을 왕께 알려 드리리이다" 하니라.
> 왕이 대답하여 벨드사살이라 이름한 다니엘에게 이르되, "내가 꾼 꿈과 그 해석을 네가 능히 내게 알게 하겠느냐" 하니,

다니엘이 왕 앞에 대답하여 이르되, "왕이 물으신 바 은밀한 것은 지혜자나 술객이나 박수나 점쟁이가 능히 왕께 보일 수 없으되, 오직 은밀한 것을 나타내실 이는 하늘에 계신 하나님이시라. 그가 느부갓네살 왕에게 후일에 될 일을 알게 하셨나이다. 왕의 꿈 곧 왕이 침상에서 머리 속으로 받은 환상은 이러하니이다."

_단 2:25~28

차가 고장 나 난처한 상황에서 어쩔 줄 모르는 운전자들을 묘사한 자동차협회(Automobile Association)의 영국 텔레비전 광고가 있었다. 한 승객이 운전자에게 정곡을 찌르는 질문을 던진다. "고칠 수 있나요?" 풀죽은 운전자는 "아니오"라고 답하지만, 이내 "하지만 고칠 수 있는 사람을 알아요!"라고 활기차게 말한다. 자동차협회 직원이 등장하고 모두가 안도한다.

다니엘은 느부갓네살에게 그와 똑같은 대답을 했다.

느부갓네살: "내가 본 것을 나에게 말하고 그것을 설명할 수 있겠는가?"

다니엘: "아닙니다! 하지만 그렇게 하실 수 있는 하나님을 알고 있습니다!"

다니엘은 "물론입니다! 나와 유대인 친교 모임에 속한 나의 벗들이 이 문제를 쉽게 해결할 수 있습니다"라고 대답하지 않았다. 오히려 그는 이렇게 답했다. "폐하께서 요구하시는 것은 아무도 할 수 없습니다. 하지만 하늘의 하나님이 계십니다."

1992년 영국 의원 선거 운동 기간에 나는 내가 속한 지역구에서 한 정당을 돕기 위해 작은 일이라도 하려고 했다. 어느 날 저녁 나는 선거 운동 본부 직원들의 초대로 우리 지역구의 후보와 함께 심한 학습 장애가 있는 성인들을 위한 요양원을 방문했다. 모든 종류의 질문이 나왔으며, 문제가 제기되었고, 우리는 인내하며 그들의 질문에 답하고 정당 간 차이를 설명하기 위해 최선을 다했다. 학습 장애에도 불구하고 이 선량한 사람들은 몇몇 핵심 정치 문제를 파악하고 있었으며, 무엇이 옳은지 그른지에 대한 예리한 통찰도 지니고 있음을 깨닫게 되었다.

셜리(Shirley)라는 젊은 여인은 여러 가지 문제를 제기했으며, 각각은 "이에 관해 우리가 무엇을 할 수 있습니까?"라는 물음으로 마무리되었다.

- 이 시설에서 사용할 승합차가 부족했다.
  "이에 관해 우리가 무엇을 할 수 있습니까?"
- 길에 교통 신호등이 없었다.
  "이에 관해 우리가 무엇을 할 수 있습니까?"
- 직원이 너무 적었다. "이에 관해 우리가 무엇을 할 수 있습니까?"
- 그는 버스 정기 승차권에 적힌 '장애인'이라는 단어가 싫었다.
  "이에 관해 우리가 무엇을 할 수 있습니까?"
- 그와 그의 친구들이 거리에서 모욕을 당했다.
  "이에 관해 우리가 무엇을 할 수 있습니까?"

셜리는 무척이나 고집스러웠으며, 후보자와 나는 쏟아지는 질문 앞에서 무력감을 느낄 수밖에 없었다. 우리는 이런 제안을 하기도 하고 저런 조언을 하기도 했지만, 결국 우리 능력으로 할 수 있는 것은 그다지 많지 않았다. 우리는 "그것에 관해 무언가를 할 수 있는" 권위나 능력을 갖추고 있지 않았다. 그런 권위를 가진 사람들을 설득해볼 수는 있겠지만, 그것 외에는 우리가 "그것에 관해서 할 수 있는" 것이 그다지 많지 않았다. "이에 관해 우리가 무엇을 할 수 있습니까?"라는 그의 질문에 정말로 솔직하게 대답한다면 "아무것도 할 수 없습니다"라고 말했어야 했다. 그러나 우리는 "하지만 그렇게 하겠다고 마음먹으면 할 수 있는 사람들을 알고 있습니다"라고 덧붙일 수 있었을 것이다.

다니엘서의 주제와 줄거리 중 하나는, 하나님이 느부갓네살로 하여금 진정한 힘과 능력을 어디에서 찾아야 하는지를 깨닫게 하려고 계속해서 압력을 가하신다는 것이다. "누가 할 수 있는가?"라는 주제는 여러 차례 등장한다.

- ◆ 이 장에서 느부갓네살은 다니엘이 할 수 있는지 묻고, 다니엘은 하나님만이 할 수 있으시다고 말한다.
- ◆ 3장에서 느부갓네살은 사드락과 메삭, 아벳느고에게 그들을 그의 손에서 건져낼 수 있는 신이 존재하는지 묻고, 이에 그들은 "예, 우리 하나님이 하실 수 있습니다"라고 단호하게 대답한다.
- ◆ 그리고 다니엘 6장에서 또 다른 왕인 다리오는 다니엘에게 그의 하나님이 그를 사자들한테서 구하실 수 있었는지 묻는다. 그리고 다니엘은 "물론입니다!"라고 답한다.

느부갓네살은 결국 참된 힘이 자신에게 있는 것이 아니고, 그의 제국을 상징하는 꿈속의 금 신상에 있는 것도 아니고, 그의 마술사들한테 있는 것도 아니고, 그의 화려한 궁정 안에 있는 것도 아니고, 그의 군사 장비에 있는 것도 아니고, 3장에 기록된 번쩍이는 황금 오벨리스크에 있는 것도 아니고, 이 젊은 유대인 포로의 하나님, 자신이 정복하고 붙잡았다고 생각했던 하나님, 하지만 사실은 '하늘의 하나님'이시며 땅의 하나님이시기도 한 하나님께 있음을 인정해야만 했다.

이 하나님, 다니엘의 하나님이 할 수 있으시다.

이 장의 마지막 부분에서 느부갓네살은 그의 불면증에 대한 치료라는 제한된 맥락 속에 이를 인정하기에 이른다. 그는 하나님이 다니엘의 능력의 원천이심을 깨닫는다. 하지만 우리는 '하나님이 할 수 있으시다'라는 진리와 '다니엘이 할 수 있었다'라는 사실(단 2:47) 사이에 다니엘과 그의 친구들이 날마다 일하는 동안, 그들을 떠받쳐 주었던 기도의 삶과 사귐이 존재한다는 것을 훨씬 더 분명히 알 수 있다.

하나님과 그분의 나라

_ 다니엘 2:24~49

마침내(좋은 서사가 언제나 그렇듯이) 상당한 긴장 상태가 지속된 후에 우리는 이 꿈이 무엇이었으며 무엇을 뜻하는지를 알게 된다.

> "왕이여, 왕이 한 큰 신상을 보셨나이다. 그 신상이 왕의 앞에 섰는데 크고 광채가 매우 찬란하며 그 모양이 심히 두려우니, 그 우상의 머리는 순금이요, 가슴과 두 팔은 은이요, 배와 넓적다리는 놋이요, 그 종아리는 쇠요, 그 발은 얼마는 쇠요, 얼마는 진흙이었나이다. 또 왕이 보신즉 손대지 아니한 돌이 나와서 신상의 쇠와 진흙의 발을 쳐서 부서뜨리매, 그 때에 쇠와 진흙과 놋과 은과 금이 다 부서져 여름 타작 마당의 겨 같이 되어 바람에 불려 간 곳이 없었고 우상을 친 돌은 태산을 이루어 온 세계에 가득하였나이다." _단 2:31~35

느부갓네살의 꿈은 이상했다. 빛나는 영광과 터무니없을 정도의 불안정성이 뒤섞인 큰 신상이었다. 이 신상은 부분적으로는 값비싸고 유용한 금속으로 이뤄져 있지만, 부분적으로는 엉터리 같고 불가능해 보이는 금속과 도자기의 혼합물로 이뤄져 있다는 점에서 내적 모순으로 가득 차 있었다. 그리고 가장 강해야 하는 부분, 즉 발이 가장 약했다. 위에는 영광으로 환하게 빛났지만, 아래의 연약한 기초는 무너져내리고 있었다.

그리고 어딘가에서 돌이 나왔다. 꿈속에서도 그는 이 돌이 그저 인간들이 캐낸 돌이 아니라는 것을 알 수 있었다. 그렇다면 이 돌은 어디에서 왔을까? 그리고 그 돌이 진흙의 발에 부딪히자 신상 전체가 쓰러졌다. 하지만 그냥 쓰러진 것이 아니라 영화 마지막 부분 드라큘라의 시체처럼 먼지처럼 부서져서 바람에 날아갔다. 그러나 이 돌은 마치 살아있는 괴물처럼 세상을 가득 채울 정도로 커졌다. 이것은 공상과학 영화와 공포 영화를 만들 만한 내용이다.

느부갓네살이 번민한 것도 당연했다. 이 꿈은 무엇을 뜻하는 것일까?

이 꿈이 그에 관한 것이라면, 그는 어떤 역할을 하게 될까? 어쩌면 신상은 그의 적들을 뜻하고 그는 그들 모두를 박살 내고 온 세상의 권력을 차지할 돌일지도 모른다. 이 얼마나 멋진가!

하지만 그 신상이 그의 제국이라면 어떨까? 그 정도로 허약하다는 말인가? 그의 백성은 그 정도로 섞이기 어려운 다양한 인종으로 이뤄져 있으며 결국에는 해체되고 마는 것일까? 그리고 신상을 박살 내고 가루를 만들어버리는 이 돌은 누구 혹은 무엇일까? 알려지지 않은 적이 국경에 숨어 있다가 침략해서 그의 제국 전체를 가루처럼 박살 낸다는 말일까? 이 모든 것이 무엇을 뜻하는 것일까?

그런 다음 다니엘은 느부갓네살을 위해 이 꿈을 해석했고, 이로써 왕과 독자 모두를 안도하게 했다.

그 꿈이 이러한즉 내가 이제 그 해석을 왕 앞에 아뢰리이다. 왕이여, 왕은 여러 왕들 중의 왕이시라. 하늘의 하나님이 나라와 권세와 능력과 영광을 왕에게 주셨고, 사람들과 들짐승과 공중의 새들, 어느 곳에 있는 것을 막론하고 그것들을 왕의 손에 넘기사 다 다스리게 하셨으니 왕은 곧 그 금 머리니이다.

왕을 뒤이어 왕보다 못한 다른 나라가 일어날 것이요, 셋째로 또 놋 같은 나라가 일어나서 온 세계를 다스릴 것이며, 넷째 나라는 강하기가 쇠 같으리니 쇠는 모든 물건을 부서뜨리고 이기는 것이라. 쇠가 모든 것을 부수는 것 같이 그 나라가 뭇 나라를 부서뜨리고 찧을 것이며, 왕께서 그 발과 발가락이 얼마는 토기장이의 진흙이요 얼마는 쇠인 것을 보셨은즉, 그 나라가 나누일 것이며 왕께서 쇠와 진흙이 섞인 것을 보셨은즉 그 나라가 쇠 같은 든든함이 있을 것이나, 그 발가락이 얼마는 쇠요 얼마는 진흙인즉 그 나라가 얼마는 든든하고 얼마는 부서질 만할 것이며, 왕께서 쇠와 진흙이 섞인 것을 보셨은즉 그들이 다른 민족과 서로 섞일 것이나 그들이 피차에 합하지 아니함이 쇠와 진흙이 합하지 않음과 같으리이다.

이 여러 왕들의 시대에 하늘의 하나님이 한 나라를 세우시리니 이것은 영원히 망하지도 아니할 것이요, 그 국권이 다른 백성에게로 돌아가지도 아니할 것이요, 도리어 이 모든 나라를 쳐서 멸망시키고 영원히 설 것이라. 손대지 아니한 돌이 산에서 나와서 쇠와 놋과 진흙과 은과 금을 부서뜨린 것을 왕께서 보신 것은 크신 하나님이 장래 일을 왕께 알게 하신 것이라. 이 꿈은 참되고 이 해석은 확실하니이다. _단 2:36~45

다니엘의 해석은 그 자체가 하나의 역사 신학이다. 하지만 이것은 역사를 위한 **시간표**가 아니다. 사람들은 그의 해석의 모든 부분이 무엇을 뜻하는지, 언제를 가리키는지를 밝혀내는 데 몰두하다가 그 참된 의미를 놓치고 만다.

다니엘은 현재에서 시작해 미래로 이동한다. 현재에 그는 그저 사실을 진술한 후 이를 신학적으로 해석한다. "왕이여, 왕은 여러 왕들 중의 왕이시라"라고 그는 느부갓네살에게 말한다.

사실 이 구절을 하나님을 찬양하는 표현으로 자주 사용하는 우리에게는 약간 지나친 말처럼, 심지어는 신성 모독처럼 들리기도 한다. 하지만 그렇지 않다. 이것은 단순한 사실의 진술일 뿐이다. 느부갓네살은 수많은 작은 나라를 정복하고 이스라엘의 왕을 비롯해 그 나라들의 왕들을 복종시킨 위대한 왕이었다. 따라서 다니엘은 꿈속의 신상의 맨 꼭대기에서 시작하며, 느부갓네살이 금으로 된 머리라고 말한다. 아첨이 아니라 현재의 정치 상황을 묘사하는 말일 뿐이다.

하지만 그런 다음 다니엘은 자신의 신학적 통찰을 덧붙인다. 이 모든 반짝거리는 금과 권력, 영광은 **하늘의 하나님이 그에게 주셨기에** 느부갓네살의 것이 된 것일 뿐이다. 느부갓네살은 하나님의 허락과 임명에 의해 제일의 나라의 제일인자가 되었다.

아마도 느부갓네살은 이미 이렇게 믿고 있었을 것이다. 고대의 왕들은 자신의 권력이 자신의 신들에게서 온 것이라고 여기는 경향이 있었다. 이는 자신의 통치가 신적으로 승인된 것이라고 주장함으로써 자신의 지배력을 강화하기 위함이었다. 느부갓네살은 바벨로니아 신들의 선물 덕분에 자신이 지금의 위치에 있게 되었다는 견해에 대해 반대하지 않았을 것이다. 하지만 의심할 나위 없이 다니엘은 '하늘의 하나님'이라는 표현을 사용할 때 **여호와**, **그의** 하나님, 자기 백성의 하나님, 유일하게 참되고 살아계신 하나님을 지칭했다.

이스라엘의 하나님이 바벨로니아 왕에게 최고의 권력을 주셨다! 두 민족의 상황을 생각하면 이는 엄청나게 반어적으로 들렸을 것이다. 지금 이스라엘은 포로로 잡혀 와 있으며 바벨로니아는 권력을 잡고 있다. 따라서 이 겸손한 정부 관료는 제국에서 가장 강력한 사람에게 '금 머리'의 지위를 주신 분이 바로 **자신의** 하나님이라고 선언하고 있는 셈이다!

예레미야 역시 동시대 역사에 대한 정확히 같은 이해를 표현했다. 예레미야가 예루살렘에서 열리는 국제 외교 회의장에 문을 부수고 난입한 악명 높은 사건이 있었다. 당시 느부갓네살에 대한 반란 계획을 세우기 위해 유다 주변의 작은 나라들의 대사들이 모인 상태였다. 예레미야는 상징적인 몸짓으로 목에 멍에를 메고 그곳에 있던 외교관들에게 이스라엘의 하나님 여호와께서 느부갓네살에게 권력을 주셨으며 유일한 살길은 모든 나라가 그에게 복종하는 것이라고 말했다.

> 나는 내 큰 능력과 나의 쳐든 팔로 땅과 지상에 있는 사람과 짐승들을 만들고 내가 보기에 옳은 사람에게 그것을 주었노라. 이

제 내가 이 모든 땅을 내 종 바벨론의 왕 느부갓네살의 손에 주고 또 들짐승들을 그에게 주어서 섬기게 하였나니. _렘 27:5, 6

"내 종 느부갓네살!"

너무나도 터무니없는 말처럼 들린다(예레미야가 이렇게 말할 때 유다 백성은 다 그렇게 느꼈을 것이다). 하지만 예레미야와 다니엘은 자신들이 몸소 경험하고 있던 사건들을 이렇게 해석했다. 이런 해석을 하기 위해서는 엄청난 깊이의 믿음과 하나님의 주권에 대한 폭넓은 관점이 필요하다. 그들이 직접 겪고 있던 비극적인 사건들을 생각해보라. 느부갓네살과 같은 인물에 대한 민족 전체의 증오를 생각해보라. 누군가 일어나서 그를 여호와의 종이나 '금 머리'라고 불렀을 때 그가 얼마나 인기가 없었을지 생각해보라. 하지만 역사에 대한 하나님의 통치와 그분의 계획의 신비는 우리의 편견보다 더 넓다. 하나님은 역사 안에서 그 순간 하나님의 목적을 성취하기 위해 느부갓네살을 일으키셨고, 바로 그런 이유로 느부갓네살은 그가 이를 알든지 모르든지 '여호와의 종'이다.

제2차 세계대전이 끝난 후 한 세대 동안 서양에서 우리는 세상이 둘로 나뉜다고 믿도록 교육받았다. '자유 세계'가 있고 '소비에트 권'이 있었다(제3세계는 나중에 창안된 개념이었다). 우리는 천사들이 누구 편인지 알고 있었다. 우리는 철의 장막 동쪽에 있는 모든 것이 '악의 제국'이라고 들었다. 하나님은 누구의 편이셨을까? 그 답은 너무나도 명백해 보였고, 책과 만화책, 영화의 수많은 묵시록 시나리오에서는 아마겟돈의 마지막 대전투를 공산주의 세력과 (자기) 의의 세력 사이의 싸움으로 묘사했다.

1990년 이후의 시대를 살아가는 우리에게, 1989~1990년 유럽 전체를 휩쓴 혁명적 변화로 공산주의가 몰락하고 동유럽 국가들이 독립을 얻은 이후의 시대를 살아가는 우리에게 이 모든 예상과 '예언자적 환상"을 믿고 기억하기가 어려워 보인다. 하지만 (중동부 유럽의 그리스도인들이 분명히 그랬듯이) 이 중대한 시기에 하나님의 손을 본다면 우리는 당시 소련의 대통령이었던 미하일 고르바초프가 인간 방아쇠였음을 인정할 수밖에 없다. 이른바 기독교 서양의 지도자들 일부는 "우리가 냉전에서 승리했다"라고 흐뭇하게 주장했을 테지만 하나님은 그들 중 한 사람을 사용하지 않으셨다.

하지만 지금 고르바초프는 어디에 있을까? 그는 이제는 대통령이 아닐 뿐 아니라 그가 대통령이었던 나라도 존재하지 않는다! 유럽의 공산주의 독재 정권이 적들의 힘이 아니라 그 나라의 최고 수장의 정책에 의해 무너졌다는 것은 하나님의 아이러니, 거의 유머 감각이라고 말할 수 있다. "하나님은 신비로운 방식으로 일하신다." 그분은 인간 지도자를 세우시고, 그들에게 하나님의 목적을 성취하는 과정과 사건을 실행할 수 있는 일시적인 능력과 힘을 주시며, 그들이 그 역할을 완수했을 때는 그들을 권력에서 내려오게 하고 다른 이들을 통해 일하신다. 그 누구도 없어서는 안 될 사람이 아니다. 느부갓네살도 마찬가지였고 마찬가지일 것이다.

그런 다음 다니엘은 금속의 순서에 기초해 역사의 구조를 전체적으로 제시한다. 그는 이 금속들이 바벨로니아를 이어서 나타날 왕국들을 상징한다고 말한다. 각각이 어떤 나라를 뜻하는지 설명하지 않으며, 여기서 우리가 어떤 나라인지 밝히려고 노력할 필요도 없다. 다니엘이 하는 말의 핵심은 다음과 같다.

◆ **네 번째 나라의 권력.** 이 나라는 엄청나게 강력할 테지만 그 분열된 속성 때문에 내재적인 부조화와 불안정성을 지니고 있을 것이다.

◆ **신상의 붕괴.** 이는 부분적으로 그 내재적인 허약함과 불안정성 때문이다. 이것은 인간의 모든 권력과 오만한 주장이 궁극적으로 실패할 수밖에 없음을 묘사한다. 결국 인간이 교만하게 건설한 모든 것, "탑과 신전은 쓰러져서 먼지가 된다"(찬송가 "All My Hope on God Is Founded"의 가사—역주). 일련의 나라가 일어난 다음 가장 강력한 나라의 몰락으로 마무리되는 이 그림은 우리 세대를 비롯해 인간 역사의 많은 시기에서 그 예를 찾아볼 수 있다. 21세기에는 [나치의] '천년 제국'이 발흥했다가 몰락했으며, 건설한 사람들이 적어도 백 년은 지속될 것이라고 말했던 베를린 장벽이 무너졌다. 또 다른 예언자는 이렇게 말했다.

> "귀인들을 폐하시며 세상의 사사들을 헛되게 하시나니, 그들은 겨우 심기고 겨우 뿌려졌으며 그 줄기가 겨우 땅에 뿌리를 박자 곧 하나님이 입김을 부시니 그들은 말라 회오리바람에 불려 가는 초개 같도다"(사 40:23~24).

◆ **돌의 도착.** 신상이 무너진 것은 단지 그 발이 진흙으로 되어 있어서가 아니라 인간의 손으로 깎아내지 않은 돌에 맞아 파괴되었다. 신상은 부서지고 말았지만, 돌은 남아있다. 그리고 다니엘의 해석에서 이 돌은 궁극적으로 모든 인간의 왕국을 대체할 하나님의 나라를 상징한다.

다니엘은 이 돌을 간략히 묘사할 뿐이지만, 우리가 복음서에서 볼 수 있듯이 그의 말은 하나님 나라의 여러 측면에 대한 강력한 예언이다. 바로 이런 이유로 여기서 말하는 제국들의 흥망성쇠(그리고 7장에 있는 네 짐승에 관한 다니엘의 환상)를 각각이 단 하나의 '의미'만 지닌 역사적 시간표로 보기보다는 상징적 유형을 묘사하는 것으로 보는 것이 타당하다. 다니엘서의 맥락에서(특히 10~11장에 비춰볼 때) 네 번째 왕국은 팔레스타인을 지배했던 그리스의 셀레우코스 왕국, 특히 주전 2세기 중엽 안티오코스 4세 에피파네스의 재위기를 지칭할 가능성이 크다. 그러나 신약의 관점에서 보면 네 번째 왕국은 로마 제국을 가리키는 것으로 보인다. 하나님의 나라라는 돌이 나사렛 예수라는 인격체와 그분의 하나님 나라 선포를 통해 이 제국 안에 '도착했다.'

돌에 관한 몇 가지 사항이 복음서에서 말하는 하나님 나라의 전조가 된다는 점에 주목하라.

- **그것은 외부에서 온다.** 즉 이 나라는 단순히 일련의 인간 왕국 중 하나가 아니다. 다른 곳에 그 기원을 두고 있다. 그런 의미에서 예수는 "내 나라는 이 세상에 속한 것이 아니니라"라고 말씀하셨다. 이 말씀은 이 나라가 순전히 영적이며 정치 권력과 전혀 관계없다는 뜻이 아니다. 그분은 이 나라의 기원과 원천이 인간의 권력이 아니라 하나님의 권위라는 뜻으로 이렇게 말씀하셨다.
- **그것은 이 땅에 세워진다.** 이 나라는 다른 왕국들을 대체하지만 땅 자체를 대체하지는 않는다. 하나님의 나라는 하늘로의 도피가 아니라 땅에 대한 하나님 통치의 확립이다. 피조물은 회복되어 그 참 주인이자 왕이신 분께 돌아간다.
- **그것은 하나님이 행하시는 일이다.** 따라서 파괴될 수 없다. 이 나라는 모든 인간의 왕국을 종식할 테지만 그 자체는 영원히 지속된다.
- **그것은 자라고 퍼질 것이다.** 이 나라가 결국 온 땅을 가득 채울 때까지 그것이 확립되는 과정이 있을 것이다. 예수는 하나님 나라에 관한 여러

비유(예를 들어, 겨자씨, 떡 반죽 안의 누룩, 바다의 그물 등)를 통해 똑같은 주장을 하셨다. 그리고 물론 이것은 하나님의 백성을 통해 그리스도 안에 있는 하나님 나라의 복음을 땅끝까지 모든 민족에게 전하는 그분의 지속적인 선교를 가리킨다.

따라서 다니엘은 이 이교 왕에게 신학 교육을 한 셈이다. 그가 가지고 있는 권력은 살아계신 하나님이 주신 것이지만, 영원히 지속되지는 않을 것이다. 미래에 인간 왕국이 계속해서 등장할 테지만, 궁극적으로 미래는 하나님의 나라에 속해 있다. 그리고 이것은 모든 세대가 반복적으로 배워야 할 교훈이다.

이 꿈과 그것의 해석을 통해 느부갓네살은 겉으로 드러난 역사 이면에 자리 잡고 있는 영적 실체를 직시해야 했다. 이 인간 왕은 그 무상함에 비추어 자신의 정치 권력을 바라보아야 했다. 그도, 그의 제국도 영원히 지속되지는 않을 것이다. 금으로 된 머리가 진흙으로 된 발에 의존하고 있다면 그 미래는 불안할 수밖에 없다.

하지만 더 높으신 왕이 계시며 더 항구적인 왕국이 있다. 문제는 '느부갓네살이 그분을 인정할 것인가?'다. 그리고 제한된 범위에서였지만 그는 그분을 인정했다.

> 이에 느부갓네살 왕이 엎드려 다니엘에게 절하고 명하여 예물과 향품을 그에게 주게 하니라. 왕이 대답하여 다니엘에게 이르되, "너희 하나님은 참으로 모든 신들의 신이시요, 모든 왕의 주재시로다. 네가 능히 이 은밀한 것을 나타내었으니 네 하나님은 또 은밀한 것을 나타내시는 이시로다." _단 2:46, 47

하지만 이것은 살아계신 하나님을 만나고 그분의 나라가 침투하는 바위 같다는 것을 깨달은 사람의 행동이라기보다는 자신의 권력이 당장은 위협을 받고 있지 않다고 생각하여 안도하는 사람의 행동이라는 인상을 받게 한다. 다음 장에서 우리는 그의 왕국이 분열되고 취약하다는 생각에 대해 그가 어떻게 반응하는지를 보게 될 것이다. 그는 애국주의와 동맹을 맺고 치명적인 무력에 의해 뒷받침되는 종교를 통해 제국을 통일하려고 한다. 그는 이 강력한 조합을 사용한 첫 번째 인물도 아니고 마지막 인물도 아니었다.

다니엘과 그의 친구들에게, 또한 그들과 같은 처지에 있는 모든 사람—적대적인 제국 안에 갇힌 그리스도인들—에게 이는 그들의 하나님이 여전히 다스리고 계심을 다시 한번 확신하게 해주었다. 그들은 평생 느부갓네살의 압제 아래서, 또한 강철 같은 그의 후계자들의 압제 아래서 살아가게 될지도 모른다. 하지만 결국 미래는 하나님과 그분의 왕국이라는 돌에 달려 있음이 확실하다. 그들은 돌이 오고 있음을 알고 금속과 같은 왕국 안에서 살아갈 것이다.

그리고 다니엘 2장은 이교적 환경 안에서 살아가야 하는 압력을 느끼고 있는 그리스도인에게도 같은 확신을 준다. 이 이교적 환경은 화려하지만 악하고 타락한 이 세상의 권력에 훨씬 더 호의적인 것처럼 보인다.

다니엘이 미래에 대한 환상으로 보았을 뿐인 것이 지금은 세상 안에서 작동하는 현실이 되었다. 하나님의 통치는 그리스도의 오심을 통해, 그분의 죽음과 부활 안에서 시작되었다. 언젠가 그리스도께서 그분의 나라를 되찾기 위해 오실 때 하나님의 통치가 완벽히 확립될 것이다. 그때는 "물이 바다를 덮음 같이 여호와를 아는 지식이 세상에 충만할 것"이다(사 11:9). 그때까지 "하나님은 계속해서 그분의 목적을 이뤄 가신다."[1] 그리고 이런 미래에 비춰볼 때 모든 순종의 행위, 모든 증언의 말, 진리를 수호하기 모든 담대한 노력은 가치 있고 옳은 것이라고 확증될 것이다.

이 장의 마지막 두 절은 바로 이런 관점에서 읽어야 한다.

> 왕이 이에 다니엘을 높여 귀한 선물을 많이 주며 그를 세워 바벨론 온 지방을 다스리게 하며 또 바벨론 모든 지혜자의 어른을 삼았으며, 왕이 또 다니엘의 요구대로 사드락과 메삭과 아벳느고를 세워 바벨론 지방의 일을 다스리게 하였고 다니엘은 왕궁에 있었더라. _단 2:48~49

중요한 점은, 단지 다니엘과 그의 친구들이 승진했다는 것이 아니라 이제 왕이 진흙 발 위에 있는 금 머리라는 것을 알고 있지만, 그들이 그 왕을 섬기는 공직을 계속해서 유지했다는 것이다. 그들은 일터로 다시 돌아갔다. 그들은 다음 월요일에 사무실로 출근했다. 그들은 돌이 오기를 기다리기 위해 영적 소망의 공동체를 세우지 않았다. 그들이 기도의 사귐을 위해 계속 만날 수 있었는지 우리는 알 수 없다. 하지만 그들이 이 기도의 사귐을 통해 얻은 힘 덕분에 그들이 장차 훨씬 더 어려운 시험을 이겨낼 수 있었음은 분명하다.

따라서 우리는 이 장을 마무리하면서 그리스도인으로서 우리의 직장 생활과 영적 사귐과 기도를 통합하고 이 둘 모두를 향한 하나님의 부르심을 굳게 붙잡는 것이 중요하다는 점을 다시 한번 지적하고자 한다. 다니엘과 그의 친구들은 아마도 모든 평균적인 그리스도인의 가정 모임이 평생 얻을 수 있는 것보다 더 많은 계시와 환상을 경험했을 것이다(그리고 대부분의 친교 모임에서는 다니엘의 친구들이 했던 경험을 하지 않고 그들이 받았던 환상을 받지 않는다는 것에 대해 매우 행복해할 것이다). 하지만 그 결과로 그들은 경건의 구름 안에 머리를 처박지 않았고 화려한 '예언' 사역에 몰두하지도 않았다. 그들은 새롭게 발견한 기도의 영적 은사와 미래에 대한 예언자적 환상을 더 발전시키기 위해 성경 대학에 진학하지도 않았다. 그들은 그저 자신들이 훈련받은 일을 계속했다. 그들은 책상에 붙어 있었다. 그리고 하나님은 사드락과 메삭, 아벳느고(단 3장), 다니엘(단 4장)을 사용하셔서 그들이 아모스처럼 천둥 같은 설교를 하거나 엘리야처럼 활활 타오르는 예언을 하는 것보다 왕에게 훨씬 더 큰 영향을 미치게 하셨다. 하나님께는 예언자들이 필요하다. 그리고 하나님께는 예언자적 진리를 이해한 다음 하나님이 그들을 보내신 세상 안에서 계속해서 살아가는 사람들도 필요하다.

간단히 말해서, 다니엘과 그의 친구들은 자신들이 어떤 이야기 안에서 살아가고 있는지를 알고 있었다. 그들은 신상의 이야기 안에서 살아가면서 금으로 된 머리를 섬길 수밖에 없었다. 그런데 이제 그들은 바위, 즉 궁극적으로 모든 지상의 왕국을 대체할 영원한 하나님의 나라 이야기 안에서 살아가고 있음을 이제(물론 여호와의 통치에 관한 이스라엘의 성경적 이해를 통해 이미 알고 있었겠지만, 왕의 꿈을 통해) 알게 되었다.

따라서 우리는 주일뿐 아니라 주중에도, 그리고 이 세상에서 평생 살아가는 동안 자신에게 이렇게 물어야 한다. "우리는 어떤 이야기 안에서 살아가고 있는가?" 인간의 제국과 체제들이 계속되는 이 세상의 역사에 참여해야만 한다는 의미에서 우리도 신상의 이야기 속에서 살아가고 있다. 그러나 이 이야기는 느부갓네살의 신상처럼 깨어지고 부서지기 쉬우며 연약하다. 제국들은 왔다가 사라진다. 모든 제국이 진흙 발을 가지고 있다. 어떤 제국은 몇 세기 동안 지속될지도 모르지만, 많은 제국이 한 세기조차 넘기지 못한다. 영국은 19세기 말에서 20세기 중반까지 세상을 지배했다. 미국은 제2차 세계대전 이후 세계의 패권 세력이 되었다. 21세기에는 결국 중국이 서양의 권력을 압도하게 될까? 혹은 더 이전의 일을 생각해보라. 에스파냐와 포르투갈은 한때 라틴 아메리카 전체를 지배했던 엄청나게 부유한 제국을 다스렸다. 하지만 지금은 유럽 연합 안에서 상대적으로 가난한 회원국일 뿐이다.

만약 우리가 세상의 이야기 안에서만, 세상의 이야기를 위해서만 살아간다면 그것은 결국 가루처럼 부서지고 말 것이다. 신상은 진흙 발을 가지고 있다. 그것은 영원히 지속될 수 없다.

하지만 우리는 다른 이야기, 인간 제국의 이야기 안에서조차도 작동하고 있는 이야기를 알고 있다. 그것은 돌의 이야기, 즉 하나님 나라의 이야기다. 그것은 다름 아닌 성경 전체의 이야기[바울의 말처럼 온전한 하나님의 뜻(행 20:27)], 모든 나라와 족속, 방언에 속한 사람들을 모든 제국에서 끌어내어 주 예수 그리스도의 십자가와 부활을 통해 구속과 화해가 이뤄진 새로운 피조물 안으로 들어가게 하시는 하나님의 선교에 관한 이야기다. 이 이야기는 "세상 나라가 우리 주와 그의 그리스도의 나라가 될" 때 그 절정에 이른다

(계 11:15).

하나님은 우리에게 우리가 어떤 이야기 안에 있는지 깨닫고 이 이야기와 그 미래를 위해 살아가라고 명하신다. 왜냐하면 미래는 궁극적으로 절대로 사라지지 않을 하나님 나라에 속해 있기 때문이다.

주님, 이 땅의 교만한 제국과 달리
주님의 보좌는 절대 사라지지 않을 것입니다.
주님의 모든 피조물이 주님의 통치를 받을 때까지
주님의 나라는 영원히 서 있고 영원히 자랄 것입니다.[2]

3

절하라 그렇지 않으면 화형당할 것이다

다니엘 3장

1 느부갓네살 왕이 금으로 신상을 만들었으니 높이는 육십 규빗이요 너비는 여섯 규빗이라 그것을 바벨론 지방의 두라 평지에 세웠더라
2 느부갓네살 왕이 사람을 보내어 총독과 수령과 행정관과 모사와 재무관과 재판관과 법률사와 각 지방 모든 관원을 느부갓네살 왕이 세운 신상의 낙성식에 참석하게 하매
3 이에 총독과 수령과 행정관과 모사와 재무관과 재판관과 법률사와 각 지방 모든 관원이 느부갓네살 왕이 세운 신상의 낙성식에 참석하여 느부갓네살 왕이 세운 신상 앞에 서니라
4 선포하는 자가 크게 외쳐 이르되 백성들과 나라들과 각 언어로 말하는 자들아 왕이 너희 무리에게 명하시나니
5 너희는 나팔과 피리와 수금과 삼현금과 양금과 생황과 및 모든 악기 소리를 들을 때에 엎드리어 느부갓네살 왕이 세운 금 신상에게 절하라
6 누구든지 엎드려 절하지 아니하는 자는 즉시 맹렬히 타는 풀무불에 던져 넣으리라 하였더라
7 모든 백성과 나라들과 각 언어를 말하는 자들이 나팔과 피리와 수금과 삼현금과 양금과 및 모든 악기 소리를 듣자 곧 느부갓네살 왕이 세운 금 신상에게 엎드려 절하니라
8 그 때에 어떤 갈대아 사람들이 나아와 유다 사람들을 참소하니라
9 그들이 느부갓네살 왕에게 이르되 왕이여 만수무강 하옵소서
10 왕이여 왕이 명령을 내리사 모든 사람이 나팔과 피리와 수금과 삼현금과 양금과 생황과 및 모든 악기 소리를 듣거든 엎드려 금 신상에게 절할 것이라
11 누구든지 엎드려 절하지 아니하는 자는 맹렬히 타는 풀무불 가운데에 던져 넣음을 당하리라 하지 아니하셨나이까
12 이제 몇 유다 사람 사드락과 메삭과 아벳느고는 왕이 세워 바벨론 지방을 다스리게 하신 자이거늘 왕이여 이 사람들이 왕을 높이지 아니하며 왕의 신들을 섬기지 아니하며 왕이 세우신 금 신상에게 절하지 아니하나이다
13 느부갓네살 왕이 노하고 분하여 사드락과 메삭과 아벳느고를 끌어오라 말하매 드디어 그 사람들을 왕의 앞으로 끌어온지라
14 느부갓네살이 그들에게 물어 이르되 사드락, 메삭, 아벳느고야 너희가 내 신을 섬기지 아니하며 내가 세운 금 신상에게 절하지 아니한다 하니 사실이냐
15 이제라도 너희가 준비하였다가 나팔과 피리와 수금과 삼현금과 양금과 생황과 및

모든 악기 소리를 들을 때 내가 만든 신상 앞에 엎드려 절하면 좋거니와 너희가 만
일 절하지 아니하면 즉시 너희를 맹렬히 타는 풀무불 가운데에 던져 넣을 것이니
능히 너희를 내 손에서 건져낼 신이 누구이겠느냐 하니
16 사드락과 메삭과 아벳느고가 왕에게 대답하여 이르되 느부갓네살이여 우리가 이
일에 대하여 왕에게 대답할 필요가 없나이다
17 왕이여 우리가 섬기는 하나님이 계시다면 우리를 맹렬히 타는 풀무불 가운데에서
능히 건져내시겠고 왕의 손에서도 건져내시리이다
18 그렇게 하지 아니하실지라도 왕이여 우리가 왕의 신들을 섬기지도 아니하고 왕이
세우신 금 신상에게 절하지도 아니할 줄을 아옵소서
19 느부갓네살이 분이 가득하여 사드락과 메삭과 아벳느고를 향하여 얼굴빛을 바꾸고
명령하여 이르되 그 풀무불을 뜨겁게 하기를 평소보다 칠 배나 뜨겁게 하라 하고
20 군대 중 용사 몇 사람에게 명령하여 사드락과 메삭과 아벳느고를 결박하여 극렬
히 타는 풀무불 가운데에 던지라 하니라
21 그러자 그 사람들을 겉옷과 속옷과 모자와 다른 옷을 입은 채 결박하여 맹렬히 타
는 풀무불 가운데에 던졌더라
22 왕의 명령이 엄하고 풀무불이 심히 뜨거우므로 불꽃이 사드락과 메삭과 아벳느고
를 붙든 사람을 태워 죽였고
23 이 세 사람 사드락과 메삭과 아벳느고는 결박된 채 맹렬히 타는 풀무불 가운데에
떨어졌더라
24 그 때에 느부갓네살 왕이 놀라 급히 일어나서 모사들에게 물어 이르되 우리가 결
박하여 불 가운데에 던진 자는 세 사람이 아니었느냐 하니 그들이 왕에게 대답하
여 이르되 왕이여 옳소이다 하더라
25 왕이 또 말하여 이르되 내가 보니 결박되지 아니한 네 사람이 불 가운데로 다니는
데 상하지도 아니하였고 그 넷째의 모양은 신들의 아들과 같도다 하고
26 느부갓네살이 맹렬히 타는 풀무불 아귀 가까이 가서 불러 이르되 지극히 높으신
하나님의 종 사드락, 메삭, 아벳느고야 나와서 이리로 오라 하매 사드락과 메삭과
아벳느고가 불 가운데에서 나온지라
27 총독과 지사와 행정관과 왕의 모사들이 모여 이 사람들을 본즉 불이 능히 그들의
몸을 해하지 못하였고 머리털도 그을리지 아니하였고 겉옷 빛도 변하지 아니하였
고 불 탄 냄새도 없었더라
28 느부갓네살이 말하여 이르되 사드락과 메삭과 아벳느고의 하나님을 찬송할지로

다 그가 그의 천사를 보내사 자기를 의뢰하고 그들의 몸을 바쳐 왕의 명령을 거역
하고 그 하나님 밖에는 다른 신을 섬기지 아니하며 그에게 절하지 아니한 종들을
구원하셨도다
29 그러므로 내가 이제 조서를 내리노니 각 백성과 각 나라와 각 언어를 말하는 자가
모두 사드락과 메삭과 아벳느고의 하나님께 경솔히 말하거든 그 몸을 쪼개고 그
집을 거름터로 삼을지니 이는 이같이 사람을 구원할 다른 신이 없음이니라 하더라
30 왕이 드디어 사드락과 메삭과 아벳느고를 바벨론 지방에서 더욱 높이니라

내 딸이 방학 기간 중 꽤 큰 호텔의 부엌에서 짐을 나르는 일을 한 적이 있다. 부엌으로 짐을 나르는 일은 조리부에서 가장 직급이 낮고 가장 인기가 없는 일이다. 딸은 그곳에서 다양한 사람들을 만나며 그들과 사교적인 대화를 나누기도 하고 논쟁을 하기도 하며 즐겁게 일했다. 한번은 딸이 나에게 이렇게 말했다. "내가 그리스도인이라는 것을 사람들이 알게 되면 참 좋아요. 왜냐하면 훨씬 더 논쟁적인 대화를 할 수 있게 되니까요!"

그것은 좋은 일이다. 하지만 당신이 독특한 신념과 견해를 가지고 있다는 사실을 모두가 기분 좋게 받아들이는 맥락에서 열띤 논쟁을 즐기는 것과 그런 신념 때문에 당신의 직업과 삶에서 중요한 다른 많은 것들이 위협을 받을 수도 있는 심각한 상황에 부닥칠 수도 있다는 것은 전혀 다른 문제다.

다니엘과 그의 친구들이 처음 바빌로니아에 도착했을 때처럼, 당신이 어린 학생일 때 당신의 신앙을 옹호한다면 이는 훌륭한 일이다. 학생 시절에는 이상주의와 급진적인 목적과 견해로 가득 차 있는 것이 거의 당연하다고 말할 수 있으며, 가족이나 직업과 연관된 책임을 개의치 않아도 되는 호사를 누린다. 당신 자신의 종교적 견해를 위해 인기를 잃어버릴 위험을 감수해야 할지도 모르지만, 그것 말고는 별로 잃어버릴 것이 없다(나중에 살펴보겠지만, 새로운 형태의 불관용 때문에 젊은이들의 이런 자유조차 제약을 받고 있다).

더 나이가 든 후에는 '세속적' 직업과 일의 세계라는 현실이 한 사람의 신앙과 순수성을 훨씬 더 심각하게 위협할 수도 있다. 세상의 방식을 따르지 않으면 '현실 세계' 속에서 어떻게 살아남을 수 있다는 말인가? 이것은 우상에게 절하는 것이 아니라 불가피한 것을 수용하는 것에 관한 문제다. 세상은 그것의 방식을 따르기를 거부하는 이들에게 값비싼 대가를 요구할지도 모른다. 베드로는 베드로전서 4장 3~4절에서 바로 이 점을 지적한다.

지금까지 다니엘과 함께 바빌로니아 정부가 그들을 재교육하면서 요구했던 한 요소에 대해 양심적으로 거부했던 그의 세 친구가 이제는 그들의 신앙에 대한 충성을 시험하는 훨씬 더 심각한 위협에 직면하게 된다. 이것은 고기와 포도주의 문제가 아니다. 이것은 삶과 죽음의 문제다.

지금까지 다니엘이 느부갓네살을 위해 했던 가장 작은 일은 그의 악몽을 해결해주는 것이었다. 그가 정말로 하려고 했던 일은, 이 젊은 바빌로니아의 왕이 역사와 미래를 주관하시는 하나님을 만나게 하고, 하나님의 목적이라는 거대한 구도 안에서 그 자신이 어떤 위치를 차지하고 있는지를 깨닫게 하는 것이었다. 느부갓네살은 거대한 제국의 수장이었지만, 그의 왕국보다 더 큰 왕국이 있다. 그리고 결국 그의 악몽에 등장했던 돌이 모든 인간의 제국을 먼지와 부스러기로 만들 때 시간의 시험을 견뎌내는 것은 하나님의 왕국일 것이다.

하지만 느부갓네살은 아직 이런 것을 직면할 준비가 되어 있지 않았다. 그것은 세계 최대의 제국을 다스리는 그의 현재의 지위와 권력에 대해 의문을 제기했을 것이다. 그가 지닌 황금빛 꿈이 얼마나 허황한 것인지를 폭로할 것이다. 4장 마지막에 이르면 느부갓네살이 전혀 다른 노래를 부르는 것을 보게 될 것이다. 하지만 현재로서 그는 자신의 계획에만 초점을 맞추고 있다.

그는 반복되는 악몽 때문에 불안했던 마음에서 해방된 후 악몽이 상징하는 문제를 해결하겠다고 마음먹었다. 느부갓네살은 신상이 연약한 발 때문에 불안하다면 금으로 된 머리, 즉 자신과 자신의 신생 왕국을 강화하겠다고 결심했다. 신상을 파괴할 바위는 인간이 통제할 수 없으므로 잊어버려도 된다. 제국이 분열로 야기된 약점(발은 쇠와 진흙의 불안정한 혼합물로 만들어졌다)을 지니고 있다면 그는 정치적 충성과 종교적 열정, 문화적 자부심이라는 끈으로 결속된 통일되고 조화로운 백성을 만들어내야 했다. 바로 이러한 결정과 그에 따라 수립된 정책이 다니엘과 그의 친구들, 또한 다른 유대인 신자들에게 문제를 일으켰다.

이들이 직면한 문제는 모든 시대에 걸쳐 유대인 신자와 그리스도인 신자들이 씨름해온 문제이기도 하다. 애국주의의 한계는 무엇일까? 한편으로는 예레미야 29장 7절과 로마서 13장 1~7절과 같은 가르침에 순종해 하나님이 당신을 보내신 그 나라의 유익을 추구하고 충성스러운 복종과 좋은 시민 의식을 보여주면서, 다른 한편으로는 하나님만 예배하라는 그분의 명령을 신실하게 지키는 것이 어떻게 가능할까? 자신의 문화와 국가에 대한 충성은 선한 것일까? 그것은 언제 우상 숭배가 될까? 즉 하나님께만 속한 궁극적 중요성의 자리를 차지하게 되는 것일까? 우리는 국가 권력에 순종하기를 거부할 수 있을까? 있다면 어떤 이유로 그렇게 할 수 있을까? 그리고 그렇게 할 때 하나님이 언제나 우리를 구제해주실 것이라고 기대해도 될까?

이것은 평범한 시민들인 그리스도인들에게 어려운 질문일 것이다. 공직에 있는 사람들, 즉 정치적 삶에 참여하거나 공무원으로서 정부를 위해 일하는 사람들에게 이것은 말 그대로 삶과 죽음이 걸린 딜레마가 될 수도 있다.

국가의 주장

_ 다니엘 3:1~7

느부갓네살 왕이 금으로 신상을 만들었으니 높이는 육십 규빗이요 너비는 여섯 규빗이라 그것을 바벨론 지방의 두라 평지에 세웠더라. 느부갓네살 왕이 사람을 보내어 총독과 수령과 행정관과 모사와 재무관과 재판관과 법률사와 각 지방 모든 관원을 느부갓네살 왕이 세운 신상의 낙성식에 참석하게 하매, 이에 총독과 수령과 행정관과 모사와 재무관과 재판관과 법률사와 각 지방 모든 관원이 느부갓네살 왕이 세운 신상의 낙성식에 참석하여 느부갓네살 왕이 세운 신상 앞에 서니라.
선포하는 자가 크게 외쳐 이르되, "백성들과 나라들과 각 언어로 말하는 자들아 왕이 너희 무리에게 명하시나니, 너희는 나팔과 피리와 수금과 삼현금과 양금과 생황과 및 모든 악기 소리를 들을 때에 엎드리어 느부갓네살 왕이 세운 금 신상에게 절하라. 누구든지 엎드려 절하지 아니하는 자는 즉시 맹렬히 타는 풀무불에 던져 넣으리라" 하였더라.
모든 백성과 나라들과 각 언어를 말하는 자들이 나팔과 피리와 수금과 삼현금과 양금과 및 모든 악기 소리를 듣자 곧 느부갓네살 왕이 세운 금 신상에게 엎드려 절하니라. _단 3:1~7

"느부갓네살 왕이 세운 금 신상." 다니엘 3장 전체에서 이 구절이 반복적으로 등장한다. 드라마 전체에서 이 조각상이 무대 중앙을 차지하고 있다. 독자들은 바로 앞 장에서 느부갓네살의 꿈에 등장했던 조각상의 금 머리를 떠올릴 수밖에 없다. 본문에서는 이 금 신상이 정확히 무엇의 형상인지를 말해주지 않는다. 아마도 바빌로니아의 신들은 아니었을 것이다. 12절에서 이 조각상과 신들을 구별하고 있다. 따라서 이것은 느부갓네살 자신이나 황제로서 그의 권력을 형상화한 이미지였을 것이다. 혹은 바빌로니아 제국, '바빌로니아 정신'을 상징하는 거대한 기념물이었을지도 모른다. 폭이 6규빗(약 2.7m), 높이가 60규빗(약 27m)이었던 번쩍거리는 이 구조물은 하늘 찌를 듯이 제국의 영광과 국가 권력을 과시했다.

이것은 무엇을 위한 것이었을까? 느부갓네살의 자부심이 대단하기는 했지만, 단순히 그의 개인적 자부심을 표현하기 위한 수단은 아니었다. 이것을 만든 목적은 제국의 통일성과 힘을 드러내기 위함이었다. 다니엘 1장을 통해 우리는 바빌로니아가 이 장에서 "백성들과 나라들과 각 언어로 말하는 자들"로 지칭하는 수많은 나라와 민족을 다스리고 있었음을 보았다. 느부갓네살의 계획은 국가의 신성한 이데올로기—국가적 종교와 문화—를 공식적으로 채택하도록 강요함으로써 제국의 정치적 통일성을 만들어내겠다는 것이었다. 그는 종교적 열성과 문화적 자부심(모든 종류의 음악을 강조한다는 점에 주목하라)을 이용하려 했다. 이는 어느 시대에나 대단히 강력한 조합이다. 물론 다른 신들에 대한 예배를 금지하지는 않았다. 바빌로니아의 공식적인 국가 신들을 우선시하기만 한다면 사람들은 자기 민족과 문화의 신들을 유지하고 예배할 수 있었다. 한 왕, 한 제국, 하나의 공식적 신앙, 이 거대한 금 신상은 이 모든 것을 상징했다.

따라서 그는 금 신상 주변에서 펼쳐지는 거대한 바빌로니아의 축제를 기획했다. 어쩌면 여러 달 동안 계속되는 엄청나게 화려한 행사였을 것이다. 그는 이 행사를 통해 비교적 신생이었던 제국을 안정화하고 강화하는 데 필요했던 제국에 대한 충성과 헌신을 만들어내는 동시에 강요하고자 했다. 그것은 제국 만들기를 위한 훈련이었다. 모든 사람이 제국의 아버지인 그에 대한 충성을 공적으로 선언하게 하라. 그의 영토 안에 있는 모든 인종 집단이 고유한 문화와 신들을 유지하도록 허용하라. 하지만 제국의 공통된 제의를 따르게 하라. 어쩌면 그는 다양한 집단들이 자신의 금 신상에 경의를 표하는 한, 돌아가면서 그들의 음악적 전통을 과시할 기회를 주었을 것이다. 지역적 다양성이 표현되는 거대한 축제였을 테지만, 그 모든 것이 바빌로니아의 영광을 위한 것이었다. 그런 식으로 그는 지역적 차이와 자부심을 표현하도록 허용했지만, 그 모든 것을 자신이 바라는 제국의 통일성을 위해 활용하고자 했다.

국가적 통일성, 국가적 안정성, 국가적 자부심, 바로 이런 것들이 느부갓네살의 거대하고 번쩍거리는 금 신상 배후에 자리 잡은 강력한 추진력이었다. 느부갓네살의 국가는 전적인 충성을 요구했고, 모든 시민에게 이를 인정하라고 명령했다.

그리고 그들은 이를 인정했다. 지금도 사람들은 국가의 자부심을 표현하는 북소리와 음악이 울려 퍼지는 것을 인정한다. 사회의 꼭대기에서 맨 아래까지 모두가 나와 기뻐한다. 본문에서 반복적으로 등장하는 관리들과 악기의 목록에는 의도적인 유머가 담겨 있다. 모든 사람이 나와 있었다. 볼만한 광경이었다. 시끄럽고 매력적이며 전염성이 있는 잔치 마당이었다. 느부갓네살의 바빌로니아에서, 국가가 후원하는 이 거대한 축제는 이처럼 사람들을 사로잡는 힘을 지니고 있으며, 그러므로 대부분의 사람은 기꺼이, 심지어는 감사하는 마음으로 그 축제에 참여했을 것이다.

하지만 만약의 경우를 대비해 언제나 배후에는 '맹렬히 타는 풀무불'이 존재했다. 물론 그것을 사용할 필요가 있어서가 아니라 국가의 정책에는 국가에 의한 처벌이 필요하고 사람들은 정부가 이를 심각하게 생각한다는 것을 깨달아야 하기 때문이다. "절하라. 그렇지 않으면 화형당할 것이다! 왕에게 경의를 표하라. 그렇지 않으면 타 죽을 것이다!" 당연히 제정신이라면 그 누구도 반항하지 않을 것이다.

이것이 바로 느부갓네살의 국가가 했던 요구였다. 그 안에는 익숙한 전체주의적 분위기, 즉 국가가 그 백성의 삶 전체를 통제하고 그들에게 완전한 충성과 복종을 요구하는 궁극적 실체라는 관점이 담겨 있었다. 이것은 수 세기를 거쳐 우리 시대까지 이어지고 있는 주장이다.

느부갓네살은 국가의 정치적 이익을 위해 애국주의와 종교, 문화를 하나로 묶어내고자 했던 첫 번째 인물도, 마지막 인물도 아니었다. 고대와 현대에, 서양과 서양이 아닌 곳에서 얼마나 많은 나라가 이러한 조합을 활용했는가? 국가는 전적인 충성을 요구하며, 안정과 민족의 생존, 심지어 더 고귀한 이상을 위해 필요하다는 이유로 이런 요구를 정당화한다. 그리고 국가가 이런 주장을 하기 시작할 때, 풀무불이나 그에 해당하는 수많은 것을 제외하고는 다른 선택의 여지가 없다. 신약의 초대 교회가 세워질 무렵 로마 제국에는 황제 숭배 제의가 깊이 뿌리를 내린 상태였다. 광범위한 영토를 다스리던 로마는 인종적 다양성에 관해 바빌로니아보다 훨씬 더 큰 문제를 안고 있었다. 따라서 로마는 모든 민족에게 그들이 어떤 신들을 예배하든지 상관없이 로마 황제가 신적인 존재임을 인정하면서 그의 흉상 앞에 향을 피우고 '충성 서약'—'카이사르가 주시다'—을 할 것을 요구했다. 물론 그리스도인들은 그렇게 할 수 없었고 그렇게 하지 않았다. "예수께서 주시다"라고 입술로 고백한 다음 "카이사르가 주시다"라고 말할 수는 없었다. 그들은 이 충성 서약을 거부했다는 이유로 사자들과 '맹렬히 타는 풀무불'에 해당하는 처벌에 직면했다.

국가는 본질적으로 우상 숭배의 경향성, 즉 궁극적인 권위를 주장하고 전적인 충성을 요구하는 성향을 지닌 인간의 제도다. 이 경향성은 타락한 인간의 불안정성으로부터 기인한다. 권위와 안정성의 원천이신 하나님을 거부한 후 우리는 우리 삶에 질서와 안정성, 안전, 규칙성, 사회적 통합을 제공해줄 무언가를 갈망한다. 강력한 국가가 이런 것들을 약속할 때 우리는 이런 유익이나 적어도 이런 유익에 대한 약속을 사기 위해 기꺼이 큰 대가를 지불하려고 한다. 더 정확히 말하자면, 결정적인 순간이 찾아왔을 때 우리는 더 큰 대가를 지불하고 그것을 사지 않을 준비가 되어 있지 않다.

서양의 그리스도인들은 이런 노골적인 전체주의로부터의 해방이라는 자유를 누리고 있음을 감사한다. 또한 제2차 세계대전 당시 유럽에서 너무나도 치명적인 전체주의를 제거하기 위해 너무나도 큰 대가를 치러야 했음을 생생히 기억하고 있다. 하지만 그 후에도 중동부 유럽의 그리스도인들은 두 세대 동안 국가 이데올로기 사슬 아래에서 살았다. 아이러니하게도 이 경우에는 공식적으로 무신론을 주창했던 국가들이 과거 신정 국가들이 요구했던 충성과 복종을 요구했다. 그런데 동유럽 공산국가들이 소련으로부터 독립함에 따라 그 속에 있던 더 신중한 그리스도인들은 마르크스주의적 유물론 이데올로기 대신 서양의 자본주의적 소비주의를 채택한 것일 수도 있다고 생각했다. 둘 다 노골적인 우상숭배일 수 있으며, 살아계신 하나님을 위한 자리를 허용하지 않는다.

세계의 수많은 곳에서 그리스도인들은 다른 신들이나 전체주의적인 이데올로기에 대한 충성을 요구하는 체제에서 살아가고 있다. 동남아시아와 중국에 여전히 남아 있는 공산주의 국가들, 민주적인 헌법을 가지고 있다고 주장하면서도 이슬람 정부가 다른 신앙을 신봉하는 사람들의 종교적, 공민적 권리를 축소하거나 제거하는 파키스탄과 말레이시아와 같은 나라들이 대표적인 예다. 또한 이슬람국가(ISIS)가 지배하는 중동 지역에 퍼지고 있는 종교-정치적 이데올로기와 서사를 근거로 삼는 전체주의도 있다. 이 지역에서 사는 수백만 명의 사람들은 복종 아니면 죽음(아니면 탈주)이라는 힘겨운 선택을 강요받고 있다.

심지어는 헌법상 세속 국가인 인도 같은 나라에서조차도 힌두교가 공적, 지역적 차원의 모든 영역에 엄청난 영향력을 행사하고 있어서 일부 지역에서는 그리스도인으로서 구별된 정체성이나 충성을 유지하기 위해 매우 값비싼 대가를 치러야만 한다. 일부

힌두교 민족주의 운동에서는 느부갓네살이 추구했던 종교와 민족, 문화의 통일성을 달성하는 것을 목표로 삼고 있다. 그들은 애국적인 인도인들을 위한 단 하나만의 종교가 존재한다고 주장하고, 다른 종교에 대한 충성은 본질적으로 반역 행위로 여긴다. 기독교가 인도에서 이슬람교나 시크교보다 훨씬 오래된, 가장 오래된 종교 중 하나이며 '서양'(즉 이교적 유럽)이 기독교로 개종하기 오래전에 그곳에 도착했음에도 인도의 그리스도인들은 '서양의 종교'를 신봉하면서 참 인도인이 될 수는 없다는 말을 듣는다.

유일신교의 대가

_ 다니엘 3:8~15

그 때에 어떤 갈대아 사람들이 나아와 유다 사람들을 참소하니라. 그들이 느부갓네살 왕에게 이르되, "왕이여, 만수무강 하옵소서. 왕이여, 왕이 명령을 내리사 모든 사람이 나팔과 피리와 수금과 삼현금과 양금과 생황과 및 모든 악기 소리를 듣거든 엎드려 금 신상에게 절할 것이라. 누구든지 엎드려 절하지 아니하는 자는 맹렬히 타는 풀무불 가운데에 던져 넣음을 당하리라 하지 아니하셨나이까? 이제 몇 유다 사람 사드락과 메삭과 아벳느고는 왕이 세워 바벨론 지방을 다스리게 하신 자이거늘, 왕이여, 이 사람들이 왕을 높이지 아니하며 왕의 신들을 섬기지 아니하며 왕이 세우신 금 신상에게 절하지 아니하나이다."

느부갓네살 왕이 노하고 분하여 사드락과 메삭과 아벳느고를 끌어오라 말하매 드디어 그 사람들을 왕의 앞으로 끌어온지라. 느부갓네살이 그들에게 물어 이르되, "사드락, 메삭, 아벳느고야, 너희가 내 신을 섬기지 아니하며 내가 세운 금 신상에게 절하지 아니한다 하니 사실이냐? 이제라도 너희가 준비하였다가 나팔과 피리와 수금과 삼현금과 양금과 생황과 및 모든 악기 소리를 들을 때 내가 만든 신상 앞에 엎드려 절하면 좋거니와 너희가 만일 절하지 아니하면 즉시 너희를 맹렬히 타는 풀무불 가운데에 던져 넣을 것이니 능히 너희를 내 손에서 건져낼 신이 누구이겠느냐?" 하니. _단 3:8~15

사드락과 메삭, 아벳느고에게 위기의 순간이 찾아왔다. 그들은 이런 위기가 찾아올 것이라고 예상하지 못했던 것처럼 보인다. 이 이야기에 관해 세 가지를 지적해볼 수 있다.

의도하지 않은 위기

먼저 본문에서는 그들과 정부 사이의 이처럼 갑작스러운 갈등이 그들이 의도하지 않았던 것임을 암시하는 것처럼 보인다. 왕 앞에 끌려왔을 때 그들의 행동과 말은 사실 그들이 이런 대결을 피하려고 노력했음을 시사한다. 아마도 그들은 축제에 참여하지 않은 채 눈에 띄지 않으려고 노력했을 것이다. 어쨌든 본문에는 내가 어렸을 때 보았던 교회학교 융판 그림을 뒷받침할 만한 내용이 없다. 들판에서 수백만 명이 이슬람교도가 기도할 때처럼 모두 땅에 얼굴을 대고 절하고 있는데 한가운데서 이 세 사람만 유독 눈에 띄게 의기양양한 태도로 똑바로 서 있는 것으로 묘사하는 그림이었다. 그들이 의도적으로 저항하는 자세를 취했다기보다는 음악 연주회에 참여하지 않는 쪽을 택했을 가능성이 훨씬 더 높다. 그것이 앞서 1장에서 보았던 그들의 방침과 더 잘 어울릴 것이다. 그들은 다른 문제에 관해서는 문화적 수용과 적응의 태도를 보였지만, 훈련의 특정한 한 요소에 대해서는 정중한 태도로 수용을 거부한 바 있다. 이들은 순교를 추구하지 않았다. 자신들의 종교를 과시할 기회를 찾지 않았다. 권력과 맞서겠다는 자세를 취하지 않았다. 그들은 날마다 맡은 일에 충실한 양심적인 정부 관리들로서 제국을 예배하지 않으면서 제국을 섬겼다. 따라서 이 대결은 그들이 스스로 원해서가 아니라 다른 이들이 그들을 고발했기 때문에 발생했다.

예상하지 못한 위기

둘째, 우리는 하나님에 대한 그들의 신실함이 이렇게 갑작스럽게 시험을 받게 된 것이 예상하지 못한 일이었다는 인상을 받는다. 지금까지 이 책의 이야기를 따라가면 그렇게 생각할 수밖에 없다. 분명히 그들은 공직 생활 초기에 이 문제를 다 해결했다고 생각했을 것이다. 그들은 (왕의 식탁에서 내려오는 고기와 관련해) 바벨로니아의 '전적인 충성' 정책에 대한 양심적이며, 종교적인 반대를 선언했으며, 이는 용인되었다. 당시 그들이 취했던 태도에 대해 어떤 위협이나 징계도 받지 않았다. 그들은 일정한 수준의 종교적 자유를 누렸다. 그리고 이후에 그들은 훈련받은 직무를 수행했고, 우리가 아는 한 더는 양심에 관해 심각한 문제를 직면하지 않았다. 그들이 바벨로니아 정부에서 공직을 수행하기 위해서 하나님에 대한 신앙적 헌신을 타협할 필요가 없었다. 하지만 이제 갑자기 그들은 왕과의 갈등에 휩싸이게 되었다. 이것은 갑작스럽고, 예상하지 못했을 뿐 아니라 두려울 정도로 위협적이었다. 고위직에서 존경을 받으며 막중한 책임을 맡고 있던 그들은 갑자기 왕 앞에 끌려와 순식간에 그들을 불태워버릴 정도로 맹렬한 불꽃을 맞닥뜨리게 되었다.

의도하지 않았고 예상하지 못한 위기. 박해는 이렇게 갑자기 찾아오는 경우가 많다. 그리스도인은 긴장을 늦출 여유가 없다. 인간 정치의 흐름은 좋은 쪽이든, 나쁜 쪽이든 놀라울 정도로 빠르게 변할 수 있다. "요셉을 알지 못하는 새 왕이 일어나 애굽을 다스릴" 때까지(출 1:8) 이스라엘 백성은 이집트에서 편안하게 지냈다. 그리고 특별한 손님이었던 그들의 신분은 인종 학살의 위협 속에서 착취를 당하는 이방인의 신분으로 변하고 말았다. 총애를 받던 궁정 음악가였던 다윗은 순식간에 날아오는 창을 피해야 하는 신세가 되고 말았다. 갈멜산에서 대중의 영웅이었던 엘리야는 바로 다음 순간 목숨을 지키기 위해 이세벨을 피해 도망쳐야만 했다. 그 주의 첫날에 예수의 주위에 모여들어 종려나무 가지를 흔들며 예루살렘으로 들어오시는 그분께 환호했던 군중이 같은 주 주말에 이르러서는 그분의 처형을 요구했다.

역사 전체에서 그랬다. 한 시대에 기독교 선교사를 환영했던 국가들이 시간이 얼마 지난 후에는 그들을 맹렬하게 박해했다. 종교적 불관용을 피해 도피한 사람들이 세운 나라인 미국에서 최근 상상할 수 없을 정도로 불관용적인 '정치적 정당함'의 현상이 퍼지고 있다. 영국에서는 원래 인종적 혐오와 폭력 선동을 처벌하기 위해 만들어진 법률과 더 최근에 제정된 평등에 관한 법안이, 사회의 변하고 있는 성 문화와 규범에 관해 자신의 양심에 따라 행동한다는 이유로 그리스도인들을 처벌하는 데 사용되고 있다. 이런 불관용이 폭력이나 처형 위협의 형태를 취하지는 않지만, 사람들의 생계를 완전히 무너뜨리는 경우도 적지 않다.

전반적으로 하나님에 맞서 반역하고 있는 세상 속에서 살고 있음을 우리는 기억해야 한다. 따라서 서양에서 우리가 본질적으로 호의적이며 관용적인 정치적, 사회적 환경에서 살고 있다고 할지라도 인간 역사 전체를 놓고 볼 때 이것은 영구적인 상황이 아니라 수 세기 동안 기독교의 세계관 및 연관된 가치를 비교적 폭넓게 수용함으로써 가능해진 일시적인 상황일지도 모른다. 역사의 대부분에서, 또한 세계의 대부분 지역에서 대부분의 그리스도인은 위협과 불관용, 다양한 정도의 박해 속에서 그리스도인으로서의 삶을 살아왔다. 어쩌면 이제 서양의 그리스도인들은 그런 상황을 직면할 준비를 해야 한다는 것을 깨닫고, 다른 삶은 경험해본 적이 없는 세계 다른 지역의 형제자매들한테서 겸손하게 배워야 할지도 모른다.

세 친구의 상황으로 돌아가 보면, 지금 벌어지고 있는 상황은 앞서 그들이 채택한 입장이 옳았음을 입증해준다. 1장에서 그들은 사소해 보이는 것에 대해 단호한 태도를 고수했다. 그들은 전적인 충성과 의존을 상징하는 왕과의 언약적 식탁 교제에 참여하기를 거부했다. 그때는 그들의 포로 생활과 느부갓네살의 통치가 이제 막 시작된 시점이었고, 느부갓네살이 이처럼 절대적인 주장을 할 가능성이 매우 희박해 보였을지도 모른다. 당시 그의 정책은 제국 내의 다양한 인종적, 종교적 집단에 대해 상대적으로 우호적인 것처럼 보였다. 어쨌든 그들은 피정복 민족 출신이었고, 바빌로니아의 관점에서 볼 때 그들의 신들은 느부갓네살의 신보다 열등했다. 그 당시로는 그들에게 절대적 충성에 대한 전체주의적 요구를 하지도 않았고, 국가 자체를 숭배하라고 강요하지도 않았다. 혹은 적어도 그들은 용인될 만한 방식으로 이를 피할 수 있었다.

하지만 이제 푸른 하늘 위로 우뚝 솟아오른 30m의 조각상처럼 절대적이며 신성 모독적인 요구를 받게 되었고, 그들은 이를 피할 수 없었다. 그들이 자세를 낮추려고 해도 다른 이들이 그들의 거부를 알아차렸고, 나중에 다니엘 6장에서 다시 한번 나타나듯이 전문직 종사자들 사이에 흔히 나타나는 질투로 인해 그들은 곤경에 빠지게 되었다. 하지만 그들이 전에 내렸던 결정이 이번에 내리는 결정을 강화해주었다. 학생이었던 시절에 그들은 상대적으로 작은 문제에 관해 그들의 헌신의 방향과 한계를 정해두었다. 문제가 훨씬 더 커진 지금 그들의 결정이 불에 의해 시험받게 되었다. "극히 작은 것에 충성된 자는 큰 것에도 충성되고"(눅 16:10).

시험

셋째, 우리는 이 상황이 그들에게 얼마나 큰 시험이었을지 생각해볼 수 있다. 그들이 왕과 다신론적인 동시대인들이 보는 앞에서 그들의 하나님 여호와를 명시적으로 부인하라는 요구를 받은 것은 아니었다. 그저 느부갓네살과 그의 조각상에게 금세 절하면 되는 것이었다. 그들의 딜레마는 이런 것이었다.

> 왜 굳이 그렇게 큰 대가를 치르면서 너희의 이상한 유일신론을 고수하려고 하는가? 아무도 너희에게 너희의 신을 부인하라고 말하지 않는다. 그저 우리의 신이 더 우월하다는 것을 인정하고 공동선을 위한 국가적 상징물에 경의를 표하기만 하라.

이런 주장은 대단히 교묘한 설득력을 지니고 있다. 참된 유일신교와 모든 형태의 다신교 사이의 분명한 차이를 드러낸다. 동시에 성경적 신앙과 종교적 다원주의 사이의 선명한 차이를 명확히 보여준다.

다신교와 다원주의의 유혹은, 그것이 모든 선택을 확장하며 어떤 한계도 설정하지 않는다는 것이다. 다원주의는 모든 것을 허용한다. 물론 오직 한 분이신 참 하나님이 계신다고 주장하는 사람에게는 관용을 베풀지 않는다. 따라서 '관용'이 맹렬한 풀무불로 귀결될 수도 있다. 인도에서 힌두교의 다신론은 모든 것을 허용하며 모든 것에 퍼져 있는 것처럼 보인다. 단 하나의 궁극적인 실체만 존재한다면 모든 종교의 길이 결국 그곳을 향하고 있다고 생각한다. 따라서 단 하나의 길만 존재한다는 관점만 **제외하고** 모든 것이 허용된다. 엄격하게 성경적인 유일신교와 특히 구원자이신 그리스도의 유일성에 대한 신념에 대해서만 눈살을 찌푸린다.

따라서 많은 평범한 그리스도인들로서는 고백만이 아니라 실천에 있어서 참되고 일관되게 유일신론적이기가 매우 어렵다. 해가 없는 것처럼 보이며 사회적으로 기대되는 주변의 다신론의 유혹과 요구가 매일의 삶의 일부다. '문화적인' 것과 '종교적인' 것을 구별하기가 매우 어렵다. 이 둘이 너무나도 밀접하게 얽혀 있으며 서로를 강화한다. 유일신교를 고수하며 직장에서 힌두교 신들에 대한 봉헌이나 힌두교 축제를 위한 마을 헌금 같은 활동에 참여하기를 거부하는 그리스도인들은 사회적 배제나 추방, 그들이나 그들의 가정에 대한 폭력, 그들의 자녀들에 대한 차별, 심지어는 살해 위협에 직면할 수도 있다. 오직 그리스도에 대한 충성이 개인적, 사회적으로 값비싼 대가를 요구할 수도 있다. 마음속으로만 유일신론을 간직한 채 요구를 받을 때는 다른 신들에게 고개를 숙임으로써 사회를 만족시키기가 훨씬 더 쉽다.

의심할 나위 없이 느부갓네살은 이런 식으로 이 세 정부 관리를 설득하려고 했다. 이런 식의 일대일 접근 방식을 사용했을 것으로 추측해볼 수 있다.

> 굳이 문제를 크게 만들지 마시오. 왜 그렇게 편협하고 교조적인 태도를 보이는 것이오? 내가 여러분의 왕이오. 내가 바로 여러분의 신이 세웠다고 주장했던 그 왕이오! 다니엘도 내가 여러분의 신이 세운 금 머리라고 말하지 않았소? 그러니 분명히 여러분의 신도 여러분이 나와 나의 신상에 충성을 표하기를 기대할 것이오. 그렇지 않겠소? 내 말을 들으면 나도 여러분의 말을 듣겠소. 왜 굳이 종교적 불관용이라는 부질없는 태도를 위해 여러분의 목숨을 낭비하려고 하는 것이오?

하지만 그들은 굴복하지 않았고, "위로 하늘에나 아래로 땅에 오직 여호와는 하나님이시요, 다른 신이 없다"는 자신들의 신앙의 핵심적이며 계시된 진리(신 4:35,39)를 위해 기꺼이 대가를 치를 준비가 되어 있었다.

신앙의 용기

_ 다니엘 3:16~18

> 사드락과 메삭과 아벳느고가 왕에게 대답하여 이르되, "느부갓네살이여, 우리가 이 일에 대하여 왕에게 대답할 필요가 없나이다. 왕이여, 우리가 섬기는 하나님이 계시다면 우리를 맹렬히 타는 풀무불 가운데에서 능히 건져내시겠고 왕의 손에서도 건져내시리이다. 그렇게 하지 아니하실지라도, 왕이여, 우리가 왕의 신들을 섬기지도 아니하고 왕이 세우신 금 신상에게 절하지도 아니할 줄을 아옵소서." _단 3:16~18

충격적일 정도로 놀라운 말이다. 느부갓네살에게 했던 세 친구의 대답은 차분하고 당당하며 대담하고 하나님에 대한 신뢰로 가득 차 있었지만, 그 앞에서 무례하지 않았다.

첫 번째로 주목해야 하는 점은, 그들이 왕의 오만을 차분히 가라앉혔다는 것이다. 15절 마지막에서 그가 했던 말과 16절에서 그들이 했던 대답 사이의 대조에 주목하라.

마치 "나 느부갓네살이 평균적인 신보다 더 낫다"고 말하는 것처럼 그는 "능히 너희를 내 손에서 건져낼 신이 누구이겠느냐?"라고 물었다. 전혀 교묘하지 않은 방식으로 신성을 주장한 셈이다.

혹은 적어도 현재의 문제에 관한 한 왕으로서 자신의 권력이 어떤 종교적 신앙보다 훨씬 더 중요하다고 주장하는 셈이다. 황금으로 번쩍이며 불로 이글거리는 그의 신분이 어떤 신이 그들에게 해줄 수 있는 것보다 훨씬 더 중하다는 말이다.

다니엘 4장이 분명히 보여주듯이 느부갓네살의 문제는 어떤 신들이 하늘에서 다스리든지 자신이 땅 위에서 다스리는 한 자신은 행복하다고 생각하는 것이었다. 바로 옆에 맹렬히 타오르는 풀무불을 두고 있었던 그에게 이것은 완벽히 합리적인 생각처럼 보였다. 어쨌든 그는 이 세 정부 관리들의 문제를 그렇게 처리했다. 그들의 터무니없는 편협한 종교적 양심이 그의 절대적인 왕권과 견줄 만하다고 상상하다니 이 얼마나 어리석은 짓인가!

하지만 사드락과 메삭, 아벳느고는 "느부갓네살이여…"라고 대답한다. 그들은 그의 이름을 불렀다(히브리어 원문에서 이 이야기의 나중에는 '왕'이라는 말이 등장하지만, 그들이 즉각적으로 대답할 때는 이 말이 등장하지 않는다. "[그들이] 왕에게 대답하여 이르되, '느부갓네살이여…'). 어떤 호칭도, 어떤 경칭도, "오 왕이시여, 만수무강하소서!"라는 인사도 없었다. 그들은 그를 그저 한 인간으로 부른다. 그는 자신 옆에 30m 높이의 조각상을 가지고 있었지만, 그의 왕복과 황금 갑옷 아래 속옷 안에 있는 그는, 터무니없는 모든 주장에도 불구하고 평범한 느부갓네살일 뿐이었다. 물론 그는 그들의 왕이었지만, 그들과 마찬가지로 이름을 지닌 한 인간에 불과했다.

다음으로 그들은 굽신거리며 자신들에 대해 변명하거나 설명하기를 거부한다. 지금까지 그들의 행적이 모든 것을 말해준다. "우리가 이 일에 대하여 왕에게 대답할 필요가 없나이다." 그들은 오랫동안 탁월하고 정직하게 왕을 섬겼으며, 지금까지 그들의 종교가 공직을 수행하는 데 걸림돌이 된 적이 없었다. 그들의 일은 공적 기록을 통해 확인 가능했으며, 이스라엘의 하나님에 대한 그들의 언약적 헌신 때문에 그들이 왕을 효과적으로 섬기지 못했던 적이 한 번도 없었다.

그런 다음 훨씬 더 과감하게 왕을 흉내 내며 말한다. 그들은 왕의 위협을 거꾸로 뒤집어서 왕의 궁극적인 위협에 대해 궁극적인 거부로 대응한다.

> "이제라도 너희가 준비하였다가 … 엎드려 절하면 좋거니와 너희가 만일 절하지 아니하면…"이라고 그는 말했다(단 3:15).
> "왕께서 우리를 불에 던지신다면,… 하지만 그렇지 않더라도…" 라고 그들은 대답했다(단 3:17).

냉정하고 대담했다. 하지만 사실 그들은 자신들이 이해하는 대로 사실을 진술했을 뿐이다. "느부갓네살이여, 당신이 원하는 대로 하십시오. 어느 쪽이든 우리는 당신의 요구에 응할 수 없습니다."

하지만 이런 냉정함과 더불어 17절의 이 유명한 구절에는 하나님에 대한 놀라운 확신이 표현되어 있다. 모든 구절이 중요하다.

◆ **"하나님이…"** 그분은 누구이신가? 여호와, 이스라엘의 하나님, 그들의 역사 속에서 일하신 하나님, 출애굽의 여호와, 시내 산의 여호와, 정복의 여호와. 이 유대인 신자들은 바빌로니아 문학과 철학, 예술, 과학 분야에서 최고의 학위를 가지고 있었지만 어렸을 때의 신앙을 잊어버리지 않

았다. 그들은 여전히 여호와의 언약 백성의 일원이었으며, 하나님이 어떤 분이신지 알고 있었다.

◆ **"우리가 섬기는 …"** 그들은 자신들의 정치적 군주와 주인—국가 자체의 궁극적인 구현체— 앞에서 선 채로 이렇게 말한다. "그렇습니다. 느부갓네살이여, 우리는 당신의 신하이며, 좋은 신하입니다. 하지만 우리는 당신을 섬김으로써 실은 우리 하나님, 당신을 왕으로 세우신 그 하나님을 섬기고 있습니다." 그들은 또 다른 유명한 유대인이 자신의 목숨이 걸린 재판에서 적대적인 정치 권력 앞에서 "위에서 주지 아니하셨더라면 나를 해할 권한이 없었으리니"(요 19:11)라고 했던 것처럼 똑같이 말하지는 않았지만, 분명히 그런 의미로 이렇게 말했을 것이다.

◆ **"우리를 맹렬히 타는 풀무불 가운데에서 능히 건져내시겠고 …"** 물론 그분은 그렇게 하실 수 있다! 애초에 누가 불을 만드셨는가? 바다를 만드신 그 하나님이 바다에서 이스라엘을 건져주셨다. 여호와의 전능하심, 특히 구원하시는 그분의 능력은 모든 이스라엘의 신조에서 명확히 입증된 부분이다. 2장에서 이미 살펴보았듯이 누가 정말로 '능력이 있으신가'에 관한 이야기가 다니엘서 전체를 관통하는 부차적인 줄거리다. 세상의 일을 주관하는 참된 능력이 어디에 있는가? 정치인과 정부 관리들이 이 물음에 대한 답을 언제나 아는 것은 아니지만 이 셋은 알고 있었다.

◆ **"왕의 손에서도 건져내시리이다."** 내 고향이 북아일랜드에 말하듯이, "정신 차리십시오(Catch yourself on), 느부갓네살이여. 이것이 정말로 당신이 원하는 싸움이라면 당신과 당신의 호화로운 조각상은 우리 하나님과 상대가 되지 않습니다." 더욱더 인상적인 것은 그들의 대답이 너무나도 단순하다는 점이다. 여백을 채워 넣어야 그 맛을 온전히 음미할 수 있지만, 그들의 대답은 단순하므로 더 당당하다. 논쟁도, 애원도, 항의도 없다.

그저 구원하시는 하나님의 능력에 대한 조용한 확신만 있을 뿐이다.

◆ 하지만 훨씬 더 놀라운 말은 18절이다. **"그렇게 하지 아니하실지라도…."**[1] 그들이 왕에게 했던 대답에서 핵심이 되는 말이다. 그들이 갑자기 의심과 불확실성에 빠진 것이 아니었다. 믿음을 잃어버리거나 "혹시라도 모를 최악을 대비하는" 것이 아니다. 하나님이 원하시는 대로 하실 자유를 인정하면서도 동시에 하나님에 대한 온전한 믿음을 고백하는 말이다. 이것이 하나님의 능력과 주권적 지혜에 대한 이스라엘의 믿음의 본질이었다. 그들은 전적으로 기적을 기대했지만, 기적이 없더라도 하나님을 섬길 것이다. 그들은 하나님의 자유를 전적으로 받아들이는 동시에 하나님의 능력에 대한 전적인 믿음을 선언했다.

이것은 생명을 위협하는 신앙의 시험에서는 말할 것도 없고 실제적인 매일의 삶 속에서도 결합하기 쉽지 않은 신념들이다. 오늘날 인기 있는 흔들림 없이 확실한 신앙에 관한 가르침과는 반대되는 것처럼 들린다. 분명히 보험 증서 같은 신앙—"원하는 바를 말하고 그것을 취하라"(Name it and claim it)—과는 쉽게 조화를 이룰 수 없다. 우리에게 무언가가 필요하고 이를 위해서는 하나님의 기적이 요구될 때 믿음으로 구하기만 하면 우리의 것이 될 것이라는 말을 듣곤 한다. 이른바 번영의 복음에서 그런 믿음은 대개는 설교자에 대한 재정적, 물질적 후원의 형식을 띠는 '씨앗'이나 '서원'으로 구체화되어야 한다. 일단 당신이 씨앗, 즉 믿음으로 구하면 당신이 무엇을 구하든지 하나님이 주실 것이라고 확신할 수 있다.

이런 가르침은 더 교묘한 형식으로 치유 사역에 적용되곤 한다. 내가 젊은 부목사였을 때 우리 교회는 모든 종류의 육체적, 정신적, 영적 질병에 걸린 사람들을 위한 치유 기도 사역을 믿고 행했다. 이는 많은 이들에게 축복이었으며 하나님이 정말로 기도에 응답하셨다. 하지만 "무언가 혹은 누군가를 위해 기도할 때, 특히 치유를 위해 기도할 때 절대로 '이것이 하나님의 뜻이라면'이라고 말하지 말라. 하나님은 할 수 있으시며, 하나님은 하겠다고 약속하셨고, 하나님은 언제나 하실 것이다. 믿기만 하라"라고 우리에게 말하는 사람들이 있었다.

바로 이어지는 18절이 없다면, 17절만 놓고 그렇게 생각할 수도 있다. 세 친구는 "물론 우리 하나님은 불에서 우리를 구원하실 수 있습니다. 하지만 하나님은 여전히 하나님이시며, 능력뿐 아니라 지혜에 있어서도 주권적이시고, 우리를 구원하지 않기로 작정하실지도 모릅니다. 하지만 하나님이 이 풀무불에서 우리를 구해주지 않으신다고 해도 우리는 여전히 그분께만 우리의 전적인 신뢰와 헌신을 바칠 것이며 당신의 신들을 섬기지 않을 것입니다"라고 말했다.

인도의 푸나에 살 때 어느 주일 저녁에 우리가 갔던 친교 모임에 참여한 아프리카 학생을 나는 지금도 기억하고 있다. 그는 푸나의 한 대학에 다니는 유학생이었다. 그의 간증이 너무나 놀라웠다! 하나님이 모든 것을 공급해주셨다!

- ◆ 그는 그 대학에 입학 허가를 받을 만한 자격을 갖추지 못했지만, 하나님은 그가 이 학교에 가기를 원하신다고 믿었다. 그래서 구했더니 … 받았다.
- ◆ 그는 대학 등록금을 낼 돈이 없었지만, 구했더니 … 받았다.
- ◆ 그는 비행기 표가 없었지만, 구했더니 … 받았다.

◆ 그는 아프리카에서 인도로 오기 위해 비자가 필요했다. 그래서 구했더니 … 받았다.

그렇게 계속해서 하나님을 신뢰하고 구했더니 하나님이 매번 주셨다. 감동적인 이야기였으며 우리는 모두 그와 함께 기뻐하며 하나님을 찬양했다.

나는 냉소적인 사람이 아니라고 생각하며, 한순간도 그의 말이나 진심에 대해 의심하지 않았다. 하지만 하나님이 그에게 '아니'라고 처음으로 말씀하실 때 그의 신앙이 이를 어떻게 이겨낼 수 있을지 걱정하지 않을 수 없었다. 왜냐하면, 의심할 나위 없이 하나님이 그렇게 말씀하실 때가 올 것이기 때문이다(혹은 내가 예상하기로는 이미 그렇게 하셨을 것이다). 그는 무언가를 '구하고' 얻지 못할 때도 여전히 하나님을 신뢰할까?

하나님의 지혜가 나의 지혜보다 더 크며 나의 간구가 크게 잘못되었을 때 그분이 '아니'라고 말씀하실 것을 아는 것이 나에게는 큰 위로가 된다. 하나님은 누구에게나 기적을 행하실 수 있지만, 나는 하나님이 우리가 좋은 생각이라고 여기는 모든 것에 제한되지 않으신다는 사실에 대해 기뻐한다. 우리의 가장 진실한 간구조차도 하나님의 지혜로운 거부에 의해 취소되어야 할지도 모른다.

더 진지하게 바라보면 성경은 하나님이 어떤 사람들은 구해주시지만 어떤 사람들은 설명도 없이 고통을 당하거나 죽도록 내버려 두실 수도 있음을 명확히, 그리고 자주 보여준다. 그리고 첫 번째 집단이 두 번째에 비해 믿음이 더 크거나 작다고 결코 말할 수 없다. 하나님이 천사를 보내 베드로를 감옥에서 구해주셨지만, 요한의 형제였던 야고보는 얼마 지나지 않아서 헤롯에게 처형을 당했을 때(행 12장) 요한이 어떻게 느꼈을지 생각해 본 적이 있는가? 베드로는 믿음이 많았고, 야고보는 믿음이 없었을까? 본문은 베드로의 믿음에 대해 언급조차 하지 않는다. 그는 매우 놀랐을 뿐이다. 교회(그리고 특히 그의 형제 요한)가 베드로를 위해서는 기도하고, 야고보를 위해서는 기도하지 않을까? 누군가 그렇게 생각한다면 하나님은 '아니'라고 말씀하신다. 야고보에게는 칼을 보내시고, 베드로에게는 천사를 보내셨다. 왜 베드로는 구해주시고 야고보는 죽게 내버려 두셨을까? 하나님만이 그 답을 아신다.

그리고 믿음의 영웅들과 하나님이 그들을 통해 이루신 일을 설명하는 가장 유명한 장인 히브리서 11장조차도 우리에게 모든 것이 영광과 기적은 아니었음을 일깨워준다. 히브리서 11장 33절에서 35절 상반절까지는 다니엘 3장 17절의 확대판처럼 읽힌다. 사실 다니엘서에 등장하는 두 이야기를 암시하는 것이 분명하다.

> 그들은 믿음으로 나라들을 이기기도 하며 의를 행하기도 하며 약속을 받기도 하며 사자들의 입을 막기도 하며 불의 세력을 멸하기도 하며 칼날을 피하기도 하며 연약한 가운데서 강하게 되기도 하며 전쟁에 용감하게 되어 이방 사람들의 진을 물리치기도 하며 여자들은 자기의 죽은 자들을 부활로 받아들이기도 하며. _히 11:33~35상

하지만 이어지는 히브리서 11장 35절 하반절에서 38절은 다니엘 3장 18절과 매우 비슷하게 읽힌다.

또 어떤 이들은 더 좋은 부활을 얻고자 하여 심한 고문을 받되 구차히 풀려나기를 원하지 아니하였으며 또 어떤 이들은 조롱과 채찍질뿐 아니라 결박과 옥에 갇히는 시련도 받았으며 돌로 치는 것과 톱으로 켜는 것과 시험과 칼로 죽임을 당하고 양과 염소의 가죽을 입고 유리하여 궁핍과 환난과 학대를 받았으니 (이런 사람은 세상이 감당하지 못하느니라) 그들이 광야와 산과 동굴과 토굴에 유리하였느니라. _히 11:35하~38

히브리서 11장이 이 두 부분을 함께 받아들일 때, 당신이 그 모든 기적을 경험한 사람 중에 속하든지, 아니면 죽임을 당한 사람 중에 속하든지, "이 사람들은 다 믿음으로 말미암아 증거를 받았다"(히 11:39)는 크나큰 격려를 얻게 될 것이다. 다시 말해서, 우리가 아는 누군가가 (혹은 우리 자신이) 기도나 그들을 위해 행해진 다른 사역에도 불구하고 어려움에서 벗어나지 못하는 것처럼 보일 때, 친구의 병이 낫지 않을 때, 기적이 일어나지 않을 때, 박해나 고통이 그저 계속될 때, 우리는 그들이 믿음이 없다거나 믿음이 충분하지 않다고 섣불리 결론 내려서는 안 된다. 그렇게 생각하거나 말하는 것은 대개 옳지도 않고 목회적으로 대단히 파괴적인 결과를 초래한다. 하나님은 아시며 하나님은 보고 계신다—그분이 즉각적인 구원을 베푸시든지, 그렇지 않든지.

다시 세 친구로 돌아가자면 무엇이 그들이 "그렇게 하지 아니하실지라도"라는 믿음으로 살 수 있게 해주는 참된 기초였을까? 그들이 '섬기다'라는 말을 두 차례—긍정적으로, 또한 부정적으로— 사용했다는 점에서 그 답을 찾을 수 있다.

우리가 섬기는 하나님 …

우리가 왕의 신들을 섬기지도 아니하고 …

사실상 그들은 이렇게 말하는 셈이다.

물론 우리 하나님은 당신의 신들보다 더 강하시지만, 우리가 그분을 섬기는 것은 단지 그분이 더 강하셔서가 아닙니다.

물론 우리 하나님은 우리를 위해 기적을 행하실 수 있으시지만, 우리가 그분을 섬기는 것은 단지 그분이 우리를 위해 기적을 행하실 수 있으시기 때문이 아닙니다.

우리는 궁극적으로 그분이 섬김을 받으시기에 합당한 유일한 하나님이시기 때문에 우리의 하나님 여호와를 섬깁니다. 그분만이 하나님이십니다. 그분만이 주이십니다. 그분만이 섬김과 예배와 순종을 받기에 합당하십니다.

그러므로 우리 앞에 놓인 선택은 우리의 하나님을 섬길 것인지, 아니면 당신의 신들을 섬길 것인지가 아닙니다. 그것은 수많은 신이 존재하며 그중에서 섬길 신을 선택하면 된다고 생각하는 다신론자에게만 주어진 선택입니다. 그것은 당신이 원하는 신을 골라 섬기라는 말입니다.

그렇지 않습니다. 유일한 선택은, 오직 한 분이신 참되고 살아계신 하나님을 섬길지, 섬기지 않을지, 둘 중 하나를 택하는 것입니다. 그리고 그분이 우리에 관해 무엇을 행하시기로 작정하셨든지, 우리는 그분을 섬기는 쪽을 선택했습니다.

•

이것이 바로 참된 신앙의 표지다. 그것은 "그렇게 하지 아니하실지라도"에 해당하는 상황에 직면했을 때도 계속해서 하나님을 섬기고 신뢰하겠다는 결단이다. 욥처럼 "그분이 나를 죽이시더라도 나는 그분 안에 소망을 두겠습니다"라고 말하는 것이다(욥 13:15). 그것은 이렇게 말할 수 있음을 뜻한다.

- ◆ 주님, 주님은 나와 내 가족을 모든 위험이나 질병, 사고, 죽음으로부터 보호하실 수 있음을 믿습니다. 그리고 그렇게 해주시기를 간구합니다. 하지만 그렇게 하지 않으시더라도 나는 원망과 분노라는 신들에게 절하고 그들을 섬기지 않겠습니다.
- ◆ 주님, 그저 명령을 따르는 대신 나의 양심에 따라 내가 옳고 정의롭다고 믿는 바를 지켜낸다면 주님이 나의 평판과 나의 직업을 지켜주실 수 있음을 믿습니다. 그리고 그렇게 해주시기를 간구합니다. 하지만 그렇게 하지 않으시더라도 나는 비겁함이라는 신에게 절하고 그 신을 섬기며 세상의 길을 가지 않겠습니다.
- ◆ 주님, 주님은 나에게 꼭 맞는 그 직업, 그 사역, 그 나라, 그 기회로 갈 수 있는 문을 열어주실 수 있다고 믿습니다. 그리고 그렇게 해주시기를 간구합니다. 하지만 그렇게 하지 않으시더라도, 그리고 내가 어둠 속을 걷는 것처럼 보여도 절망과 불안이라는 신들에게 절하고 그들을 섬기지 않겠습니다.
- ◆ 주님, 주님은 우리가 주님의 이름으로 행하는 이 사역이 성공하고 열매를 맺는 데 필요한 모든 자금을 채워주실 수 있다고 믿습니다. 그리고 그렇게 해주시기를 간구합니다. 하지만 그렇게 하지 않으시더라도, 나는 조작된 성공의 신들에게 절하고 그들을 섬기지 않겠습니다. 나의 정직성을

희생시켜 과장되거나 진실하지 않다고 알고 있는 통계나 이야기를 만들어내지 않겠습니다.

◆ 주님, 주님은 내가 인생의 동반자를 찾고 결혼과 가정이라는 선물을 누릴 수 있도록 도와주실 수 있음을 믿습니다. 그리고 그렇게 해주시기를 간구합니다. 하지만 그렇게 하지 않으시더라도 나는 자기 연민이라는 신들에게 절하고 그들을 섬기지 않겠습니다.

"그렇게 하지 아니하실지라도"라는 말을 두려워하지 말라. 그것은 의심이나 불신앙이 아니다. 그것은 하나님이 뜻하시는 대로 우리에게 행하시며 그분이 택하시면 우리가 궁극적인 믿음의 시험을 통과하게 하시는 그분의 주권적인 자유를 겸손히 받아들이는 것이다. 따라서 제자들이 그랬듯이 우리는 그분의 이름을 위해 고통당하는 것을 영광으로 여길 수 있는 은혜를 달라고 기도해야 한다.

우리는 17절의 영광스럽게 객관적이며 성경적인 진리와 19절의 날카롭고 까다로운 개인적인(또한 똑같이 성경적인) 헌신 모두를 열정적으로 주장해야 한다.

혼란에 빠진 느부갓네살

_ 다니엘 3:19~30

느부갓네살이 분이 가득하여 사드락과 메삭과 아벳느고를 향하여 얼굴빛을 바꾸고 명령하여 이르되, "그 풀무불을 뜨겁게 하기를 평소보다 칠 배나 뜨겁게 하라" 하고 군대 중 용사 몇 사람에게 명령하여 사드락과 메삭과 아벳느고를 결박하여 극렬히 타는 풀무불 가운데에 던지라 하니라. 그러자 그 사람들을 겉옷과 속옷과 모자와 다른 옷을 입은 채 결박하여 맹렬히 타는 풀무불 가운데에 던졌더라. 왕의 명령이 엄하고 풀무불이 심히 뜨거우므로 불꽃이 사드락과 메삭과 아벳느고를 붙든 사람을 태워 죽였고, 이 세 사람 사드락과 메삭과 아벳느고는 결박된 채 맹렬히 타는 풀무불 가운데에 떨어졌더라.

그 때에 느부갓네살 왕이 놀라 급히 일어나서 모사들에게 물어 이르되, "우리가 결박하여 불 가운데에 던진 자는 세 사람이 아니었느냐?" 하니, 그들이 왕에게 대답하여 이르되, "왕이여 옳소이다" 하더라.

왕이 또 말하여 이르되, "내가 보니 결박되지 아니한 네 사람이 불 가운데로 다니는데 상하지도 아니하였고 그 넷째의 모양은 신들의 아들과 같도다" 하고, 느부갓네살이 맹렬히 타는 풀무불 아귀 가까이 가서 불러 이르되, "지극히 높으신 하나님의 종 사드락, 메삭, 아벳느고야 나와서 이리로 오라!" 하매, 사드락과 메삭과 아벳느고가 불 가운데에서 나온지라. 총독과 지사와 행정관과 왕의 모사들이 모여 이 사람들을 본즉 불이 능히 그들의 몸을 해하지 못하였고 머리털도 그을리지 아니하였고 겉옷 빛도 변하지 아니하였고 불 탄 냄새도 없었더라.

느부갓네살이 말하여 이르되, "사드락과 메삭과 아벳느고의 하나님을 찬송할지로다. 그가 그의 천사를 보내사 자기를 의뢰하고 그들의 몸을 바쳐 왕의 명령을 거역하고 그 하나님 밖에는 다른 신을 섬기지 아니하며 그에게 절하지 아니한 종들을 구원하셨도다. 그러므로 내가 이제 조서를 내리노니 각 백성과 각 나라와 각 언어를 말하는 자가 모두 사드락과 메삭과 아벳느고의 하나님께 경솔히 말하거든 그 몸을 쪼개고 그 집을 거름터로 삼을지니 이는 이같이 사람을 구원할 다른 신이 없음이니라" 하더라.

왕이 드디어 사드락과 메삭과 아벳느고를 바벨론 지방에서 더욱 높이니라(단 3:19~30).

불 속의 네 번째 사람!

그 사람의 정체성에 관해 논쟁하는 것은 무의미하다. 우리의 관점에서는 그분이 성육신하시기 전에 나타나신 그리스도였을 것이라고 말하기 쉽다. 이 이야기에서 중요한 것은, 느부갓네살의 관점에서 그 사람은 '신들의 아들과 같은' 존재, 즉 신적인 인격체, 인간의 모든 이해력이나 능력을 초월한 누군가 혹은 무언가, 그의 경험이나 그의 통제 범위 밖에서 찾아온 누군가였다는 것이다. 28

절에서 그는 그저 사드락과 메삭, 아벳느고의 하나님이 그분의 천사를 보내셔서 그분의 종들을 구하셨다고 말한다.

따라서 느부갓네살에게 이것은 그가 꾸었던 최악의 악몽에 나타났던 '돌'과의 충격적인 대면이었다. 이분은 누구이신가? 그분의 보잘것없는 노력과 위협을 초월한 이 외부의 힘은 무엇인가? 물론 그분은 또 하나의 사건에 개입하셔서 이 사람을 다루시는 하나님이셨다. 이 과정은 다음 장에서 절정에 이르게 될 것이다.

분명히 그것은 대단히 정서적인 경험이었다. 느부갓네살의 이 장에 기록된 불과 몇 절 안에서 처음에는 분노로 가득 차 있고, 그 다음에는 두려움으로 가득 차 있으며, 마지막에는 아부하는 태도를 보인다. 이 장의 마지막 부분에 기록된 그의 태도는 아직 회심이라고 말하기 어렵고 오히려 혼란에 더 가깝다! 왕은 당황했다. 이것은 하나님의 왕국, 너무나도 극적으로 자신의 왕국의 힘에 대해 한계를 설정하는 왕국과의 충격적인 대면이었다. 단지 이번에는 사적인 꿈이 아니라 그도, 그의 궁정에 있는 그 누구도 부인할 수 없는 공적으로 목격된 현실 속에서의 대면이었다.

그렇다면 세 친구에게 어땠을까? 그리고 유대인이든, 그리스도인이든, 이후에 수 세기에 걸쳐 이 이야기를 읽을 모든 사람에게는 어떨까? 이 이야기는 "네가 불 가운데로 지날 때에 타지도 아니할 것이요"라는 이사야 43장 2절의 진리에 대한 극적인 증거였다. 당신이 살아서 걸어 나오든, 그렇지 못하든, 당신은 불 속에서 혼자가 아니다. 이것은 박해를 당하는 모든 그리스도인을 위로하고 격려하는 진리다. 사드락과 메삭, 아벳느고처럼 위험이나 죽음으로부터 기적적으로 구원받는 경험을 통해 17절의 진리를 누리는 사람들도 있었지만, 18절의 진리를 몸소 삶으로 경험해야 했지만, 끝까지 심지어는 순교에 이르기까지 자신의 신앙을 지킨 훨씬 더 많은 사람이 있었기 때문이다.

하늘에 계신 하나님이 4
땅에서 다스리신다

다니엘 4장

1 느부갓네살 왕은 천하에 거주하는 모든 백성들과 나라들과 각 언어를 말하는 자들
에게 조서를 내리노라 원하노니 너희에게 큰 평강이 있을지어다
2 지극히 높으신 하나님이 내게 행하신 이적과 놀라운 일을 내가 알게 하기를 즐겨
하노라
3 참으로 크도다 그의 이적이여, 참으로 능하도다 그의 놀라운 일이여, 그의 나라는
영원한 나라요 그의 통치는 대대에 이르리로다
4 나 느부갓네살이 내 집에 편히 있으며 내 궁에서 평강할 때에
5 한 꿈을 꾸고 그로 말미암아 두려워하였으니 곧 내 침상에서 생각하는 것과 머리
속으로 받은 환상으로 말미암아 번민하였었노라
6 이러므로 내가 명령을 내려 바벨론의 모든 지혜자들을 내 앞으로 불러다가 그 꿈의
해석을 내게 알게 하라 하였더라
7 그 때에 박수와 술객과 갈대아 술사와 점쟁이가 들어왔으므로 내가 그 꿈을 그들에
게 말하였으나 그들이 그 해석을 내게 알려 주지 못하였느니라
8 그 후에 다니엘이 내 앞에 들어왔으니 그는 내 신의 이름을 따라 벨드사살이라 이
름한 자요 그의 안에는 거룩한 신들의 영이 있는 자라 내가 그에게 꿈을 말하여 이
르되
9 박수장 벨드사살아 네 안에는 거룩한 신들의 영이 있은즉 어떤 은밀한 것이라도 네
게는 어려울 것이 없는 줄을 내가 아노니 내 꿈에 본 환상의 해석을 내게 말하라
10 내가 침상에서 나의 머리 속으로 받은 환상이 이러하니라 내가 본즉 땅의 중앙에
한 나무가 있는 것을 보았는데 높이가 높더니
11 그 나무가 자라서 견고하여지고 그 높이는 하늘에 닿았으니 그 모양이 땅 끝에서
도 보이겠고
12 그 잎사귀는 아름답고 그 열매는 많아서 만민의 먹을 것이 될 만하고 들짐승이 그
그늘에 있으며 공중에 나는 새는 그 가지에 깃들이고 육체를 가진 모든 것이 거기
에서 먹을 것을 얻더라
13 내가 침상에서 머리 속으로 받은 환상 가운데에 또 본즉 한 순찰자, 한 거룩한 자
가 하늘에서 내려왔는데
14 그가 소리 질러 이처럼 이르기를 그 나무를 베고 그 가지를 자르고 그 잎사귀를 떨
고 그 열매를 헤치고 짐승들을 그 아래에서 떠나게 하고 새들을 그 가지에서 쫓아
내라
15 그러나 그 뿌리의 그루터기를 땅에 남겨 두고 쇠와 놋줄로 동이고 그것을 들 풀 가

운데에 두어라 그것이 하늘 이슬에 젖고 땅의 풀 가운데에서 짐승과 더불어 제 몫
을 얻으리라
16 또 그 마음은 변하여 사람의 마음 같지 아니하고 짐승의 마음을 받아 일곱 때를 지
내리라
17 이는 순찰자들의 명령대로요 거룩한 자들의 말대로이니 지극히 높으신 이가 사람
의 나라를 다스리시며 자기의 뜻대로 그것을 누구에게든지 주시며 또 지극히 천한
자를 그 위에 세우시는 줄을 사람들이 알게 하려 함이라 하였느니라
18 나 느부갓네살 왕이 이 꿈을 꾸었나니 너 벨드사살아 그 해석을 밝히 말하라 내 나
라 모든 지혜자가 능히 내게 그 해석을 알게 하지 못하였으나 오직 너는 능히 하리
니 이는 거룩한 신들의 영이 네 안에 있음이라
19 벨드사살이라 이름한 다니엘이 한동안 놀라며 마음으로 번민하는지라 왕이 그에
게 말하여 이르기를 벨드사살아 너는 이 꿈과 그 해석으로 말미암아 번민할 것이
아니니라 벨드사살이 대답하여 이르되 내 주여 그 꿈은 왕을 미워하는 자에게 응
하며 그 해석은 왕의 대적에게 응하기를 원하나이다
20 왕께서 보신 그 나무가 자라서 견고하여지고 그 높이는 하늘에 닿았으니 땅 끝에
서도 보이겠고
21 그 잎사귀는 아름답고 그 열매는 많아서 만민의 먹을 것이 될 만하고 들짐승은 그
아래에 살며 공중에 나는 새는 그 가지에 깃들었나이다
22 왕이여 이 나무는 곧 왕이시라 이는 왕이 자라서 견고하여지고 창대하사 하늘에
닿으시며 권세는 땅 끝까지 미치심이니이다
23 왕이 보신즉 한 순찰자, 한 거룩한 자가 하늘에서 내려와서 이르기를 그 나무를 베
어 없애라 그러나 그 뿌리의 그루터기는 땅에 남겨 두고 쇠와 놋줄로 동이고 그것
을 들 풀 가운데에 두라 그것이 하늘 이슬에 젖고 또 들짐승들과 더불어 제 몫을
얻으며 일곱 때를 지내리라 하였나이다
24 왕이여 그 해석은 이러하니이다 곧 지극히 높으신 이가 명령하신 것이 내 주 왕에
게 미칠 것이라
25 왕이 사람에게서 쫓겨나서 들짐승과 함께 살며 소처럼 풀을 먹으며 하늘 이슬에
젖을 것이요 이와 같이 일곱 때를 지낼 것이라 그 때에 지극히 높으신 이가 사람의
나라를 다스리시며 자기의 뜻대로 그것을 누구에게든지 주시는 줄을 아시리이다
26 또 그들이 그 나무뿌리의 그루터기를 남겨 두라 하였은즉 하나님이 다스리시는
줄을 왕이 깨달은 후에야 왕의 나라가 견고하리이다

27 그런즉 왕이여 내가 아뢰는 것을 받으시고 공의를 행함으로 죄를 사하고 가난한
자를 긍휼히 여김으로 죄악을 사하소서 그리하시면 왕의 평안함이 혹시 장구하리
이다 하니라
28 이 모든 일이 다 나 느부갓네살 왕에게 임하였느니라
29 열두 달이 지난 후에 내가 바벨론 왕궁 지붕에서 거닐새
30 나 왕이 말하여 이르되 이 큰 바벨론은 내가 능력과 권세로 건설하여 나의 도성으
로 삼고 이것으로 내 위엄의 영광을 나타낸 것이 아니냐 하였더니
31 이 말이 아직도 나 왕의 입에 있을 때에 하늘에서 소리가 내려 이르되 느부갓네살
왕아 네게 말하노니 나라의 왕위가 네게서 떠났느니라
32 네가 사람에게서 쫓겨나서 들짐승과 함께 살면서 소처럼 풀을 먹을 것이요 이와
같이 일곱 때를 지내서 지극히 높으신 이가 사람의 나라를 다스리시며 자기의 뜻
대로 그것을 누구에게든지 주시는 줄을 알기까지 이르리라 하더라
33 바로 그 때에 이 일이 나 느부갓네살에게 응하므로 내가 사람에게 쫓겨나서 소처
럼 풀을 먹으며 몸이 하늘 이슬에 젖고 머리털이 독수리 털과 같이 자랐고 손톱은
새 발톱과 같이 되었더라
34 그 기한이 차매 나 느부갓네살이 하늘을 우러러 보았더니 내 총명이 다시 내게로
돌아온지라 이에 내가 지극히 높으신 이에게 감사하며 영생하시는 이를 찬양하고
경배하였나니 그 권세는 영원한 권세요 그 나라는 대대에 이르리로다
35 땅의 모든 사람들을 없는 것 같이 여기시며 하늘의 군대에게든지 땅의 사람에게든
지 그는 자기 뜻대로 행하시나니 그의 손을 금하든지 혹시 이르기를 네가 무엇을
하느냐고 할 자가 아무도 없도다
36 그 때에 내 총명이 내게로 돌아왔고 또 내 나라의 영광에 대하여도 내 위엄과 광
명이 내게로 돌아왔고 또 나의 모사들과 관원들이 내게 찾아오니 내가 내 나라에
서 다시 세움을 받고 또 지극한 위세가 내게 더하였느니라
37 그러므로 지금 나 느부갓네살은 하늘의 왕을 찬양하며 칭송하며 경배하노니 그의
일이 다 진실하고 그의 행하심이 의로우시므로 교만하게 행하는 자를 그가 능히
낮추심이라

미국에서 가장 미움을 많이 받는 인물에 관한 조사에서 텔레비전 부흥사들이 10위 안에 들었다는 글을 읽은 적이 있다. 나는 한편 이것이 다행이라고 생각한다. 이것은 사람들이 타락한 복음과 매체를 조작하는 사람들의 천박한 허영에 전적으로 사로잡히지는 않음을 보여준다. 나는 현대 서양 기독교의 모습 중에서 이런 설교자들의 언동과 자신을 추켜세우는 이미지보다 불쾌하고 나사렛 예수의 가르침과 본보기, 삶의 방식에서 동떨어진 것은 없다고 생각한다. 그러므로 다른 많은 사람도 이를 혐오스럽게 생각한다는 소식을 들을 때 일종의 안도감을 느꼈다. 하지만 다른 한편으로 그리스도의 이름이 이 거짓 예언자들과 거짓 약속을 파는 백만장자들의 오명에 의해 손상되었음에 깊은 슬픔을 느꼈다.

최근에 여러 차례 그런 일이 발생한 것처럼 텔레비전 부흥사 중 일부가 그들의 은유적 바지를 내린 채 붙잡혀—성적 혹은 재정적 추문에 휩싸여— 망신을 당하게 될 때 이들에 대한 모순된 반응은 훨씬 더 혼란스러워진다. 이따금 우리는 '교만하게 행하는 자'를 겸손하게 만드실 수 있는 하나님(단 4:37)의 손길을 느낀다. 하지만 그런 유명인이 한없이 초라해져서 우리와 똑같은 평범한 죄인임이 드러날 때 안도감, 혹은 만족감에 가까운 감정을 느끼지 않는 것 또한 어렵다. 하지만 내가 그런 느낌을 드는 것을 깨닫자마자 "하나님의 은총이 아니었으면 나도 그랬을 거야"라는 생각에 정신이 번쩍 든다(우리 자신의 마음을 아는 사람은 다 그런 생각이 들 것이다). 교만과 마찬가지로 이런 만족감이 타락보다 먼저 찾아오는 경향이 있다. 교만과 자기만족은 목회와 설교 사역을 하는 사람이든, 공적인 삶에 참여하는 사람이든, 그리스도인들에게 심각한 유혹이 될 수 있다.

다른 사람의 교만이든, 쉽게 자신을 타락시키는 교만이든, 세속적인 직업 세계에서 살아가는 그리스도인들에게 교만은 다루기 힘든 문제다. 억압적이며 인기가 없는 권위 구조 안에서 일해야 한다고 상상해보라. 모든 사람이 상사를 미워한다! 이 오만한 상사가 해고나 좌천을 당했을 때 어떤 기분이 들겠는가? 다른 사람들과 함께 흐뭇해하며 환호할까? 자신이 직업에서 승승장구한다고 상상해보라. 그때 권력과 직위에 대한 갈망이나 재정적 보상에 대한 욕심과 경건한 열망을 어떻게 구별해낼 수 있을까?

다니엘 4장에서는 다양한 각도에서 교만과 겸손을 다채롭고 예리한 방식으로 연구한다. 그리고 이 장은 우리가 본능적으로 주의를 기울이는 형식—간증—을 띠고 있다! 이것은 들을 귀가 있는 모든 사람에게 느부갓네살이 직접 쓴 간증문이다. 대규모 수련회와 집회에서 간증했다면 그는 많은 청중을 끌어모았을 것이다!

이 시점에서 이 책의 관점이 흥미로운 방향으로 전환된다. 1~3장에서는 주로 다니엘과 그의 세 친구에게 초점을 맞췄다. 하지만 2장에서는 세 친구가 등장하지 않았고, 3장에서는 다니엘이 등장하지 않았다. 하지만 한 인물은 네 장 모두에 등장한다. 바로 바빌로니아의 왕인 느부갓네살이다. 그리고 자신을 다루시는 하나님에 대한 그의 자각이 점점 더 예리해진다. 처음에는 그저 어린 이스라엘 학생들의 능력이 인상적이라고 생각했지만, 나중에는 그들의 하나님의 능력에 매우 놀라 절대로 하나님께 맞서는 말을 하지 말라고 명령하기에 이른다. 이제 4장에서 느부갓네살이 직접 말하는 느부갓네살에 관한 이야기가 절정과 결말에 이른다. 그는 주인공일 뿐 아니라 화자이기도 하며, 이는 이 장 전체의 수사적 힘을 강화한다.

> 느부갓네살 왕은 천하에 거주하는 모든 백성들과 나라들과 각 언어를 말하는 자들에게 조서를 내리노라.
> 원하노니 너희에게 큰 평강이 있을지어다!
> 지극히 높으신 하나님이 내게 행하신 이적과 놀라운 일을 내가 알게 하기를 즐겨 하노라._단 4:1~2

탁월한 설교자처럼 느부갓네살은 첫 부분에서 간증의 핵심을 진술하고(3절), 마지막에 다시 한번 이를 요약하며(34절), 중간에 세 번 이를 반복한다(17, 25, 32절). 핵심은 곧 지극히 높으신 하나님이 왕이시며 단지 하늘의 왕이시기만 한 것이 아니라는 것이다. 그분은 땅에서 인간의 왕국들을 다스리신다. 간단히 말해서 "하늘에 계신 하나님이 다스리신다"(26절). 이것이 바로 느부갓네살이 이 놀라운 이야기의 마지막에 이르러서 마침내 배운 교훈이다.

이 장은 세 주연 배우가 등장하는 연극과 같다.

건설자 느부갓네살

_ 다니엘 4:1~8, 29~30

나 느부갓네살이 내 집에 편히 있으며 내 궁에서 평강할 때에 … 열두 달이 지난 후에 내가 바벨론 왕궁 지붕에서 거닐새 나 왕이 말하여 이르되, "이 큰 바벨론은 내가 능력과 권세로 건설하여 나의 도성으로 삼고 이것으로 내 위엄의 영광을 나타낸 것이 아니냐?" 하였더니. _단 4:4,29~30

여러 가지 면에서 느부갓네살은 건설자였다.

- **그는 제국을 건설했다.** 그는 황량해진 아시리아로부터 이집트와 경쟁하면서 약 70년 동안 지속될 제국을 건설했다.
- **그는 문화를 건설했다.** 역사가들은 이 문화를 신바빌로니아 문화라고 부른다. 아마도 다니엘 3장의 대규모 음악 축제는 이 문화를 반영했을 것이다.
- 다니엘 1장에서 보았듯이 **그는 좋은 교육을 받은 다인종의 관리로 이뤄진 정부를 건설했다.**
- **그는 도시—바빌로니아—를 건설했다.** 그는 이 도시를 영광스럽고 아름답게 건설했다. 유명한 '바빌로니아의 공중 정원'이 괜히 고대 세계의 7대

불가사의에 들어간 것이 아니다.

이것은 놀랍고 훌륭한 업적이었다. 인간적으로 말하자면 느부갓네살에게는 만족스러워하고 자랑할 만한 것이 많았다. 그의 자랑은 사실에 근거한 것이었다. 신학적으로 말하더라도 우리는 그를 높이고 그에게 권위와 능력, 넓은 영토를 주시고 그런 지위에 수반되는 그 모든 부와 기회를 주신 분이 바로 하나님이셨음을 기억하고 있다(단 2:37, 38, 5:18). 그리고 그는 이 모든 것을 탁월하게 잘 사용했다. 물론 3장에서는 느부갓네살에게 훌륭하지 못한 부분도 있었음을 보여준다. 그는 소수의 반대자를 화형에 처하는 것을 개의치 않았던 것 같다. 하지만 이런 잘못을 지나치게 과장할 필요는 없다. 그의 시대에(그리고 세계사에서 비교적 최근까지도) 이것은 표준적인 관행이었다. 그의 시대를 기준으로 삼을 때 느부갓네살은 유능하고 실력 있으며 건설적인 통치자였다.

하지만 성경은 외적인 화려함을 넘어서서 그 배후에 있는, 하나님이 아시는 실체를 드러낸다. 하나님의 말씀인 성경은 느부갓네살의 마음을 들여다보고 그 안에 가득 차 있는 교만을 드러낸다. 또한 바빌로니아의 영광 이면을 들여다보고 그것이 기초로 삼고 있는 사회적 악을 드러낸다.

느부갓네살의 교만은 말하자면 당신의 평범하고 일상적인 교만과 달랐다. 3장의 앞부분에서 보았듯이 그는 여전히 자신이 신이라는 망상을 하고 있었다. 그는 하나님이 여러 해 동안 그에게 가르치고자 하셨던 바를 받아들이기를 거부하고 있다. 사실 느부갓네살이 권력을 잡고 나서 불과 4년밖에 지나지 않을 때 예레미야는 예루살렘에서 열린 국제 외교 회의에서 이를 공개적으로 선언한 바 있다(렘 27:1~11, 또한 28:1 참조). 그날 예레미야가 했던 말을 느부갓네살이 들었던 것이 거의 확실하다. 그의 첩보 조직은 매우 탁월했다. 그때 예레미야는 느부갓네살의 모든 권력과 권위가 엄격히 '여호와의 종'으로서 그에게 주어진 것이라고 분명히 말했다(렘 27:5~7). 느부갓네살이 왕좌와 그에 수반되는 자원을 갖게 된 것은 이스라엘의 하나님, 다니엘과 사드락, 메삭, 아벳느고의 하나님 덕분이었다.

하지만 느부갓네살은 하나님이 주신 선물을 자신의 영광으로 만들었다. 이미 3장에서 우리는 그가 국가의 오만과 우상 숭배적인 전체주의—위대한 문명과 집단적인 '위대한 계획'이라는 고전적인 교만—의 본보기가 되었음을 보았다. 다니엘 4장에서는 인간의 교만을 개인적인 차원에서 묘사하고 있다.

우리 대부분에게는 느부갓네살 같은 모습이 있다. 물론 낮은 자기 이미지 때문에 고통스러워하는 사람도 많다(느부갓네살에게는 그게 문제가 아니었다!). 자존감 부족이 대단히 어려운 문제일 수도 있다. 하지만 교만이 더 흔하고 훨씬 더 심각한 문제라고 말하는 것이 옳다. 아무 이유도 없이 교만이 고전적인 '일곱 대죄'에 포함된 것이 아니다. 그뿐만 아니라 일부 기독교 심리학자들에 따르면, 낮은 자존감에 집착하는 태도 자체도 일종의 교만이나 적어도 자기 중심성을 감추려는 시도일 수 있다. 한번은 매우 교만한 사람이 낮은 자존감과 싸우고 있는—그리고 이기고 있는—사람이라고 자신을 소개하는 것을 본 적도 있다.

기독교 심리학자인 데이빗 마이어스(David Myers)와 말콤 지브스(Malcolm Jeeves)는 다양한 연구를 통해 인간의 본성에 두루 퍼져 있는 이기적인 성향을 밝혀내고 있다. 이들은 사람들이 자신의 경험을 설명할 수 있는 "자기 중심성의 필터"를 제시한다. 우리는 모두 우리의 계획이 성공할 때는 그 공을 취하려는 경향이 있지만, 실패할 때는 다른 사람들이나 불리한 상황에서 그 이유를 찾으려고 한다. 우리는 정치인들이 습관적으로 이런 자세를 취할 때 이에 대해 대단히 냉소적이지만, 사실 이것은 보편적인 경향성인 것처럼 보인다. 또한 그들은 사람들이 기술과 이해력에 관해 자신을 어떻게 평가하는가에 관한 여론 조사에서 대부분의 사람은 자신이 조사 대상인 모든 영역에서 평균 이상이라고 믿고 있다는 사실을 지적한다. 물론 이것은 통계적으로 불가능하다. '평균'이라는 개념 자체가 그 이상인 사람의 수와 그 이하인 사람의 수가 대략 비슷함을 뜻한다. 그들은 우리가 모두 실수했다는 것을 인정하기를 어려워하며 우리 자신을 정당화하거나 변호하기 위해 열정적으로 노력한다고 지적한다.

> 인간 본성은 긍정적인 자기 평가를 보존하기 위해 끊임없이 과거를 수정하는 전체주의적 자아에 의해 지배를 받는다. 마이크 야코넬리(Mike Yaconelli)의 주장처럼 우리 정신의 재구성 능력 때문에 우리는 "모든 움직이는 예화, 모든 매력적인 이야기, 모든 간증이 실제로 일어나지 않았다고(적어도 이야기하는 사람이 말한 것처럼 일어나지는 않았다고) 확신한다." 기독교계 슈퍼스타가 하는 모든 일화는 재구성된 이야기다. 이것은 상대적으로 평범한 우리의 일상적 삶 때문에 환멸을 느끼는 시대에 기억할 만

한 주장이다.[1]

계속해서 마이어스와 지브스는 다니엘 4장과 완벽히 조화를 이루는 방식으로 교만의 심각한 결과를 지적한다.

> 성경에서는 우리에게 자기 의에 기초한 교만—우리를 하나님한테서 소외시키고 서로를 경멸하게 만드는 교만—에 대해 경고한다. 인종주의와 성 차별주의, 민족주의, 한 집단이 자신을 다른 집단보다 더 도덕적이거나 더 훌륭하거나 더 유능하다고 생각하게 만드는 모든 종류의 치명적인 집단적 우월주의의 핵심에는 이러한 교만이 자리 잡고 있다. 우리의 개인적, 집단적 성취에 대해 자랑스러워하고 그것에 대한 공적을 취하는 태도의 이면에는 가난한 이들의 가난을 그들의 탓으로 돌리고 억압당하는 이들의 억압을 그들의 탓으로 돌리는 태도가 자리 잡고 있다.[2]

우리는 모두 무언가를 건설하고 있다. 그것은 우리 자신의 작은 제국일 수도 있고, 그저 작은 둥지일 수도 있다. 우리의 경력이나 계획, 사업일 수도 있다. 우리가 이른바 전업으로 기독교 사역을 하고 있다면 우리의 '사역'일 수도 있다. 안타깝게도 느부갓네살 콤플렉스가 우리가 하나님을 위해 하고 있다고 믿는(혹은 주장하는) 일까지 감염시킬 수 있다. 하나님이 느부갓네살을 사용하실 수 있으시다면, 자신의 이익을 위해 '하나님을 이용하는' '느부갓네살들'이 존재하는 것 역시 사실이다.

실제로 하나님이 우리에게 더 많은 것을 주실수록—우리의 타고

난 은사와 성령의 은사가 더 클수록, 하나님이 우리에게 건설할 자원을 더 많이 주실수록— 작은 느부갓네살들처럼 행동하려는 유혹이 더 커진다. 감사하게도 내가 목사 안수를 받고 사역하던 초기에(내가 어떤 것들을 어느 정도 잘한다고 칭찬과 존경을 받기 시작하던 시점에) 어떤 분이 나에게 "크리스, 자네가 더 많은 은사를 받을수록 더 많이 위험하다는 것을 명심하게"라고 말해주었다. 참으로 정신이 번쩍 들게 하는 말이다.

기독교 사역과 선교에 임하는 사람 중 일부가 부풀어진 자아와 놀라운 은사로 교만이라는 우상을 섬기고 있다는 것은 비극적인 일이다. 사람들은 많은 말로 그렇게 말하지 않을지도 모르지만 표면 바로 아래에서는 느부갓네살의 태도를 그대로 되풀이한다.

> 이것은 내가 건설한 위대한 기관이 아닌가?
> 이것은 내가 시작한 위대한 운동이 아닌가?
> 이것은 내가 설립에 이바지한 위대한 선교 기관이 아닌가?
> 이것은 내가 (물론 하나님의 도움으로) 번창하도록 도운 위대한 회사가 아닌가?
> 이것은 젊은 목회자였던 내가 개척해서 지금처럼 대형교회로 성장시킨 위대한 교회가 아닌가?

너무나도 많은 기독교 재단과 기금, 대학, 학교, 사역 기관, 선교 단체들이(대개는 훨씬 더 큰 영향력을 위해 마지막에 '국제'나 '법인'이라는 단어를 끼워 넣으면서) 설립자의 이름 위에 세워졌다는 사실이 나를 불편하게 만든다. 마르틴 루터는 사람들이 교회를 자신의 이름으로 부른다는 것에 대해 대단히 슬퍼했다. 그리스도께서 유일한 주이시기에 그는 '루터'교회가 존재하기를 바라지 않았다. 사도 바울조차도 고린도인들이 사람의 이름을 잘못 사용해 당파주의와 교만을 위한 명칭으로 삼는다고 책망했다. 오래전에 랭엄 파트너십의 미국 지부가 설립자의 이름을 따서 존 스토트 미니스트리즈라는 이름을 사용하겠다고 결정했다. 그가 참석하지 않은 상태에서 이사회가 내린 결정이었고, 존 스토트 자신은 이를 좋아하지 않았다(다만 그는 이사회가 제시한 이유—이를 통해 많은 미국인이 더 적극적으로 랭엄의 사역을 이해하고 지원할 수 있을 것이라는 이유— 때문에 이를 받아들였다). 그리고 그는 죽기 직전에 이사회에게 자신이 죽은 후에는 이 명칭을 사용하지 말고 미국 랭엄 파트너십(Langham Partnership USA)으로 명칭을 다시 바꿔달라고 요청했다—그리고 그들은 요청에 따라 명칭을 바꿨다. 그는 교회의 유익과 그리스도의 영광을 위해 자신이 시작했던 사역을 통해 자신의 이름이 영광을 얻기를 절대 바라지 않았다.

여기서 우리는 엄격할 정도로 정직해야 한다. 그것이 주를 위한 일이며 주께 바치는 일일 때조차도 자신의 업적에 대해 자랑하고자 하는(혹은 적어도 교묘하게 즐거워하는) 교만의 유혹을 피할 수 없다. 나는 그것을 제거할 방법을 찾아내지 못했다. 내가 쓰는 이 책이 하나님의 사람들에게 복이 되고, 은총과 성장의 수단이 되어 그들이 그리스도께 영광을 돌리게 해달라고 기도하지만, 이 책 표지에 내 이름이 인쇄되는 것을 보면서 기뻐할 것을 인정하지 않을 수 없다. 기독교 집회에서 강연할 때 하나님의 영광을 위해 설교하고 가르치기를 원하지만(끊임없이 이를 위해 기도하지만), 순서지에 내 이름이 인쇄된 것을 보는 것을 즐긴다는 것을 부인한다면 정직하지 못한 것이다. 사람들이 내가 했던 발표나 설교, 강연에 대해 칭찬하고 고마워하며 친절한 말을 할 때 내 마음이 훈훈해진다. 어떻게 그렇지 않을 수 있겠는가? 나는 다른 모든 죄인과 마찬가지로 인간이며 칭찬에 약하고 자축하기를 좋아한다.

그러면 어떻게 해야 할까? 나는 두 가지가 경건하지 못한 교만의 유혹에 맞서 유익한 균형을 잡아준다고 생각한다. 하나는 존 스토트가 좋아했던 격언을 기억하는 것이다. 그는 "아첨은 담배 연기와 같다. 들이마시지 않는다면 당신에게 아무런 해가 되지 않는다"라고 말하곤 했다. 나는 이 격언에 대한 현학적이며 정치적으로 올바른 비판이 존재할 수도 있다고 생각한다. 하지만 이 말은 중요한 지적을 하고 있다. 사람들이 당신을 칭찬할 때 그것이 당신 내면의 생각 안으로 가라앉아서 교만이라는 암을 일으키도록 내버려 두지 말라. 그것을 들이마시지 말라! 존 스토트에게는 분명히 효과가 있었다. 그는 대부분의 사람보다 더 많은 칭찬과 아첨을 받았을 테지만, 당신이 만나볼 수 있는 사람 중에 가장 겸손하고 그리스도를 닮은 그리스도인 중 한 사람으로 남아있었다 (또한 보편적으로 그렇게 인정받았다).

또 다른 대항 전략은 (말로든, 글로든) 칭찬의 말이 찾아올 때마다 위를 올려다보는 습관을 기르는 것이다. 내 경우는 마음속으로 손을 올리면서 그 칭찬을 위에 계신 하나님께 돌린다. 나는 "주님, 여기 있습니다. 받으십시오. 내가 가지고 있으면 나에게 아무런 유익도 되지 않을 것입니다. 어쨌든 영광을 받으실 분은 주님이십니다"라고(물론 누군가가 나에게 칭찬의 말을 하고 있다면 들리지 않게) 말한다. 나는 이 습관이 교만의 유혹을 감사의 기회로 바꾸어주며 훨씬 유익한 마음가짐을 갖게 해준다고 생각한다. 그런 다음 나는 그분이 다른 이들에게 그들을 축복할 수 있는 무언가를 줄 수 있는 능력을 나에게 주신 것에 대해 감사할 수 있다. 그리고 하나님께 감사함으로써 모든 죄악 된 자기만족을 상쇄할 수 있다.

교만의 유혹, 자신의 이익, 성공, 평판을 위해 뭔가를 계획하고 건설하고자 하는 유혹으로부터 자유로운 사람은 아무도 없다. 이 보편적인 경향성을 정직하게 인정하고 고백하고 하나님 앞에 드러내 놓을 때만 우리는 하나님과 다른 사람들 앞에서 겸손하게 살 수 있다. 그렇게 하지 않으면 우리는 느부갓네살처럼 하나님이 유쾌하지 않은 방식으로 개입하셔서 우리를 겸손하게 만드시고 우리가 다시 제정신을 차리게 만드셔야만 한다는 것을 깨닫게 될 것이다. 그리고 이 이야기는 그분이 정말로 그렇게 할 수 있으심을 보여준다.

따라서 이 연극의 다음 장에서 하나님은 느부갓네살로 하여금 제정신을 차리게 하려고 마지막으로 두 가지 낯익은 도구, 즉 충분히 검증된 방법인 꿈과 믿을 수 있는 전령인 다니엘을 사용하신다. 2장에서처럼 느부갓네살은 그의 무사안일한 태도를 박살 내는 이상하고 위협적인 악몽 때문에 근심한다. 갑작스러운 변화에 주목하라.

> 나 느부갓네살이 내 집에 편히 있으며 내 궁에서 평강할 때에 한 꿈을 꾸고 그로 말미암아 두려워하였으니 곧 내 침상에서 생각하는 것과 머리 속으로 받은 환상으로 말미암아 번민하였었노

라. 이러므로 내가 명령을 내려 바벨론의 모든 지혜자들을 내 앞으로 불러다가 그 꿈의 해석을 내게 알게 하라 하였더라. 그 때에 박수와 술객과 갈대아 술사와 점쟁이가 들어왔으므로 내가 그 꿈을 그들에게 말하였으나 그들이 그 해석을 내게 알려 주지 못하였느니라 (그 후에 다니엘이 내 앞에 들어왔으니 그는 내 신의 이름을 따라 벨드사살이라 이름한 자요, 그의 안에는 거룩한 신들의 영이 있는 자라.) _단 4:4~8

바빌로니아의 똑똑한 사람들이 다들 모여 꿈을 해석하려고 했지만, 예상할 수 있듯이 그들은 지난번처럼 느부갓네살의 악몽을 해석할 능력이 없었다(적어도 이번에는 그들에게 어떤 꿈이었는지를 말해줬지만, 그것도 도움이 되지 않았다). 따라서 그들이 훨씬 더 빨리 퇴장하고 다니엘이 무대에 등장하자 청중은 기대감에 숨죽여 속삭인다.

도전하는 다니엘

_ 다니엘 4:9~27

느부갓네살은 지체하지 않고 다니엘에게 꿈을 이야기한다.

> 박수장 벨드사살아 네 안에는 거룩한 신들의 영이 있은즉 어떤 은밀한 것이라도 네게는 어려울 것이 없는 줄을 내가 아노니 내 꿈에 본 환상의 해석을 내게 말하라. 내가 침상에서 나의 머리 속으로 받은 환상이 이러하니라. 내가 본즉 땅의 중앙에 한 나무가 있는 것을 보았는데 높이가 높더니 그 나무가 자라서 견고하여지고 그 높이는 하늘에 닿았으니 그 모양이 땅 끝에서도 보이겠고 그 잎사귀는 아름답고 그 열매는 많아서 만민의 먹을 것이 될 만하고 들짐승이 그 그늘에 있으며 공중에 나는 새는 그 가지에 깃들이고 육체를 가진 모든 것이 거기에서 먹을 것을 얻더라. 내가 침상에서 머리 속으로 받은 환상 가운데에 또 본즉 한 순찰자, 한 거룩한 자가 하늘에서 내려왔는데 그가 소리 질러 이처럼 이르기를, "그 나무를 베고 그 가지를 자르고 그 잎사귀를 떨고 그 열매를 헤치고 짐승들을 그 아래에서 떠나게 하고 새들을 그 가지에서 쫓아내라. 그러나 그 뿌리의 그루터기를 땅에 남겨 두

고 쇠와 놋줄로 동이고 그것을 들 풀 가운데에 두어라.

"그것이 하늘 이슬에 젖고 땅의 풀 가운데에서 짐승과 더불어 제 몫을 얻으리라. 또 그 마음은 변하여 사람의 마음 같지 아니하고 짐승의 마음을 받아 일곱 때를 지내리라.

"이는 순찰자들의 명령대로요 거룩한 자들의 말대로이니 지극히 높으신 이가 사람의 나라를 다스리시며 자기의 뜻대로 그것을 누구에게든지 주시며 또 지극히 천한 자를 그 위에 세우시는 줄을 사람들이 알게 하려 함이라" 하였느니라.

나 느부갓네살 왕이 이 꿈을 꾸었나니, 너 벨드사살아 그 해석을 밝히 말하라. 내 나라 모든 지혜자가 능히 내게 그 해석을 알게 하지 못하였으나 오직 너는 능히 하리니 이는 거룩한 신들의 영이 네 안에 있음이라. _단 4:9~18

왕의 꿈에 대한 다니엘의 반응에는 두 가지 놀라운 특징이 있다.

그의 목회적 관심

다니엘 2장에서 왕이 불면증에 걸린 결과로 다니엘과 느부갓네살 사이에 형성된 유대 관계는 그의 통치 내내 지속된 것으로 보인다. 다시 한번 우리는 다니엘이 자신의 고향을 파괴하고 자신의 도성을 황폐하게 하고 자기 민족을 유배시킨 사람을 그토록 자유롭게, 그토록 기꺼이, 그토록 유능하게 섬겼다는 사실에 대해 놀랄 수밖에 없다. 구약에서 "네 원수를 사랑하라"라는 가르침을 이보다 더 잘 실천한 예를 찾아볼 수 없을 것이다. 다니엘은 억지로 바빌로니아 주민이 되었을 뿐이다. 그는 그곳으로 보내 달라고 부탁한 적이 없었다. 기껏해야 징집된 선교사일 뿐이었다. 그는 영원히 원한에 사무쳐 바빌로니아의 상사와 이웃들을 향해 불만과 적개심을 품은 채 살아갈 수도 있었다. 하지만 그는 그렇게 살지 않았다. 그리고 그는 스스로 주변 사람들에게 인기 없는 사람이 되지 않았기에 이 번민하는 이교도 왕에게 하나님의 말씀을 전할 수 있었다.

나는 다니엘의 삶이 "너를 박해하는 사람들을 위해 기도하라"라는 예수의 명령을 실천한 실례라고 생각한다. 물론 증거는 없지만, 나는 다니엘이 첫 망명자 중 한 사람이었기에 예루살렘이 최종적으로 파괴되기 전에 예레미야가 바빌로니아에 잡혀간 포로들에게 보낸 편지에서 **바빌로니아를 위해 기도하라**고 당부하는 내용을 읽었을 가능성이 크다고 생각한다! 그 자체로도 틀림없이 충격적인 조언이었을 것이다. 포로로 잡혀 온 사람들은 바빌로니아를 위해서 기도하는 것은 말할 것도 없고 바빌로니아에서 기도하는 것이 과연 가능할지 모르겠다고 생각했다(분명히 그들은 거기서 그들의 노래를 부를 수 없다고 느꼈다. 시 137:1~4). 하지만 예레미야는 그들에게 그것이 그들이 계속 실천해야 할 사명, 즉 열방 중에서 복의 통로가 되어야 할 아브라함의 사명이라고 말했다.

> 만군의 여호와 이스라엘의 하나님께서 예루살렘에서 바벨론으로 사로잡혀 가게 한 모든 포로에게 이와 같이 말씀하시니라. "… 너희는 내가 사로잡혀 가게 한 그 성읍의 평안을 구하고 그를 위하여 여호와께 기도하라. 이는 그 성읍이 평안함으로 너희

도 평안할 것임이라." _렘 29:4, 7

우리는 다니엘이 매일 세 차례 기도하는 습관을 지닌 기도의 사람이었음을 알고 있다(단 6:10). 느부갓네살이 그의 첫 번째 기도 제목이었을지도 모른다. 다니엘에게 왕을 섬기는 것은 사실 그 왕을 세우신 하나님을 섬기는 수단이었고, 이것은 규칙적인 기도를 통해 형성되고 보존된 관점이었다. 기도는 우리의 생각을 바르게 하며 다니엘한테서 볼 수 있는 이런 성숙함을 길러준다. 그는 복수에 대한 열망이나 단순한 인종적, 종교적 증오를 극복해냈다. 당신이 날마다 누군가를 위해 기도한다면 계속해서 그를 미워하기가 어렵다.

느부갓네살이 자신의 꿈을 이야기하는 것을 들으면서 다니엘은 다시 한번 이 이교도 왕에게 말씀하시는 하나님의 음성을 분별할 수 있었다.

하지만 잠깐 다니엘의 입장이 되어 당신이 듣고 있는 것에 대해 생각해보라. 지금 당신은 서서 거대한 나무가 잘리고, 누군가가 쫓겨나서 소들과 함께 풀을 먹고, 어떤 음성이 들려 그에 대한 하나님의 심판을 선언하는 꿈에 관해 듣고 있다. … 그리고 갑자기 **이 모든 것이 당신에게 자신의 꿈을 말해주고 있는 그 사람**(왕 자신)**에게 적용된다**는 것을 깨닫는다.

느부갓네살이 잘릴 것이다!

속으로 환호하지 않았겠는가? "그렇지! 드디어!"라고 생각하지 않았겠는가? "하나님, 지금까지 살아남아서 하나님이 나의 원수에 대해, 하나님의 거룩한 도성을 약탈하고 하나님의 성전을 불태운 이 짐승 같은 사람에게 복수하시는 것을 볼 수 있게 해주시니 감사합니다"라고 혼잣말을 말하지 않았겠는가? 완벽히 이해할 만한 반응이다. 하지만 다니엘은 그렇게 반응하지 않았다.

> 벨드사살이라 이름한 다니엘이 한동안 놀라며 마음으로 번민하는지라. 왕이 그에게 말하여 이르기를, "벨드사살아, 너는 이 꿈과 그 해석으로 말미암아 번민할 것이 아니니라."
> 벨드사살이 대답하여 이르되, "내 주여 그 꿈은 왕을 미워하는 자에게 응하며 그 해석은 왕의 대적에게 응하기를 원하나이다!"
> _단 4:19

다니엘은 깜짝 놀랐다. 말을 할 수 없었다. 차마 왕에게 말할 수 없었다. 그는 (아마도 왕이 속으로 듣고 싶어 했던 대로) 그 꿈이 느부갓네살의 원수들에게 적용되기를 바란다고 쓸쓸히 말할 수 있을 뿐이었다. 하지만 그게 아니라는 것을 다니엘은 알고 있었다. 이것은 느부갓네살에게 일어날 일이며, 충실하게 해석되어야 한다. 하지만 그는 주저하면서 목회적으로 이 꿈을 설명했다. 다니엘은 악의와 복수를 극복하고 악인들의 파멸에 대해 기뻐하지 않을 수 있었다. 나는 이것이 기도하며 하나님과 많은 시간을 보냄으로써 점점 더 그분을 닮아가는 사람의 특징이라고 생각한다(겔 33:11).

우리가 우리 안의 교만을 어떻게 다루느냐가 우리의 성숙함에 대한 시험이라면, 이 원리는 우리가 다른 이들의 교만이나 그런 교만의 몰락을 다뤄야만 할 때도 똑같이 적용된다. 복수를 향한 본능은 대단히 강하다. 우리는 오만하지만 번성하는 사람들의 콧대가 꺾이는 것을 간절히 보고 싶어 한다. 하지만 그럴 때 우리는 어떻게 반응하는가? 그럴 때 비로소 우리 마음의 참된 동기가 드러난다. 자기 의에 사로잡혀 우리가 다른 인간의 연약함에 대해 기뻐하는 사람인지, 그리스도처럼 자신을 배반하고 부인한 사람들에 대해서도 슬퍼하는 사람인지가 드러나게 된다.

그의 예언자적 용기

다니엘이 꿈을 신실하게 해석하고, 세상에서 가장 권력을 지닌 사람에게 "이 나무는 곧 왕이시라"(22절)라고 말하고, 왕에게 그가 곧 들에서 짐승과 함께 음식을 먹게 될 것이라고 말하고, 언제나 자신이 만든 신상의 꼭대기에서 아래에 있는 자기보다 비천한 사람들을 내려다보는 데에 익숙하던 이 '금 머리'에게 자신보다 더 높으신 왕을 올려다보고 그분을 인정해야 한다고 말하고, 그에게 너무 늦기 전에 지극히 높으신 하나님의 통치에 관심을 돌리게 하기 위해서는 용기가 필요했다. 다니엘은 "사랑 안에서 진리를 말하라"(엡 4:15)는 신약의 또 다른 명령을 실천한 구약의 실례다.

하지만 다니엘이 그다음에 했던 말을 하기 위해서는 훨씬 더 큰 용기가 필요했다. 그는 꿈과 그 일부를 이룬 말을 있는 그대로 해석했다. 하지만 이제 그는 위험을 무릅쓰고 자기 생각을 말한다.

"그런즉 왕이여 내가 아뢰는 것을 받으시고…." _단 4:27

느부갓네살은 아무런 조언도 구하지 않았다. 그는 그저 꿈을 해석해달라고 말했을 뿐이며, 해몽만 듣고도 이미 못마땅한 기분이었을 것이다. 그는 쓸데없는 조언이 아니라 독한 술이 필요하다고 생각했을 것이다. 하지만 다니엘은 담대하게 말을 이어간다. 나는 이를 통해 다니엘은 왕이 자신을 존중한다고 확신했으며, 또한 그만큼 다니엘이 왕에 대해 목회적 관심을 지니고 있었고, 개인적으로 그를 존경하고 있었음을 알 수 있다고 생각한다. 그리고 이 말을 하기 위해서 다니엘은 한 예언자가 하나님의 말씀을 전하는 데 필요한 모든 능력을 동원해야만 했다. 하지만 이것은 다니엘에게 익숙하지 않은 상황이었다. 그는 전문적인 예언자가 아니었다. 그는 정부 관리였으며, 정부 관리들은 대개 위험을 무릅쓰고 군주에게 대담하게 자신의 의견을 밝히려고 하지 않는다. 의견을 개진했다가 위험에 빠질 수도 있고, 특히 의견을 구하지도 않았을 때는 더욱 위험하다. 이런 상황에서는 대개 "네 의견이 필요하면 내가 먼저 너에게 물었겠지"라는 말을 듣게 될 것이다. 하지만 다니엘은 침착하게 말을 이어간다.

다니엘은 바빌로니아 제국의 영광의 아픈 부위, 즉 인간 억압과 착취라는 관점에서 발생한 사회적 비용을 직접 건드린다. 다니엘은 예언자 하박국이 바빌로니아에 관해 말하면 하나님의 책망과 심판의 말을 전할 때 비판했던 바를 직접 알고 있었다.

> 화 있을진저 자기 소유 아닌 것을 모으는 자여 언제까지 이르겠느냐 볼모 잡은 것으로 무겁게 짐진 자여!…
> 재앙을 피하기 위하여 높은 데 깃들이려 하며
> 자기 집을 위하여 부당한 이익을 취하는 자에게 화 있을진저!…
> 피로 성읍을 건설하며 불의로 성을 건축하는 자에게

화 있을진저! _합 2:6, 9, 12

이것이 바로 느부갓네살이 하던 행동이었다. 다니엘은 이렇게 강력하고 예리한 말로 왕에게 개인적인 회개와 사회 개혁을 촉구할 용기가 있었다. 아모스 같은 예언자는 이런 다니엘을 자랑스러워했을 것이다.

그런즉 왕이여 내가 아뢰는 것을 받으시고 공의를 행함으로 죄를 사하고 가난한 자를 긍휼히 여김으로 죄악을 사하소서 그리하시면 왕의 평안함이 혹시 장구하리이다. _단 4:27

다니엘은 하나님이 보시기에 느부갓네살이 단순히 개인적 교만과 오만한 망상의 죄뿐 아니라 사회적 영역에서 실제적, 실천적 불의와 억압의 죄를 범하고 있다고 분명히 말하는 셈이다. 따라서 그를 향한 하나님의 말씀은 단지 "너의 죄를 고백하고 너의 태도를 바꾸라"가 아니었다. 느부갓네살에게는 근원적인 마음의 변화가 필요했고, 공식적인 국가 정책의 변화로 이를 입증해야 했다. 그는 착취를 정의와 친절로 바꾸어야 했다. 그는 바빌로니아의 영광의 어두운 이면이었던 빈곤과 억압을 해소하기 위해 무언가를 행해야 했다.

30절에서 느부갓네살이 하는 말에는 날카로운 아이러니가 존재한다. "이 큰 바빌로니아는 내가 건설하지 않았느냐?" **정말 그가 건설했을까?** 느부갓네살은 아마도 평생 벽돌 한 장 들어보지 않았을 것이다. 바빌로니아를 건설한 것은 *그가* 아니다. 이 나라는 이름도 없는 수많은 억압받는 노예와 이민자, 이 나라의 가난한 사람들의 땀에 의해 건설되었다. 역사상 타락한 인류의 모든 오만한 문명이 그렇듯이 민중의 노동력에 의해 건설되었다.

하지만 다니엘의 하나님은 소돔과 고모라에서 올라오는 절규를 들으셨듯이(창 18:20, 21, 겔 16:49), 이집트에서 고통당하던 그분의 백성의 신음을 들으셨듯이(출 2:23, 24) 보고 듣고 관심을 기울이셨다. 그의 귀가 하나님의 마음에 조율되어 있던 다니엘 역시 가난하고 억압받는 이들에 대한 헌신을 그분의 영적 유산, 역사, 예배의 일부로 삼으시는 하나님의 심장 박동을 느꼈다.

> [여호와께서는] 억눌린 사람들을 위해 정의로 심판하시며
> 주린 자들에게 먹을 것을 주시는 이시로다.
> 여호와께서는 갇힌 자들에게 자유를 주시는도다.
> 여호와께서 맹인들의 눈을 여시며
> 여호와께서 비굴한 자들을 일으키시며
> 여호와께서 의인들을 사랑하시며
> 여호와께서 나그네들을 보호하시며
> 고아와 과부를 붙드시고
> 악인들의 길은 굽게 하시는도다.
> 시온아, 여호와는 영원히 다스리시고
> 네 하나님은 대대로 통치하시리로다.
> 할렐루야. _시 146:7~10

따라서 이제 주 하나님이 바벨로니아에서 무슨 일이 일어나고

있는지를 아시고 왕에게 책임을 물으신다. 그리고 이 상황에서 그분은 예언자가 이스라엘 왕에게 하는 말처럼 예리하지만 훨씬 더 짧은 말씀을 하신다.

우리는 다니엘의 삶에서 너무나도 극적인 이 순간을 놓쳐서는 안 된다. 아마도 그가 선호하지 않았을 호칭('박수장'- 9절)을 갖고 있기는 했지만, 정부 관리에 불과했던 그가 나라의 최고 권력자 앞에 서서 하나님의 이름으로 국가 정책의 전반적인 사회적, 경제적 방향에 관해 그에게 도전하고 있다. 사람들은 그보다 훨씬 덜 중한 일로도 목숨을 잃었다. 세례 요한은 결혼에 관해 비열한 왕을 비판했다는 이유로 목숨을 잃었다! 다니엘은 도전할 뿐 아니라 나라의 우두머리에게 회개하라고 말했으며, 게다가 회개하지 않으면 그가 수치를 당하게 될 것이라고 분명히 위협했다. 그의 말에 공식적인 정치적 공손함("내가 아뢰는 것을 받으시고")이 덧대져 있기는 했지만, 치명적인 비판으로 가득 차 있었다. 다니엘은 정부의 사회적 악함에 대해 왕을 비판하면서 그에게 과감하게 개혁을 추진할 것을 촉구했고, 그렇지 않으면 풀을 먹는 벌을 받게 될 것이라고 경고했다.

이 이야기의 마지막에 이르렀을 때 느부갓네살이 마침내 자신이 만난 하나님에 관해 인정하는 한 가지 사실은 그분의 공의다. "그의 일이 다 진실하고 그의 행하심이 의로우시므로"(단 4:37). 이는 곧 느부갓네살이 하나님께 복종하고 나서 이제 자신이 무엇을 해야 하는지를 알고 있다는 뜻으로 볼 수 있다. 그는 자신의 지상 나라의 일을 처리함에 있어서 하늘의 하나님의 성품을 반영해야 한다. 누가 그의 머릿속에 그런 생각을 집어넣었는가? 오래전에 다니엘이 그랬다. 다니엘은 왕에게 진리를 말할 용기를 가지고 있었을 뿐 아니라 **그것을 말할 위치에도 있었다.** 다시 말해서, 다니엘은 평생 이 이방 나라의 세속 정부에서 신실하게 공직 생활을 해왔기에 이런 도전과 책망의 말을 할 수 있었고, 결국에는 이 말이 왕을 회심으로 이끌었다. 이것은 즉각적인 성과에 익숙한 우리에게 어떻게 들리는가? 다니엘은 평생 세속적인 직업에서 일한 후에야 꼭 맞는 시간에 꼭 필요한 사람에게 예언자적인 도전의 말을 할 수 있는 단 한 순간의 기회를 얻었다.

다니엘 1장에서 다니엘과 그의 세 친구가 어렸을 때 했던 결정을 돌아보면 이 결정에 얼마나 많은 것들이 달려 있었는지를 이해할 수 있다. (아마도) 국가에 전적인 충성을 바치는 것과 연관된 문제에 대해 "아니오"라고 말하겠다는 그들의 결정으로 그들은 맹렬히 타오르는 풀무불에 들어가게 되었지만, 거기서 그들은 자신들의 하나님의 능력을 증명했다. 훈련 프로그램과 공직에 대해 "예"라고 말하겠다는 그들의 결정 덕분에 다니엘은 최고의 정치 권력자에게 예언자적인 말을 해야만 할 때 꼭 맞는 시간에 꼭 맞는 장소에 있게 되었다.

만약에 다니엘이 공직이 시작될 때 "예"라고 말하지 않았다면 그는 말할 자리에 가지 못했을 것이다. "아니오"라고 말하지 않았다면 그런 도전적인 말을 할 정도로 비판적인 거리를 유지하지 못했을 것이다. 그와 그의 친구들이 공적이며 세속적인 삶을 아예 거부했다면 그것에 대해 아무런 영향도 미치지 못하고 아무런 증언도 하지 못했을 것이다. 그들은 세상 안에 있었지만, 세상에 영혼을 팔지는 않았다. 따라서 이 장은 비판적 독특성을 유지하면서 의미 있는 방식으로 영향을 미치기 위해서는 세상의 여러 양상에 대해 "예"라고 말해야 할 때도 있고 "아니오"라고 말해야 할 때도 있다는 것과 이와 관련해서 그들이 1장에서 분별해낸 결정이 옳았음을 보여준다. 이에 관해 분별하기 쉽거나 명백한 경계가 존재하는 것은 아니다. 하지만 이러한 실천적인 분별과 그에 입각한 행동에 많은 것이 달려 있다.

나는 이것이 세속적인 세상 안에서 일하는 그리스도인들에게 엄청난 격려가 되는 말이라고 믿는다. 처음에는 영국 국교회에서 안수받은 목회자로서 일했고, 그다음에는 인도에서 선교사로 일하며 그곳의 기독교 대학에서 일했으며, 그다음에는 교차문화적 선교를 위해 훈련을 받는 사람들의 공동체 안에서 지냈고, 지금은 다수 세계 교회와 신학교 안에서 하나님의 말씀 사역을 강화하기 위해 노력하는 기관 안에서 일하고 있는 나는 기독교적인 환경에서 비겁한 삶을 살아왔으며, 따라서 모든 종류의 세속적인 직업을 가지고 살아가는 그리스도인들, 특히 모든 종류의 공적, 정치적 직무에 종사하는 사람들을 깊이 존경한다. 여러분들이 바로 예수께서 말씀하신 그 의미에서 진정한 '세상의 소금'이다. 여러분들은 "어그러지고 거스르는 세대 가운데서"(빌, 12:15, 아마도 단 12:3을 반영하는 구절) 부패에 맞서고 빛으로서 비추는 사람들이다. 여러분들은 제대로 자리를 잡고 있는(in situ) 다니엘들이다.

사실 우리를 둘러싼 세상에 관해 훨씬 더 중요한 것은 이른바 평신도 그리스도인들의 존재와 신실한 노동과 증언임에도 교회는 정말 중요한 것이 '목회 사역'이나 '선교 사역'이라는 인상을 받게 하는 경우가 종종 있다. 그러므로 나는 일반적으로 목회자나 신학생들의 집회보다는 세속적인 직업을 가지고 있는 그리스도인들이 모인 수련회에서 강연하는 쪽을 선호한다. 거기에는 현실 감각이 존재한다. 날카롭고 거친 삶의 모서리에 대한 자각이 있다. 괴로운 진퇴양난과 씨름하는 사람들이 있다. 또한 길들여진 신학자가 현실의 문제를 다루지 않는 모호한 대답으로 상황을 회피하도록 내버려 두지 않겠다는 건전한 태도가 있다.

그리고 그런 사람들에게 나는 언제나 하나님의 세상 속에서 행하는 사역과 선교는 너무나도 중요하기에 목회자와 선교사들한테만 맡겨둘 수 없다는 것을 깨달아야 한다고 말한다. 다니엘에게는 하나의 사명이 있었고, 그것을 성취하기까지 평생 공직에서 열심히 일해야 했다. 왕에게 존중받는 사람이 되어야 했고, 왕에게 말할 수 있는 자격을 갖춰야 했다. 그리고 마침내 때가 왔을 때 담대하게 하나님의 이름으로 해야 할 말을 할 수 있었다. 그러므로 하나님이 당신을 어디에 두셨든지, 당신이 날마다 하는 힘들고 단조로운 일이 무엇이든지, 그곳을 당신이 점화 플러그가 되어야 하는 곳으로 이해하라. 거기에서 하나님 말씀의 능력이 폭발해 그 틈을 건너뛰어 세속적인 세상 속으로 전해질 것이다.

겸손하게 하시는 하나님

_ 다니엘 4:28~37

하나님은 느부갓네살에게 열두 달, 즉 꼬박 1년 동안 그의 꿈과 그 꿈에 대한 다니엘의 담대한 해석이 지닌 함의에 따라 행동할 시간을 주셨다. 그가 받은 조언과 경고에 대한 반응으로 무언가를 할 시간이 주어졌다. 하지만 그는 그것을 완전히 무시했다. 29절과 30절을 보면 그가 전혀 바뀌지 않았음을 알 수 있다.

> 열두 달이 지난 후에 내가 바벨론 왕궁 지붕에서 거닐새 나 왕이 말하여 이르되, "이 큰 바벨론은 내가 능력과 권세로 건설하여 나의 도성으로 삼고 이것으로 내 위엄의 영광을 나타낸 것이 아니냐?" 하였더니. _단 4:29~30

마침내 하나님이 이 사람을 겸손하게 만들고 그에게 제정신이 들게 하려고 마지막 행동을 취하신다. 느부갓네살은 자신이 인간 이상이라는 망상을 하고 있었고, 따라서 하나님은 일종의 시적 정의로서 그에게 인간 이하라는 망상을 보내셨다! 자신이 특정한 동물이라고 생각하고 그렇게 행동하는 망상은 잘 알려진 정신 질환의 일종이다.

이 말이 아직도 나 왕의 입에 있을 때에 하늘에서 소리가 내려 이르되, "느부갓네살 왕아 네게 말하노니 나라의 왕위가 네게서 떠났느니라. 네가 사람에게서 쫓겨나서 들짐승과 함께 살면서 소처럼 풀을 먹을 것이요, 이와 같이 일곱 때를 지내서 지극히 높으신 이가 사람의 나라를 다스리시며 자기의 뜻대로 그것을 누구에게든지 주시는 줄을 알기까지 이르리라" 하더라.
바로 그 때에 이 일이 나 느부갓네살에게 응하므로 내가 사람에게 쫓겨나서 소처럼 풀을 먹으며 몸이 하늘 이슬에 젖고 머리털이 독수리 털과 같이 자랐고 손톱은 새 발톱과 같이 되었더라.
_단 4:31~33

하나님이 꿈에 나타난 위협을 실행하시기까지 열두 달을 지체하셨다는 사실을 통해 하나님도 망설이셨음을 알 수 있다. 하나님은 하나님의 형상으로 창조된 인간을 금수의 수준으로 내려가게 하시는 것을 기뻐하지 않으셨다. 하나님은 수치가 아니라 겸손을 원하신다. 하지만 다른 방법이 없다면 그분은 교만한 사람이 수치를 당하여 그를 참된 겸손으로 이끄신다. 그분은 "교만하게 행하는 자"(37절)를 겸손하게 만드실 수 있으실 뿐 아니라 그렇게 하시는 것이 그분이 특징적으로, 전형적으로 행하시는 일이기도 하다(잠 3:34과 이를 적용하는 약 4:1~10을 보라).

하나님은 느부갓네살이 교훈을 배우게 하려고 수치를 당하게 하셨다. "일곱 때"는 의도적으로 모호한 표현이다. 꼭 7년을 뜻한다고 해석할 필요는 없다. 그렇다면 그가 배워야 했던 바는 무엇이었을까? 이 장 전체의 주제를 이루는 세 차례 반복되는 진리, 즉 지극히 높으신 하나님이 인간의 왕국들을 다스리신다는 진리였다. 인간 왕국의 우두머리인 느부갓네살이 하나님의 나라에 맞섰으며, 최소한으로 말해도 그것은 불편한 경험이었다.

느부갓네살도 지극히 높으신 하나님이 하늘에서 다스리신다는 것을 분명히 받아들였을 것이다. 그에 관해서는 의심할 나위가 없다. 신은 그런 존재라고 생각했다. 신이 원하는 대로—거기에 머무는 한— 하늘에서 다스리도록 내버려두자. 하지만 그가 받아들일 수 없는 것은 하늘의 하나님이 땅에서 **다스리신다**는 사실이었다. 하나님의 통치는 인간의 왕국들 사이에서 '묻혀 있다'(earthed). 그의 첫 번째 꿈에서 이 사실이 모든 인간 제국을 쓰러뜨리고 자라서 온 땅을 가득 채운 돌의 모습으로 그를 넘어뜨렸다. 그때 다니엘은 이것이 무너뜨릴 수 없는 하나님의 통치를 묘사한다고 말했다. 하지만 느부갓네살은 이 사실을 아직 받아들이지 않았다. 그는 하늘이 땅에서 다스린다는 것을 받아들이려고 하지 않았다. 그래서 그는 불의와 억압 위에 자신의 도성과 제국을 건설할 자유가 있다고 생각했다. 인간이 더 높은 권위를 의식하지 않고 하나님께 책임을 져야 한다는 것을 생각하지 않고 행동할 때, 우리는 개인적으로도 하나의 사회로서도 서로를 끔찍할 정도로 잔인하게 대하게 된다. 개인의 교만과 국가의 교만이 초월적인 권위에 대한 복종에 의해 견제를 받지 않을 때 걷잡을 수 없이 통제를 벗어나게 된다.

바로 이런 이유로 참된 예수는 많은 사람에게 너무나도 불편했고 여전히 불편하다. 예수는 그 시대의 사람들에게 하나님의 통치가 그들 사이에 있음을 인식할 것을 촉구하셨다. 또한 가르침과 비유를 통해서 그것이 세상의 가치를 전복하는 왕국임을 보여주셨다. 그것은 그분의 민족의 정치적 흐름에 역행했다. 어떤 사람들은 부에 이르게 하고, 다른 사람들은 빚과 가난에 이르게 하는 경제적인 가치에 역행했다. 특정한 범주의 사람들을 배제하고 주변화하는 개인적인 태도와 행동에 역행했다. 그런 왕국에 대처할 유일한 방법은 복종하고 회개하고 그것을 받아들이고 근원적으로 변화된 삶을 사는 것이었다—그렇지 않으면 그 왕국에 저항해 파괴될 수밖에 없다.

오늘날 교회가 사람들에게 공공 정책과 그 사회적 결과에 대한 도덕적 책임을 물음으로써 그들이 하나님 나라의 임재를 인정하도록 할 때 교회는 인기가 없어진다. 어떤 정부도 비판을 유쾌하게 수용하지 않으며, 특히 '정부에 개입하려고 하는 성직자'들에 대해서는 더욱더 달갑게 여기지 않는다. 국가와 정치인들은, 성직자들은 강단에 머물고 영적 문제에 집중하라, 하나님은 하늘에 머무시게 하고 우리가 모두 거기에 이를 때까지 그곳을 따뜻한 상태로 유지하시게 하라고 말하기를 좋아한다. 그렇게 함으로써 우리는 우리에게 책임을 물으실지도 모르는 살아계신 하나님이라는 불편한 관념에 의해 견제를 받지 않은 채 불의한 현재 상태를 보존할 수 있다.

하지만 마지막으로 느부갓네살은 하나님이 그동안 자신을 가르치려고 노력하셨다는 진리를 깨달았다.

> 그 기한이 차매 나 느부갓네살이 하늘을 우러러 보았더니 내 총명이 다시 내게로 돌아온지라. 이에 내가 지극히 높으신 이에게

감사하며 영생하시는 이를 찬양하고 경배하였나니
그 권세는 영원한 권세요
그 나라는 대대에 이르리로다. _단 4:34

겸손하게 만드는 공격을 받은 결과 그가 제정신을 차리게 되었다는 것은 매우 흥미롭다! 교만, 특히 하나님과 그분의 요구를 무시하고도 무사할 것으로 생각하는 교만은 그야말로 일종의 광기다. 하나님의 세상 안에서 살면서 마치 우리가 그것을 소유할 권리가 있는 것처럼 행동하고 그분을 생각하지 않은 채 우리 마음대로 다른 이들을 대하는 것은 미친 짓이다! 마치 하나님이 주일만을 위한 분인 것처럼 우리가 살고 일한다면 우리는 화를 자초하는 셈이다. 하나님은 그렇게 옆으로 물러서 있기를 거부하신다. 우리는 그분 앞에서 겸손히 행해야 하고, 느부갓네살이 정확히 그렇게 말한 것은 아니지만 사실상 그렇게 말했던 것처럼 "나라가 임하시오며 뜻이 하늘에서 이루어진 것 같이 땅에서도 이루어지이다"라고 기꺼이 고백해야 한다.

"교만하게 행하는 자를 [하나님이] 능히 낮추심이라"라는 말씀은 여전히 참되다(37절). 하나님은 우리가 먼저 우리 자신을 낮추는 것을 무한히 더 선호하실 것이다.

벽에 쓰신 글씨 5

다니엘 5장

1 벨사살 왕이 그의 귀족 천 명을 위하여 큰 잔치를 베풀고 그 천 명 앞에서 술을 마시
니라
2 벨사살이 술을 마실 때에 명하여 그의 부친 느부갓네살이 예루살렘 성전에서 탈취
하여 온 금, 은 그릇을 가져오라고 명하였으니 이는 왕과 귀족들과 왕후들과 후궁
들이 다 그것으로 마시려 함이었더라
3 이에 예루살렘 하나님의 전 성소 중에서 탈취하여 온 금 그릇을 가져오매 왕이 그
귀족들과 왕후들과 후궁들과 더불어 그것으로 마시더라
4 그들이 술을 마시고는 그 금, 은, 구리, 쇠, 나무, 돌로 만든 신들을 찬양하니라
5 그 때에 사람의 손가락들이 나타나서 왕궁 촛대 맞은편 석회벽에 글자를 쓰는데 왕
이 그 글자 쓰는 손가락을 본지라
6 이에 왕의 즐기던 얼굴 빛이 변하고 그 생각이 번민하여 넓적다리 마디가 녹는 듯
하고 그의 무릎이 서로 부딪친지라
7 왕이 크게 소리 질러 술객과 갈대아 술사와 점쟁이를 불러오게 하고 바벨론의 지혜
자들에게 말하되 누구를 막론하고 이 글자를 읽고 그 해석을 내게 보이면 자주색
옷을 입히고 금사슬을 그의 목에 걸어 주리니 그를 나라의 셋째 통치자로 삼으리
라 하니라
8 그 때에 왕의 지혜자가 다 들어왔으나 능히 그 글자를 읽지 못하며 그 해석을 왕께
알려 주지 못하는지라
9 그러므로 벨사살 왕이 크게 번민하여 그의 얼굴빛이 변하였고 귀족들도 다 놀라니
라
10 왕비가 왕과 그 귀족들의 말로 말미암아 잔치하는 궁에 들어왔더니 이에 말하여
이르되 왕이여 만수무강 하옵소서 왕의 생각을 번민하게 하지 말며 얼굴빛을 변할
것도 아니니이다
11 왕의 나라에 거룩한 신들의 영이 있는 사람이 있으니 곧 왕의 부친 때에 있던 자로
서 명철과 총명과 지혜가 신들의 지혜와 같은 자니이다 왕의 부친 느부갓네살 왕
이 그를 세워 박수와 술객과 갈대아 술사와 점쟁이의 어른을 삼으셨으니
12 왕이 벨드사살이라 이름하는 이 다니엘은 마음이 민첩하고 지식과 총명이 있어 능
히 꿈을 해석하며 은밀한 말을 밝히며 의문을 풀 수 있었나이다 이제 다니엘을 부
르소서 그리하시면 그가 그 해석을 알려 드리리이다 하니라
13 이에 다니엘이 부름을 받아 왕의 앞에 나오매 왕이 다니엘에게 말하되 네가 나의
부왕이 유다에서 사로잡아 온 유다 자손 중의 그 다니엘이냐

14 내가 네게 대하여 들은즉 네 안에는 신들의 영이 있으므로 네가 명철과 총명과 비
상한 지혜가 있다 하도다
15 지금 여러 지혜자와 술객을 내 앞에 불러다가 그들에게 이 글을 읽고 그 해석을 내
게 알게 하라 하였으나 그들이 다 그 해석을 내게 보이지 못하였느니라
16 내가 네게 대하여 들은즉 너는 해석을 잘하고 의문을 푼다 하도다 그런즉 이제 네
가 이 글을 읽고 그 해석을 내게 알려 주면 네게 자주색 옷을 입히고 금 사슬을 네
목에 걸어 주어 너를 나라의 셋째 통치자로 삼으리라 하니
17 다니엘이 왕에게 대답하여 이르되 왕의 예물은 왕이 친히 가지시며 왕의 상급은
다른 사람에게 주옵소서 그럴지라도 내가 왕을 위하여 이 글을 읽으며 그 해석을
아뢰리이다
18 왕이여 지극히 높으신 하나님이 왕의 부친 느부갓네살에게 나라와 큰 권세와 영광
과 위엄을 주셨고
19 그에게 큰 권세를 주셨으므로 백성들과 나라들과 언어가 다른 모든 사람들이 그의
앞에서 떨며 두려워하였으며 그는 임의로 죽이며 임의로 살리며 임의로 높이며 임
의로 낮추었더니
20 그가 마음이 높아지며 뜻이 완악하여 교만을 행하므로 그의 왕위가 폐한 바 되며
그의 영광을 빼앗기고
21 사람 중에서 쫓겨나서 그의 마음이 들짐승의 마음과 같았고 또 들나귀와 함께 살
며 또 소처럼 풀을 먹으며 그의 몸이 하늘 이슬에 젖었으며 지극히 높으신 하나님
이 사람 나라를 다스리시며 자기의 뜻대로 누구든지 그 자리에 세우시는 줄을 알
기에 이르렀나이다
22 벨사살이여 왕은 그의 아들이 되어서 이것을 다 알고도 아직도 마음을 낮추지 아
니하고
23 도리어 자신을 하늘의 주재보다 높이며 그의 성전 그릇을 왕 앞으로 가져다가 왕
과 귀족들과 왕후들과 후궁들이 다 그것으로 술을 마시고 왕이 또 보지도 듣지도
알지도 못하는 금, 은, 구리, 쇠와 나무, 돌로 만든 신상들을 찬양하고 도리어 왕의
호흡을 주장하시고 왕의 모든 길을 작정하시는 하나님께는 영광을 돌리지 아니한
지라
24 이러므로 그의 앞에서 이 손가락이 나와서 이 글을 기록하였나이다
25 기록된 글자는 이것이니 곧 메네 메네 데겔 우바르신이라
26 그 글을 해석하건대 메네는 하나님이 이미 왕의 나라의 시대를 세어서 그것을 끝

나게 하셨다 함이요

27 데겔은 왕을 저울에 달아 보니 부족함이 보였다 함이요

28 베레스는 왕의 나라가 나뉘어서 메대와 바사 사람에게 준 바 되었다 함이니이다
하니

29 이에 벨사살이 명하여 그들이 다니엘에게 자주색 옷을 입히게 하며 금 사슬을 그
의 목에 걸어 주고 그를 위하여 조서를 내려 나라의 셋째 통치자로 삼으니라

30 그 날 밤에 갈대아 왕 벨사살이 죽임을 당하였고

31 메대 사람 다리오가 나라를 얻었는데 그 때에 다리오는 육십이 세였더라

당신이 회사원이며 목표 실적을 충족하는 데 실패하고 있다면 스스로 "저울에 달아 보니 부족함이 보였다"라고 생각할지도 모른다. 상황이 더 나빠지면 "당신의 날을 세고 있다"라는 말을 들을 수도 있다. 심지어 당신 회사의 "벽에 글이 적혀 있을" 수도 있다. 실패와 임박한 파멸에 관한 세 관용구는 모두 다니엘 5장에서 유래했다. 이 장은 매우 어두운 장이며, 강력한 증언과 행복한 결말을 담고 있는 4장 다음에 오기 때문에 더욱더 어둡게 느껴진다.

벨사살의 신성 모독

_ 다니엘 5:1~9

벨사살 왕이 그의 귀족 천 명을 위하여 큰 잔치를 베풀고 그 천 명 앞에서 술을 마시니라. 벨사살이 술을 마실 때에 명하여 그의 부친 느부갓네살이 예루살렘 성전에서 탈취하여 온 금, 은 그릇을 가져오라고 명하였으니 이는 왕과 귀족들과 왕후들과 후궁들이 다 그것으로 마시려 함이었더라. 이에 예루살렘 하나님의 전 성소 중에서 탈취하여 온 금 그릇을 가져오매 왕이 그 귀족들과 왕후들과 후궁들과 더불어 그것으로 마시더라. 그들이 술을 마시고는 그 금, 은, 구리, 쇠, 나무, 돌로 만든 신들을 찬양하니라. _단 5:1~4

의심할 나위 없이 이 책의 저자는 우리가 적어도 두 측면에서 느부갓네살과 벨사살이 날카롭게 대조된다는 것을 이해하기 원한다.

- 느부갓네살은 (바로 앞 장에서 보았듯이) 건축자였다. 벨사살은 낭비하는 사람이었다. 우리는 그의 왕국 전체가 위협받는 바로 그 시점에 술에 취해 있었으며 무능했음을 알 수 있다. 역사적으로 벨사살은 느부갓네살의 후

계자였던 나보니두스를 대신하는 대리 통치자였을 뿐이다. 그 시점에 나보니두스는 바빌로니아에 없었지만, 그가 진짜 왕이었다는 사실 자체가 벨사살이 벽의 손글씨를 해석해내는 전문가에게 상으로 "나라의 셋째 통치자" 직위밖에 제공할 수 없었던 이유를 설명해준다(단 5:7). 벨사살 자신이 두 번째로 높은 자리를 차지하고 있었지만, 바빌로니아 제국은 잘못 관리되고 있었고 최종적으로 붕괴하는 중이었음이 분명하다.

- 느부갓네살은 다른 나라의 거룩한 것들을 종교적으로 존중하는 마음을 어느 정도 가지고 있었다. 그는 예루살렘 성전에서 약탈한 기물들을 적어도 다른 신전, 즉 성스러운 물건들을 위한 성스러운 공간에 두었다(단 1:2). 벨사살은 똑같은 물건을 의도적으로 조롱하고 신성을 모독했다.

그의 행동이 그토록 모욕적이었던 이유는 무엇일까? 이 성전 기물들은 대단히 상징적이며 격렬한 감정을 불러일으키는 물건이다. 성전 자체가 그렇듯이 성전 기물들은 이스라엘의 하나님의 임재와 거룩하심과 연관이 있다. 성전은 지상에서 하나님의 이름이 거하는 공간이며, 따라서 그분의 백성 사이에서 그분이 거하시는 공간이다. 따라서 그 안에 있는 소중한 물건들을 빼앗는다는 것은, 이스라엘의 치욕과 패배를 상징할 뿐 아니라 그들의 하나님이 열등하다는 증거로 여겨졌다. 여호와는 두들겨 맞고 붙잡힌 신이며, 그의 성스러운 물건들은 이교 신전으로 옮겨졌다. 수백 년 전 엘리의 시대에 블레셋 사람들에게 언약궤를 빼앗겼을 때(삼상 4장) 받은 충격만큼, 혹은 그 이상으로 분노와 치욕을 느꼈을 것이다.

성전 기물에 관해서는 다니엘서 첫 부분만이 아니라 다른 여러

곳(왕하 25:13~15, 대하 36:18)에도 자세히 기록되어 있다. 그것을 빼앗긴 것은 엄청난 국가적 치욕이었지만, 그것이 여전히 어딘가에 존재한다는 사실 자체가 희망의 상징이었음은 분명하다. 포로 생활 초기에 성전 기물이 곧 예루살렘으로 돌아오리라 예측했던 거짓 예언자 하나냐와 자신도 그렇게 믿고 싶지만 아주 오랫동안 그런 일은 일어나지 않을 것이라고 말했던 예레미야 사이에 논쟁이 있었다(렘 28장). 예레미야가 옳았다. 그리고 2년 이내에 성전 기물이 돌아올 것이라고 말했던 하나냐는 두 달이 지나서 죽었다.

벨사살이 저지른 신성 모독은, 외국 종교의 성지에서 신발 벗는 것을 잊어버린 지각없는 관광객처럼 다른 민족의 종교에서 성스럽게 여기는 몇 가지 물건에 대해 사소한 결례를 한 것이 아니다. 2015년 6월 말레이시아 사바에 있는 성스러운 키나발루산의 정상에서 옷을 벗었던 영국의 십 대 소년들의 어리석은 행동과는 차원이 다르다. 그것은 이 기물들이 상징하는바, 즉 이스라엘의 하나님, 여전히 "사로잡아 온 유다 자손"(단 5:13, 6:13)이라는 호칭으로 조롱당하고 있던 그 비참한 인종적 소수 집단의 하나님, 벨사살이 보기에는 이미 한 세대 전에 패배를 당했고 놀림과 비웃음을 당해도 아무것도 할 수 없을 정도로 무력한 하나님에 대한 계획적이며 의도적인 조롱이었다.

벨사살의 신성 모독은 여기서 더 나아갔다. 본문에서는 그가 이렇게 하려고 취해야만 했음을 암시한다. 그저 그가 잔치에서 평범하게 술을 마시기 위해 신성한 기물을 사용한 것이 아니다. 교회의 성찬반과 성찬잔을 가져다가 치즈와 포도주 파티에서 사용하는 것처럼 그 자체로도 모욕적이다. 그는 그 이상의 행동을 했다.

그와 그를 부추기는 친구들은 이 성스러운 잔—살아있는 유일한 하나님을 섬기는 데 사용되었던 잔—을 사용해 **다른 신들**, 생명이 없는 신들, 단지 물건에 불과한 것들에 전제를 바쳤다(단 5:4)! 충격의 정도를 따지자면 오컬트와 사탄 숭배 의례를 위해 교회의 성찬대와 성찬기를 사용하는 것과 마찬가지다. 유대인이 이 이야기를 듣는다면, 누구든지 이런 식의 노골적인 신성 모독과 우상 숭배에 대해 경악하며 도저히 믿을 수 없다는 반응을 보일 것이다. 어떻게 하나님이 그분의 거룩하심을 이렇게 모욕하는 것을 그냥 내버려 두실 수 있단 말인가? 그분은 오랫동안 내버려 두지 않으셨다. 다음 단어가 "갑자기…"(개역개정에서는 "그 때에"로 번역함—역주)이기 때문이다.

하지만 하나님의 의도에 관해 다루기 전에 잠시 멈춰 우리 시대에 신성 모독이라고 말할 때 그것이 정말로 무엇을 뜻하는지를 생각해보아야 한다. 여전히 그런 것이 존재할까? 그것은 언제 일어날까? 그것이 중요할까?

벨사살의 신성 모독은, 참되고 살아계신 하나님께 속한 것을 취하여 자신들이 생각하기에 무력한 하나님을 조롱하기 위한 타락하고 퇴폐적인 목적을 위해 그것을 사용한 행동이었다. 그는 여호와가 시대에 뒤처졌으며 더 이상 영향력이 없고 무능하다고 믿었기에 여호와의 이름과 여호와의 것들을 즐거움이나 쾌락을 위해, 악의적인 목적으로 사용했다. 이런 태도나 행동으로 나타나는 신성 모독은 우리가 사는 세상에서도 절대 사라지지 않았다고 나는 생각한다. 여기에는 하나님께 속한 것을 악의적 목적과 이윤, 재미, 정치적 이익, 군사적 목적을 위해 활용함으로써 그렇게 사용된 물건의 가치를 떨어뜨리는 행동이 포함된다.

영국에는 신성 모독법이 존재하지만, 현재 이것은 기독교를 조롱하거나 모욕하는 것에만 적용된다. 그렇게 일방적인 법은 이슬람교도와 유대교인, 힌두교인 등 이 땅의 모든 신앙인의 종교적 감수성을 아우를 수 있도록 확대되거나 그렇지 않으면 아예 폐지되어야 한다고 주장하는 사람들이 있다. 나는 그런 관점에 동의하는 편이라고 말하겠다. 나는 그리스도께서 우리 인간의 법에 따라 '보호'를 받으셔야 한다고 생각하지 않는다. 하지만 다른 한편으로 이 법이 종교를 불문하고 모든 시민을, 그들의 종교가 소중히 여기는 것에 대한 의도적인 조롱으로 야기된 불합리하고 불필요한 모욕과 고통으로부터 보호하고자 한다면, 그것은 다른 신앙인들에게도 적용되어야 한다.

그러나 우리 사회에는 더 심각한 형태의 신성 모독이 존재하며, 우상 숭배처럼 우리가 이를 거의 당연히 받아들이기에 이런 신성 모독을 알아차리지 못하는 경우가 많다.

미디어

나의 기준에서는 덜 심각한 쪽에 속하기는 하지만, 그리스도의 이름과 십자가, 성경적 신앙의 다른 소중한 요소들을 미디어에서 너무나 쉽게 욕설이나 희극의 소재로 사용하는 것이 신성 모독이라고 나는 생각한다. 내가 대단히 좋아하는 매우 재능 있는 영국의 코미디언이 사제직과 성적 암시를 결합한 희극에서 성찬 포도주와 빵을 소도구로 사용하는 것을 보았을 때가 기억난다. 나는 유머 감각에 있어서 지나치게 까다로운 사람은 아니다. 종교나 성에 관해 웃어서는 안 된다고 생각하지도 않는다—인간은 이 두 영역에서 우스운 행동을 하곤 한다. 하지만 사람들이 성스럽게 여기는 물건을 활용해 외설적인 농담을 하는 행동은 불편할 정도로 신성 모독에 가깝다고 느꼈다.

미디어에서 하나님의 이름과 기독교의 상징을 분별없이 사용할 때, 의도적으로 조롱하려는 의지를 가진 것은 아닐지도 모른다. 하지만 그것은 분명 하나님과 예수, 그리스도, 지옥 등과 같은 말 배후에 아무런 실체가 없다는 전제에 기초하고 있다. 그래서 나는 개인적으로, 매체가 이를 계속해서 오용하고, 기독교의 메시지와 무관하게 가치를 떨어뜨리는 일들이 확장되면, '신성 모독이라는 척도'에서 더 심각한 문제를 야기할 수도 있다고 생각한다.

애국주의와 군사주의

나는 내 나라를 사랑하며, 만화경처럼 많은 나라와 다양한 인종은 하나님이 우리가 누리도록 주신 창조의 선물이라고 믿는다. 따라서 다른 사람들의 나라에 대한 증오와 경멸로 타락하지 않는다면 자신의 나라에 대한 건전하고 긍정적인 애정이 존재한다고 확신한다. 하지만 3장에서 이미 살펴보았듯이 부인할 수 없을 정도로 우상 숭배적이며 신성 모독적인 또 다른 애국주의가 분명히 존재한다.

나는 교회가 하나님과 그리스도의 이름을 사용해 전쟁과 파괴를 위한 무기를 '축성'하거나 '하나님이 우리 편이시다'라고 주장함으로써 전쟁 행위를 신성시하는 것이 더 심각한 신성 모독이라고 생각한다. 물론 제1차 세계대전 당시 독일과 영국 모두가(또한 러시아와 미국이) 그렇게 주장했다. 필립 젠킨스(Philip Jenkins)가 그의 책 《위대하고 거룩한 전쟁: 제1차 세계대전은 어떻게 종교를 영원히 변화시켰는가》(*The Great and Holy War: How World War I Changed Religion For Ever*)에서 탁월하게 기록했듯이 그 이후 한 세기 동안 기독교 신앙의 활용과 남용은 파괴적인 결과를 초래해왔다.[1]

하지만 국가의 전쟁 목적을 지지하기 위해 기독교를 무분별하게 사용하는 것을 폭로했던 이 책이 나오기 오래전부터 나는 교회와 군대를 연결하는 것에 대해 언제나 불편하게 생각해왔다. 예를 들어, 잉글랜드에서 많은 교회가 연대기와 같은 군사적 상징물을 눈에 잘 띄는 곳에 두고 있다. 이런 전쟁의 상징을 배치하는 것이 어떤 메시지를 전달할까? 앞에서도 말했지만, 나는 자신의 나라에 대한 건전한 애국심과 사랑에 대해서는 문제 삼지 않는다. 하지만 동시에 나는 교회의 건물 안팎의 눈에 잘 띄는 곳에 국기를 두거나 성경책과 성찬 포도주와 빵, 찬양대, 설교자와 함께 국기를 들고 입장하게 하는 일부 교회의 습관에 대해 불편하게 생각한다. 하나님의 임재의 상징(특히 성찬대)이 국가의 상징과 나란히 배치되어 있을 때 성경이 요구하는 대로 살아계신 하나님께 배타적인 충성을 맹세하며 그분을 예배하기 위해 모인 사람들의 정신(과 마음)에 무엇이 연상될까? 국가가 하나님에 대한 올바른 복종의 자리에 있는가? 아니면 국가의 주장을 뒷받침하기 위해 하나님이 사용되고 있는가? 교회의 서점에서 미국의 성조기로 둘러싼 작은 나무 십자가를 발견한 적이 있다. 이 장식품은 어떤 메시지를 전하려고 했던 것일까? 만약 사람들이 우리 구주의 희생적 구속 사역을 나타내는 가장 소중한 물건과 값비싼 상징물을 국가적 자부심의 표현이나 회사의 이윤을 추구하는 도구로 사용한다면, 그것은 적어도 혼란스러우며, 잠재적으로는 종교혼합주의적이고, 최악의 경우는 신성 모독에 가깝다고 생각한다.

소비주의

나는 성탄절과 그리스도의 이름(예수 탄생을 묘사한 장면, 산타 부스 등)을 탈취해 맘몬에 대한 우상 숭배에 활용하는 것이 신성 모독이라고 생각한다. 하지만 이는 우리 사회가 사실상 모든 중요한 것을 소비주의의 제단에 제물로 바치는 더 광범위한 신성 모독의 한 부분일 뿐이다. 우리는 지금 '시장'의 철학에 따라 살아가고 있으며, 시장에 유사-종교적 헌신을 바치고 시장의 지배로 인해 모든 삶의 층위에서 우리가 '소비자'로 변하고 있다. 긍휼과 같은 도덕적 가치와 교육과 같은 사회적 가치조차도 철저히 시장 경쟁에 의해 통제되고 있다. 아픈 사람은 환자가 아니라 병원들이 유치하기 위해 경쟁해야 하는 소비자다. 어린이와 청소년은 제자와 학생이 아니라 학교와 대학이 끌어오기 위해 경쟁해야 하는 소비자다. 심지어 철도 승객조차도 이제는 언제나 소비자다. 이들은 기차에 타지 않고 '서비스'를 이용하기에 더 정당화하기 쉬울지도 모르겠다.

자선 단체조차 그들의 후원 계획과 후원자를 '소비자'라고 부르기 시작할까? 어쩌면 일부에서는 이미 그렇게 하고 있을지도 모른다. 예배자는 교회의 소비자가 될까? 확실히 서양에서는 교회를 소비주의적 시장으로 변질시켰다. 당신이 원하는 종류의 예배

경험이 무엇이든 그것을 살 수 있다. 대형교회나 선교적 교회를 선택할 수도 있고, 자동차를 타고 가서 그 안에서 예배할 수도 있고, 편안하게 집에서 온라인으로 예배할 수도 있다.

맘몬이 신인 세상에서 살아계신 하나님의 이름조차도 맘몬을 섬기는 데 동원될 수 있다. 16세기에 용서를 살 수 있는 면벌부를 판매했던 테첼(Tetzel)부터 오늘날 구원과 치유, 번영을 파는 텔레비전 설교자들에 이르기까지 모든 시대에 교회의 사기꾼들이 이를 증명했다.

벨사살에게 닥친 운명은 어떤 신성 모독을 저질렀든지 우리가 그 누구에 대해서도 일어나기를 바라지 않을 운명이다. 하지만 그것은 '하나님은 모욕당하지 않으시며' 그분의 심판은 확실하다는 진리를 가르치기 위한 엄중한 사물 교육—그것이 다니엘 4장에 기록된 느부갓네살의 경우처럼 회개로 이어지든지, 여기서처럼 그저 파괴로 이어지든지—이다.

> 그 때에 사람의 손가락들이 나타나서 왕궁 촛대 맞은편 석회벽에 글자를 쓰는데 왕이 그 글자 쓰는 손가락을 본지라. 이에 왕의 즐기던 얼굴 빛이 변하고 그 생각이 번민하여 넓적다리 마디가 녹는 듯하고 그의 무릎이 서로 부딪친지라.
>
> 왕이 크게 소리 질러 술객과 갈대아 술사와 점쟁이를 불러오게 하고 바벨론의 지혜자들에게 말하되, "누구를 막론하고 이 글자를 읽고 그 해석을 내게 보이면 자주색 옷을 입히고 금사슬을 그의 목에 걸어 주리니 그를 나라의 셋째 통치자로 삼으리라" 하니라. 그 때에 왕의 지혜자가 다 들어왔으나 능히 그 글자를 읽지

못하며 그 해석을 왕께 알려 주지 못하는지라. 그러므로 벨사살 왕이 크게 번민하여 그의 얼굴빛이 변하였고 귀족들도 다 놀라니라. _단 5:5~9

다니엘의 예언

_ 다니엘 5:10~28

적어도 느부갓네살은 아무도 보지 않은 자신의 침실에서 악몽을 꾸었다. 벨사살은 공적으로 침투하는 하나님의 말씀과 대면하고 있다. 파라오에게 재앙을 내리셨고(출 8:19) 십계명을 새기셨으며(출 31:18, 신 9:10) 나중에는 귀신들을 쫓아내실(눅 11:20) 하나님의 손가락이 가시적인 행태를 띠고 벽에 불가사의한 글자를 썼다. 마음껏 참람한 잔치를 즐기던 왕은 두려움에 떨며 무너지고 있다.

다시 한번 마술사들의 우스꽝스럽게 행진하는 광경이 묘사되며, 다시 한번 그들은 우리를 실망시키지 않았다. 언제나 그렇듯이 그들은 쓸모가 없다. "그 모든 왕의 말들과 그 모든 왕의 신하들도 두려움에 무릎을 벌벌 떨던 왕을 안심시키지 못했다!" 물론 무능하다 해서 고위 정치인이 될 자격을 박탈당하는 경우는 없다.

그때 여왕이 입장한다.

> 왕비가 왕과 그 귀족들의 말로 말미암아 잔치하는 궁에 들어왔더니 이에 말하여 이르되, "왕이여 만수무강 하옵소서! 왕의 생각을 번민하게 하지 말며 얼굴빛을 변할 것도 아니니이다! 왕의

나라에 거룩한 신들의 영이 있는 사람이 있으니 곧 왕의 부친 때에 있던 자로서 명철과 총명과 지혜가 신들의 지혜와 같은 자니이다. 왕의 부친 느부갓네살 왕이 그를 세워 박수와 술객과 갈대아 술사와 점쟁이의 어른을 삼으셨으니, 왕이 벨드사살이라 이름하는 이 다니엘은 마음이 민첩하고 지식과 총명이 있어 능히 꿈을 해석하며 은밀한 말을 밝히며 의문을 풀 수 있었나이다. 이제 다니엘을 부르소서 그리하시면 그가 그 해석을 알려 드리리이다" 하니라.

이에 다니엘이 부름을 받아 왕의 앞에 나오매 왕이 다니엘에게 말하되, "네가 나의 부왕이 유다에서 사로잡아 온 유다 자손 중의 그 다니엘이냐? 내가 내게 대하여 들은즉 네 안에는 신들의 영이 있으므로 네가 명철과 총명과 비상한 지혜가 있다 하도다. 지금 여러 지혜자와 술객을 내 앞에 불러다가 그들에게 이 글을 읽고 그 해석을 내게 알게 하라 하였으나 그들이 다 그 해석을 내게 보이지 못하였느니라. 내가 네게 대하여 들은즉 너는 해석을 잘하고 의문을 푼다 하도다. 그런즉 이제 네가 이 글을 읽고 그 해석을 내게 알려 주면 네게 자주색 옷을 입히고 금 사슬을 네 목에 걸어 주어 너를 나라의 셋째 통치자로 삼으리라" 하니.

_단 5:10~16

이제 다니엘이 입장한다.

왕과 벨사살이 다니엘을 소개하는 말은 그야말로 역겨울 정도로 아첨하는 말이다. 왕이 공포에 취한 상태였음을 몰랐다면 칭찬하는 그의 말은 거의 의도적인 야유처럼 들린다. 진짜 아이러니는, 그가 방금까지 모욕하고 있던 하나님의 백성 중 한 사람에게 이제는 도움을 구걸하고 있다는 것이다.

지금까지 이야기의 순서와 연대를 추적해볼 때 이 시점에 이르면 다니엘은 노인이었을 테고 아마도 80대였을 것이다. 그는 주전 587년에 예루살렘이 함락되기 직전에 바빌로니아로 끌려왔고, 이제는 주전 539년이니 바빌로니아가 멸망하는 것을 목격하기 직전이다. 하지만 그는 50년 이상 몸담은 공직에서 여전히 일하고 있으며, 여전히 술 취한 왕을 섬기고 있고, 여전히 담대하다. 부탁받은 대로 벽에 쓰인 글을 읽고 해석하기 전에 그는 자신에게 더는 필요하지 않은 물질적, 정치적 보상의 약속을 무시한 채 술 취하고 어리석은 왕에게 혹독한 하나님의 심판이 내릴 것이라는 말씀을 전한다.

여기서 다니엘이 취하는 입장과 다니엘 4장에서 그가 느부갓네살의 문제를 다루는 방식은 놀라울 정도로 대조적이다. 우리가 살펴보았듯이 4장에서 그의 접근 방식에는 목회적 따뜻함을 지니고 있었고, 망설이기는 했지만 꿈을 진실하게 해석한 다음 떨어지는 심판의 충격을 피하기를 바라는 마음으로 긴급한 회개와 변화를 당부했다. 여기서는 그가 더 특징적으로 예언자적인 메시지, 즉 의도적으로 하나님을 조롱한 사람에게 주어지는 하나님의 진노와 공의, 거룩하심에 대해 직접적인 말씀을 전달한다. 이 메시지는 불가피한 심판에 관한 마지막 말씀에서 절정에 이른다.

> "왕이여, 지극히 높으신 하나님이 왕의 부친 느부갓네살에게 나라와 큰 권세와 영광과 위엄을 주셨고, 그에게 큰 권세를 주셨

으므로 백성들과 나라들과 언어가 다른 모든 사람이 그의 앞에 서 떨며 두려워하였으며, 그는 임의로 죽이며 임의로 살리며 임의로 높이며 임의로 낮추었더니, 그가 마음이 높아지며 뜻이 완악하여 교만을 행하므로 그의 왕위가 폐한 바 되며, 그의 영광을 빼앗기고 사람 중에서 쫓겨나서 그의 마음이 들짐승의 마음과 같았고, 또 들나귀와 함께 살며 또 소처럼 풀을 먹으며 그의 몸이 하늘 이슬에 젖었으며, 지극히 높으신 하나님이 사람 나라를 다스리시며 자기의 뜻대로 누구든지 그 자리에 세우시는 줄을 알기에 이르렀나이다."

"벨사살이여, 왕은 그의 아들이 되어서 이것을 다 알고도 아직도 마음을 낮추지 아니하고, 도리어 자신을 하늘의 주재보다 높이며, 그의 성전 그릇을 왕 앞으로 가져다가 왕과 귀족들과 왕후들과 후궁들이 다 그것으로 술을 마시고, 왕이 또 보지도 듣지도 알지도 못하는 금, 은, 구리, 쇠와 나무, 돌로 만든 신상들을 찬양하고, 도리어 왕의 호흡을 주장하시고 왕의 모든 길을 작정하시는 하나님께는 영광을 돌리지 아니한지라. 이러므로 그의 앞에서 이 손가락이 나와서 이 글을 기록하였나이다." _단 5:18~24

벨사살에게 했던 다니엘의 말에는 두 측면이 존재한다.

교훈을 배우려고 하지 않는 벨사살

다니엘은 느부갓네살에게 일어났던 일을 이야기한다. 그 사건들은 여러 해 전에 일어났던 일이지만, 여전히 그의 생각 속에 또렷이 남아 있다. 느부갓네살은 벨사살의 실제 아버지가 아니었다.

느부갓네살의 죽음과 벨사살을 차기 통치자로 임명하고 권력을 위임한 나보니두스의 통치기 사이에 두 번의 짧은 통치기가 있었다. 하지만 '왕의 부친 느부갓네살'이라는 표현은 뛰어난 조상을 일컫는 표준적인 방식이었다.

다니엘은 느부갓네살과의 그의 관계의 기초가 되었던 신학적 진리를 되풀이해서 말한다. 그를 바빌로니아의 왕으로 세우고 그에게 그의 꿈속 신상의 금 머리가 되게 하셔서 고대 근동 전체에 대한 인간적 주권을 주신 분은 바로 하나님이셨다. 그의 권력과 영광은 하나님의 선물이었다. 하지만 그가 이 사실을 인정하기를 거부했기에 그 선물 자체가 그의 몰락이 되었다. 따라서 다니엘 4장에서 보았듯이 느부갓네살은 혹독하고도 치욕적인 정신병을 앓게 된 후에야 하나님의 참된 정체성과 주권을 인정하게 되었다. 다니엘이 이 말을 하는 사이에 술 취한 무리는 조바심을 내며 여전히 눈을 휘둥그렇게 뜨고 벽에 쓰인 글씨를 노려보고 있었을 것이다. 그들은 지난 정부에 관한 역사적 교훈을 들으려 하지 않았다. 그들은 움직이는 손가락이 쓴 글이 무슨 뜻인지를 알고 싶었다.

그런 다음 결정적인 충격이 찾아왔다. "벨사살이여, 왕은 … 이것을 다 알고도…"(22절). 벨사살은 자신의 유명한 선조의 영광스러운 통치와 그가 광기에 사로잡혔던 불명예스러운 기간에 관한 모든 사실을 잘 알고 있었다. 지극히 높으신 하나님이 살아계시며 그분의 나라가 모든 인간 왕(과 군주)들을 다스리신다는 느부갓네살의 선언에 관해서도 알고 있었고, 어쩌면 그에 관한 글을 읽었을 것이다.

"교만하게 행하는 자를 [하나님이] 능히 낮추심이라"(단 4:37)라는 느부갓네살의 간증 마지막 부분에 있는 불길한 경고에 대해서도 알고 있었을 것이다. 벨사살은 이 모든 것을 알고 있었다. 진리를 알고 있었다. 하지만 아무 효과가 없었다. 그는 여전히 자신의 전임자를 낮추셨던 살아계신 하나님을 오만하게 조롱했다.

다시 말해서, 벨사살의 죄는 빛을 거스르는 죄, 진리를 거스르는 죄, 그가 알고 있는 바를 거스르는 죄, 분명히 효과적인 경고였을 본보기와 교훈을 받은 은혜를 거스르는 죄였다. 그리고 이렇게 고의로, 알고도 저지른 죄가 가장 심각한 종류의 죄다. 이런 죄가 극단적인 형태를 띨 때 예수께서 '성령을 훼방하는 죄'라고 부르신 것이 된다. 이는 한 사람이 하나님의 능력이 작동하는 것을 보고 경험한 후에도 하나님의 손을 인정하기를 거부하고 이를 사탄이나 악의 능력이라고 말하는 것을 가리킨다. 이런 상태에 이를 수밖에 없는 도덕적, 영적 타락은 그 사람이 악을 인식하고 회개하지 못하게 하고, 따라서 죄 사함을 받지도 못하게 한다. 악에 관한 한 그들은 자기 생각과 마음을 완악하게 하고, 그것을 인식하지도 못하고, 그것에 대해 회개하지도 못한다. 그러므로 예수는 그런 죄가 사함을 받을 수 없다고 말씀하셨다. 회개가 없는 곳에는 죄 사함도 없다. 당신이 틀렸다고 아는 바를 완벽히 옳은 것이라고 정당화하고 그것을 계속 행하는 것은 대단히 심각하고 위험한 일이다. 하나님의 일을 목격하고도 이를 무시하거나 부인하는 것은 심각한 문제다. 그것이 습관이 된다면 그야말로 치명적일 수도 있다.

하나님께 영광을 돌리지 않는 벨사살

벨사살은 느부갓네살이 (어렵게) 배웠던 교훈을 배우기는커녕 "자신을 하늘의 주재보다 높였다"(23절). 4장에 비춰볼 때 그러겠다는 생각 자체가 어리석어 보인다. 그리고 다니엘은 그의 비판을 뒷받침하는 증거까지 제시할 수 있었다. 그는 단지 내적인 교만이나 마음의 태도에 관해 이야기하는 게 아니었다. 생명 없는 신들에게 헌주를 따라 바치기 위해 사용된 잔들이 여전히 식탁 위에서 굴러다니고 있었다. 그는 그렇게 하나님께 속한 것을 가져다가 그분을 조롱하는 데 사용했다. 느부갓네살이 그의 입술을 스쳐 간 말만으로도 심판을 받았다면, 의도적으로 신성 모독을 저지른 벨사살은 얼마나 더 큰 심판을 받아 마땅하겠는가?

느부갓네살은 결국 자신이 가진 모든 것이 하나님이 주신 것임을 인정했지만, 벨사살은 자신의 다음 숨조차도 하나님의 것임을 인정하지 않으려 했다. "왕의 호흡을 주장하시고 왕의 모든 길을 작정하시는 하나님께는 영광을 돌리지 아니한지라"(23절). 말하자면 벨사살은 여전히 우상을 자기 손에 움켜쥔 채 자신이 모욕하는 하나님의 손에 붙잡혀 있음을 알지 못하고 자신의 의자에 주저앉아 있다. 히브리서 기자는 하나님의 은총을 업신여기는 고의적인 죄에 관해 이야기하면서 "살아 계신 하나님의 손에 빠져들어 가는 것이 무서울진저"라고 말했다(히 10:31). 아마도 그는 벨사살을 염두에 두고 그렇게 말했을 것이다.

벨사살은 인류 전체의 성향을 보여주는 본보기다. 우리의 타락함을 보여주는 표지 중 하나는 우리가 하나님께 영광을 돌리기를 거부한다는 것이다. 우리는 하나님에 관한 진리를 알고도 이를 부인하기로 작정한다. 그리고 우리가 계속해서 그렇게 할수록 우리 자신의 거짓말을 더 믿게 되며, 결국 우리 자신의 거짓말을 절대적 진리로 과시하고, 진리를 거짓으로 간주하는 지경까지 이르게 된다. 서양 문화에서는 거의 두 세기 동안 체계적으로 그렇게 해왔다. 우리는 하나님을 우리가 '현실 세계'로 부르기로 작정한 곳으로부터 추방했고, 대신 온갖 종류의 신화, 즉 사회적, 경제적, 과학적, 정치적 신화, 그리고 이제는 나무와 돌이라는 뉴 에이지 신들의 형태를 띤 종교적 신화, 곧 자연 세계 자체를 신뢰하고 있다.

이러한 거대한 역전에 대한 바울의 논평은 놀라울 정도로 여전히 유효하다.

> 하나님을 알되 하나님을 영화롭게도 아니하며 감사하지도 아니하고 오히려 그 생각이 허망하여지며 미련한 마음이 어두워졌나니, 스스로 지혜 있다 하나 어리석게 되어 썩어지지 아니하는 하나님의 영광을 썩어질 사람과 새와 짐승과 기어다니는 동물 모양의 우상으로 바꾸었느니라. _롬 1:21~23

그런 세상 속에서 살아가는 그리스도인으로서 우리는 이런 신성 모독에 맞설 준비를 하고 있어야 한다. 이것은 직장 안에서 나쁜 언어를 견뎌내야만 하는 것 이상을 의미한다. 위에서 살펴보았듯이 우리를 둘러싼 세상의 암묵적인 신성 모독이 언어 습관보다 훨씬 더 심각하다. 우리 사회 전체가 하나님께 영광을 돌리기를 거부하고 온갖 다른 우상에게 절하고 있다. 이것은 맞서기 어려운 흐름이다. 상황이 좋다면 그리스도인은 시대에 뒤처진 하나님에 대한 믿음의 유효성에 관한 질문과 조롱의 표적이 될 것이다. 하지만 재앙이 닥친다면 그런 일들이 일어나도록 허락하셨다고 하나님을 비난하고 공격하는 것을 감수해야만 할 것이다. 성공에 대해서는 자신의 공로라고 말하고, 재앙에 대해서는 하나님을 탓하는 것이 인간의 전형적인 태도다.

하지만 타락한 세상을 손가락질하는 것으로 책임을 다했다고 말할 수 없다. 그리스도인으로서 우리는 우리가 너무나도 잘 알고 있는 교훈을 통해 배우고 우리의 삶과 우리의 모든 길을 그분의 손안에 붙잡고 계신 하나님께 마땅히 돌려야 할 영광을 돌리고 있는가? "이것을 다 알고도"(단 5:22)라는 말은 너무나도 무서운 구절이다. 하나님의 손가락은 우리에게 명령을 주셨으며, 하나님의 말씀에는 우리에게 그것을 무시했을 때의 위험을 보여주는 수많은 사례가 기록되어 있다.

- 우리는 (다윗과 밧세바 이래로) 간음의 위험한 결과에 관해 너무나도 잘 알고 있지만, 점점 더 많은 그리스도인의 결혼이 간음 때문에 상처를 받고 많은 경우 깨어지고 있다.
- (아간 이래로, 또한 그리스도께서 친히 주신 경고를 통해) 탐욕이라는 무시무시한 죄에 대해 알고 있지만, 이 세상에서 너무나도 많은 사람이 빈곤과 기아 속에서 살아가고 있음에도 우리는 우리 사회의 다른 사람들과 마찬가지로 소비주의와 탐욕의 신들을 가까이한다.
- 하나님이 진리와 정직을 얼마나 중요하게 여기시는지 알고 있음에도 우리는 여전히 험담과 깨어진 신뢰, 언쟁, 거짓 고발로 교회를 더럽히고 있다.
- 정직하지 않은 무게와 도량이 ('가증한 죄'로) 말 그대로 하나님의 코에 악

취를 풍긴다는 것을 알고 있지만, 우리는 기만적인 거래와 타협하고 '사업은 사업이다'라는 근거로 미심쩍고 불공정한 관행을 정당화한다.

나는 분할 화면에 성경과 역사, 경험으로부터 우리가 알고 있는 모든 것과 알고 있음에도 우리가 하거나 하지 않는 모든 것을 나란히 보여주는 묵시론적 영상을 떠올릴 때마다 오싹함을 느낀다. "이것을 다 알고도 아직도 마음을 낮추지 아니하고… 하나님께는 영광을 돌리지 아니한지라." 하나님이 우리를 구원하셔서 그런 심판의 말씀을 듣지 않게 해주시길!

드디어 수수께끼 같은 단어들에 대한 해석이 주어진다.

기록된 글자는 이것이니 곧

> 메네, 메네, 데겔, 우바르신이라

그 글을 해석하건대,

> 메네는 하나님이 이미 왕의 나라의 시대를 세어서 그것을 끝나게 하셨다 함이요,
> 데겔은 왕을 저울에 달아 보니 부족함이 보였다 함이요,
> 베레스는 왕의 나라가 나뉘어서 메대와 바사 사람에게 준 바 되었다 함이니이다. _단 5:25~28

벽에 기록된 세 단어는 문자적으로 미나와 세겔, 절반을 뜻하며 순서대로 점점 가치가 낮아지는 동전이다. 하지만 다니엘은 이 세

단어의 어근을 다르게 해석하여 각각이 수를 셈, 무게를 달아 봄, 나눔을 뜻한다고 말한다. 그리고 이것이 벨사살과 그의 왕국에 대한 하나님의 판결이었다. 왕이 술에 취해 공허하게 다니엘에게 약속했던 영예와 공직(29절)은 불과 몇 시간밖에 지속되지 못했다.

> 그 날 밤에 갈대아 왕 벨사살이 죽임을 당하였고, 메대 사람 다리오가 나라를 얻었는데 그 때에 다리오는 육십이 세였더라.
> _단 5:30

섭리의 신비

_ 다니엘 5:29~31

다니엘 4장과 5장은 우리에게 인간 역사 속에서 하나님이 일하시는 방식에 관한, 대답 없는 질문을 남긴다. 누가 다스리는가에 관한 물음에 대해서는 분명히 답했다. 하나님이 다스리시며, 모든 인간의 권위는 그분께 복종할 수밖에 없다. 두 장 모두 성경의 이러한 근본 주장을 강화한다. 하지만 하나님이 느부갓네살과 벨사살을 이렇게 전혀 다른 방식으로 대하시는 까닭에 대해서는 여전히 의문이 남는다. 왜 한 사람은 겸손하게 하셔서 회개와 은총 회복으로 이끄시고, 다른 사람은 수치를 당하게 하시고 경고한 지 불과 몇 시간 만에 그에게 파멸과 멸망을 내리시는 것일까?

본문에서는 느부갓네살은 회개했지만, 벨사살은 자신이 지닌 지식을 의도적으로 거부했다는 사실 말고는 어떤 실질적인 답도 주지 않는다. 하지만 외적으로, 인간적으로, 공적 관행의 문제에 관한 한 두 사람 모두 국가의 권력자들이었고, 세속 통치자였고, 전제 군주였고, 교만했다.

그러므로 두 사람에 관해 다니엘의 역할을 생각해보라. 그는 두 정부 모두에서 관리로 일했으며, 정부를 섬김으로써 하늘의 하나님을 섬기고 있다고 생각했다. 더 나아가 그는 두 바빌로니아 통치자들에 관해 자신에게 계신 하나님 말씀의 요구에 충실하도록 부르심을 받았다. 그는 느부갓네살이 심판을 피할 수 있기를 바라며 경고하고 그에 대해 반응하라고 도전했다. 그리고 이 말씀이 느부갓네살이 심판 이후에 회복을 발견할 수 있게 해주었다. 하지만 벨사살에게 다니엘은 돌이킬 수 없는 심판에 관한 분명한 말씀을 전해야 했다. 경고도 없다. 호소도 없다. 아마도 인내의 시간, 회개가 가능한 시간은 오래전에 지나갔을 것이다.

다니엘은 그 차이를 어떻게 알았을까? 각 상황에서 하나님의 말씀이 무엇인지를 그는 어떻게 알았을까? 나는 다시 한번 그가 바쁜 공직 생활 중에도 하루에 세 번씩 기도했던 것과 관계가 있으리라 추측한다. 다니엘의 공직 생활과 기도 생활이 결합되었을 때 그의 참된 사명이 점점 더 날카롭게 연마되었을 것으로 생각한다. 앞서 지적했듯이 다니엘은 참된 의미에서 예언자가 아니었다. 그는 정치 관료였다. 하지만 이 경우에 그는 극도로 불편할 정도로 명백히 진술된 하나님의 말씀을 정부의 최고 권력자에게 전달하도록 부르심을 받았다.

다니엘 7장 이후에서 우리는 다니엘이 역사 속에 하나님이 일하시는 방식과 그의 시대에 일어나고 있는 일에 관한 영적 의미에 관해 우리 중 그 어떤 사람이 '누릴' 수 있는 것보다 훨씬 더 많은 통찰력을 얻었음을 알게 된다. 하지만 다니엘과 같은 환상을 받지는 못하더라도(그것이 나에게는 오히려 안도감을 준다!) 우리는 그의 끈질긴 기도 생활과 모든 인간의 권력을 다스리시는 하나님의 주권을 인정하는 그의 담대한 신앙을 본받기 위해 노력할 수는 있다.

우리가 그 안에서 그 아래에서 살아가며 일하고 그리스도인으로서 우리 사명을 실천해야 하는 모든 시대의 세속 국가가 느부갓네살이나 벨사살이 될 수 있다. 우리의 책무는 하나님이 우리에게 하라고 주신 일을 계속해나가면서 끊임없는 기도 생활의 뒷받침을 받아 목회적인 경고와 예언자적인 항의의 자세로 언제든지 하나님의 말씀을 기꺼이 증언하는 것이다. 벨사살의 반응(공직의 영예와 엄청난 칭찬)은 되풀이될 가능성이 희박하다. 오늘날 세상에서는 다니엘 6장에 나오는 사자굴이 더 가능성이 큰 반응이다. 혹은 극단적으로 냉소적인 우리 사회 속에서 우리는 적대적이며 숨 막히게 하는 냉담의 물결에 의해 그저 마비될 가능성이 크다.

사자들에 맞서 6

다니엘 6장

1 다리오가 자기의 뜻대로 고관 백이십 명을 세워 전국을 통치하게 하고
2 또 그들 위에 총리 셋을 두었으니 다니엘이 그 중의 하나이라 이는 고관들로 총리
에게 자기의 직무를 보고하게 하여 왕에게 손해가 없게 하려 함이었더라
3 다니엘은 마음이 민첩하여 총리들과 고관들 위에 뛰어나므로 왕이 그를 세워 전국
을 다스리게 하고자 한지라
4 이에 총리들과 고관들이 국사에 대하여 다니엘을 고발할 근거를 찾고자 하였으나
아무 근거, 아무 허물도 찾지 못하였으니 이는 그가 충성되어 아무 그릇됨도 없고
아무 허물도 없음이었더라
5 그들이 이르되 이 다니엘은 그 하나님의 율법에서 근거를 찾지 못하면 그를 고발할
수 없으리라 하고
6 이에 총리들과 고관들이 모여 왕에게 나아가서 그에게 말하되 다리오 왕이여 만수
무강 하옵소서
7 나라의 모든 총리와 지사와 총독과 법관과 관원이 의논하고 왕에게 한 법률을 세우
며 한 금령을 정하실 것을 구하나이다 왕이여 그것은 곧 이제부터 삼십일 동안에
누구든지 왕 외의 어떤 신에게나 사람에게 무엇을 구하면 사자 굴에 던져 넣기로
한 것이니이다
8 그런즉 왕이여 원하건대 금령을 세우시고 그 조서에 왕의 도장을 찍어 메대와 바사
의 고치지 아니하는 규례를 따라 그것을 다시 고치지 못하게 하옵소서 하매
9 이에 다리오 왕이 조서에 왕의 도장을 찍어 금령을 내니라
10 다니엘이 이 조서에 왕의 도장이 찍힌 것을 알고도 자기 집에 돌아가서는 윗방에
올라가 예루살렘으로 향한 창문을 열고 전에 하던 대로 하루 세 번씩 무릎을 꿇고
기도하며 그의 하나님께 감사하였더라
11 그 무리들이 모여서 다니엘이 자기 하나님 앞에 기도하며 간구하는 것을 발견하고
12 이에 그들이 나아가서 왕의 금령에 관하여 왕께 아뢰되 왕이여 왕이 이미 금령에
왕의 도장을 찍어서 이제부터 삼십 일 동안에는 누구든지 왕 외의 어떤 신에게나
사람에게 구하면 사자 굴에 던져 넣기로 하지 아니하였나이까 하니 왕이 대답하여
이르되 이 일이 확실하니 메대와 바사의 고치지 못하는 규례니라 하는지라
13 그들이 왕 앞에서 말하여 이르되 왕이여 사로잡혀 온 유다 자손 중에 다니엘이 왕
과 왕의 도장이 찍힌 금령을 존중하지 아니하고 하루 세 번씩 기도하나이다 하니
14 왕이 이 말을 듣고 그로 말미암아 심히 근심하여 다니엘을 구원하려고 마음을 쓰
며 그를 건져내려고 힘을 다하다가 해가 질 때에 이르렀더라

15 그 무리들이 또 모여 왕에게로 나아와서 왕께 말하되 왕이여 메대와 바사의 규례
를 아시거니와 왕께서 세우신 금령과 법도는 고치지 못할 것이니이다 하니
16 이에 왕이 명령하매 다니엘을 끌어다가 사자 굴에 던져 넣는지라 왕이 다니엘에게
이르되 네가 항상 섬기는 너의 하나님이 너를 구원하시리라 하니라
17 이에 돌을 굴려다가 굴 어귀를 막으매 왕이 그의 도장과 귀족들의 도장으로 봉하
였으니 이는 다니엘에 대한 조치를 고치지 못하게 하려 함이었더라
18 왕이 궁에 돌아가서는 밤이 새도록 금식하고 그 앞에 오락을 그치고 잠자기를 마
다하니라
19 이튿날에 왕이 새벽에 일어나 급히 사자 굴로 가서
20 다니엘이 든 굴에 가까이 이르러서 슬피 소리 질러 다니엘에게 묻되 살아 계시는
하나님의 종 다니엘아 네가 항상 섬기는 네 하나님이 사자들에게서 능히 너를 구
원하셨느냐 하니라
21 다니엘이 왕에게 아뢰되 왕이여 원하건대 왕은 만수무강 하옵소서
22 나의 하나님이 이미 그의 천사를 보내어 사자들의 입을 봉하셨으므로 사자들이 나
를 상해하지 못하였사오니 이는 나의 무죄함이 그 앞에 명백함이오며 또 왕이여
나는 왕에게도 해를 끼치지 아니하였나이다 하니라
23 왕이 심히 기뻐서 명하여 다니엘을 굴에서 올리라 하매 그들이 다니엘을 굴에서
올린즉 그의 몸이 조금도 상하지 아니하였으니 이는 그가 자기의 하나님을 믿음이
었더라
24 왕이 말하여 다니엘을 참소한 사람들을 끌어오게 하고 그들을 그들의 처자들과 함
께 사자 굴에 던져 넣게 하였더니 그들이 굴 바닥에 닿기도 전에 사자들이 곧 그들
을 움켜서 그 뼈까지도 부서뜨렸더라
25 이에 다리오 왕이 온 땅에 있는 모든 백성과 나라들과 언어가 다른 모든 사람들에
게 조서를 내려 이르되 원하건대 너희에게 큰 평강이 있을지어다
26 내가 이제 조서를 내리노라 내 나라 관할 아래에 있는 사람들은 다 다니엘의 하나
님 앞에서 떨며 두려워할지니 그는 살아 계시는 하나님이시요 영원히 변하지 않으
실 이시며 그의 나라는 멸망하지 아니할 것이요 그의 권세는 무궁할 것이며
27 그는 구원도 하시며 건져내기도 하시며 하늘에서든지 땅에서든지 이적과 기사를
행하시는 이로서 다니엘을 구원하여 사자의 입에서 벗어나게 하셨음이라 하였더라
28 이 다니엘이 다리오 왕의 시대와 바사 사람 고레스 왕의 시대에 형통하였더라

나의 아내는 우리가 인도에 갈 때까지는 내가 정말로 화가 난 모습을 본 적이 없다고 말한다! 나는 극단적인 감정에 사로잡히지 않는 한 대체로 차분한 사람이다. 나는 적어도 오랫동안 화를 내지는 않는 사람이다. 하지만 그곳의 한 기독교 기관에서 내 생애 처음으로 오해를 받는 고약한 경험을 했다. 정말로 심각한 오해를 받았고, 그것은 나의 북아일랜드 억양 때문만은 아니었다! 그때 상황은 중요하지 않고 사실 거의 기억도 나지 않지만, 한 공동체 안에서 망가진 행정이 개인적인 결점과 적개심과 결합해 교만과 체면을 잃어버린 것에 대한 두려움에 의해 증폭되었을 때 발생하는 문제가 발생했다. 사람들이 그 자체로 정직하지 않은 말을 하고 행동을 했고, 그 결과 몇몇 다른 사람들, 특히 학생들이 부당한 대우를 당했다. 그 기관에서 맡은 공식적인 책임 때문에 불가피하게 나도 그 일에 말려들었다. 그런데 나의 동기가 판단을 받고 잘못 해석되고 있음을 알게 되었다. 내가 참석하지 않은 임원 회의에서 사람들이 나에 관한 말을 했다는 이야기를 들었다. 내 가족 역시 비판의 표적이 되었다. 심지어 나의 딸에 관한 말까지 나왔다. 나는 너무 괴로웠고, 큰 상처를 받았다. 마침 한 해 중 가장 더울 때였고, 시험과 성적 처리로 스트레스가 큰 시기였기에 기진맥진했고, 나 자신이 불쌍하게 느껴졌다. 나는 심각한 분노의 시간을 통과했다. 그 분노의 일부는 표현하기도 했고, 일부는 주의를 기울여 숨기기도 했다. 희생자가 되고 표적이 되고 흔히들 말하는 것처럼 칼로 등을 찔리는 듯한 압박감을 느꼈던 시간이었다. 간단히 말해서 그다지 좋은 시간이 아니었다.

이 정도가 내 삶에서 개인적 적대감을 경험한 최악이라면, 나는 매우 운이 좋은 사람이다. 불쾌하기는 했지만, 적어도 기독교적 환경 때문에 완화되었고, 그다지 오래 지속되지는 않았다. 내가 분노와 자기 연민에서 벗어나 더 나은 마음가짐을 가질 수 있도록 현명하고 성숙한 인도 학생들이 나를 도와주었다. 하지만 이 사건을 통해 나는 이교적, 세속적 세상 속에서 살아가는 그리스도인들이 다른 이들의 미움과 원한을 받게 될 때 감당해야 할 압력에 대한 작은 통찰을 얻었다. '사자굴'에 던져진다는 관용적인 표현은 우리가 사는 이 세상에서 일부 그리스도인들이 직면하는 바를 묘사하기에 전혀 과장된 은유가 아니다.

내가 듣거나 읽은 다니엘 6장에 관한 설교 중에서 가장 강력한 설교는 작고한 케냐의 대주교 데이빗 기타리(David Gitari)의 설교였다. 그는 자기 나라의 사회적, 정치적 불의를 공개적으로 비판했으며 이로 인해 정부 공격의 표적이 되었다. 그는 살해 위협을 받았을 뿐 아니라 한번은 그를 살해하라고 보낸 암살자들에 의해 자신의 집에서 가족과 함께 공격을 받기도 했다. 자신이 설교에서 다뤘던 다니엘처럼 그는 죽음에서 건짐을 받았다. 그런데 한 동료 주교를 비롯해 다른 그리스도인들은 자신들의 신념 때문에 죽었다.

따라서 다니엘 6장은 특히 살아계신 하나님을 믿음을 지키는 것이 삶과 죽음의 문제가 될 수도 있는 곳에서 권력의 압박을 받는 모든 그리스도인에게 매우 적절한 말씀이다. 전 세계에서 수천 명의 형제자매들이 삶의 '일상적인' 한 부분으로 이런 종류의 압박과 위험을 직면하고 있다.

이 책 전반부의 마지막 이야기 안에서 다니엘은 지금 어떤 상황 속에 있는가?

바빌로니아 제국이 몰락한 후에도 다니엘은 살아남아서 그 제국을 대체한 페르시아 제국의 정부에서 고위직에 올랐다. 흔히들 말하듯이 정부는 오고 가지만 공무원은 영원히 남는다. 이 무렵 다니엘은 매우 나이가 많은 사람이었을 테지만, 다시 한번 그는 하나님을 믿는 그의 신실한 믿음에 대한 혹독한 시험을 받는다. 이것은 1장에서 느부갓네살의 학교에 속한 어린 학생으로서 그가 했던 어떤 경험보다도 훨씬 더 어려운 시험이었다.

다니엘이 노년에 이런 신앙의 도전에 직면했다는 것은 정신이 번쩍 들게 하는 교훈이다. 하나님에 대한 우리의 신실함이 너무나도 확실히 입증되어 다시는 도전이나 시험을 받지 않을 것이라면서 여유를 부릴 수 있는 때는 결코 우리에게 찾아오지 않을 것이다. 나는 노인이었을 때 자신과 함께 오랫동안 정복 전쟁에 참여한 사람들 앞에서 연설했던 여호수아의 지혜에 언제나 깊은 감명을 받는다. 그들은 여호수아처럼 더 나이가 많은 세대였을 것이다. 하지만 그는 그들에게 "너희가 섬길 자를 오늘 택하라"라고 도전했다(수 24:15, 또한 23:1, 2 참조).

어제의 언약적 충성으로는 충분하지 않았다. 오늘 새롭게 선택해야 한다. 당신은 언제 마지막으로 실제 대안이 존재하는 상황에서 하나님을 섬기기로 선택했는가?

그렇다면 다니엘이 직면한 선택은 무엇이었을까? 먼저 우리의 화자는 주인공의 진실성을 우리에게 상기시킴으로써 이야기의 배경을 설명한다.

다니엘의 탁월함

_ 다니엘 6:1~4

> 다리오가 자기의 뜻대로 고관 백이십 명을 세워 전국을 통치하게 하고, 또 그들 위에 총리 셋을 두었으니 다니엘이 그 중의 하나이라. 이는 고관들로 총리에게 자기의 직무를 보고하게 하여 왕에게 손해가 없게 하려 함이었더라. 다니엘은 마음이 민첩하여 총리들과 고관들 위에 뛰어나므로 왕이 그를 세워 전국을 다스리게 하고자 한지라. 이에 총리들과 고관들이 국사에 대하여 다니엘을 고발할 근거를 찾고자 하였으나 아무 근거, 아무 허물도 찾지 못하였으니 이는 그가 충성되어 아무 그릇됨도 없고 아무 허물도 없음이었더라. _단 6:1 ~4

다니엘은 운이 좋거나 특권적인 엘리트 계급에 태어나서 그 자리에 오른 것이 아니다(사실 정반대였다—그는 인종적, 사회적 배경의 불리함을 극복해냈다). 왕의 편애 때문에 그 자리에 오른 것도 아니다. 이 장의 첫 부분에서는 다니엘이 고위직에 오른 것은 철저히 그럴 만한 자격이 있기 때문이었고 그가 한 사람으로 고귀한 자질을 갖췄기 때문이었음을 일부러 분명히 밝히고 있다.

1 **그의 개인적 능력.** 다니엘은 뛰어났다. 이 단순한 사실이 "마음이 민첩하여"라는 구절에 표현되어 있다. 본문에서는 그가 '탁월한 정신'을 지니고 있다고 말한다. 그와 그가 하는 모든 일이 뛰어났기 때문에 눈에 띌 정도로 구별되었다. 그는 타고난 재능을 지닌 사람이었으며 이를 철저히 활용해 꾸준하고 열심히 일했다. 그가 어렸을 때 느부갓네살 왕의 주목을 받게 했던 자질은 벼락치기로 시험에서 좋은 성적을 거두었지만 거친 정치계의 현실적 삶의 압력 아래서 실패하고 말 어린 수재의 잠깐 지속되는 반짝거림에 그치지 않았다. 다니엘은 모든 면에서 탁월했다.

2 **그의 개인적 진실성.** 이것이 이야기의 다른 핵심 요소다. 때로는 위대한 능력을 지닌 사람들이 진실성이 없어 자신의 재능을 타락한 방식으로 사용하곤 한다. 최근 금융계는 너무나도 똑똑한 사람들, 엄청난 전문 지식을 거대한 규모의 탐욕과 도둑질에 활용했던 사람들이 저지른 거의 믿기지 않을 정도의 사기 사건으로 휘청거렸다. 정치계에서는 자신의 직위를 활용해 자신의 주머니를 채운 부패한 공무원들에 관한 이야기를 자주 듣곤 한다. 의심할 나위 없이 페르시아처럼 거대한 관료 사회의 정부에서 다니엘과 같은 지위에 오른 사람들에게는 고대 세계에서 비슷한 사기 사건을 모의할 기회가 많았을 것이다. 그들은 온갖 부패한 방법과 남을 착취하는 관행을 통해 쉽게 부자가 될 수 있었을 것이다.

하지만 다니엘은 믿을 만했다. 그는 자신보다 아래에 있는 사람들, 자신이 섬겼던 평범한 사람들에게 신뢰를 받았다. 사람들은 그가 고위 공무원들에게 뇌물을 받고 자신들의 이익에 반하는 방식으로 일을 처리하지 않을 것이라고 믿었다. 또한 그는 자신보다 위에 있는 사람들에게, 특히 왕에게 신뢰를 받았다. 왕은 다니엘이 자신에 맞서 음모를 꾸밀지도 모르는 궁정의 모사꾼들이나 부패한 관리들한테서 뇌물을 받지 않을 것을 알고 있었다. 따라서 그의 정적들조차도 부패의 기미를 찾아낼 수 없었다.

그저 다니엘이 부패하지 않았다는 것이 전부가 아니었다. 그는 '부패하지도, 태만하지도 않았다.' 전혀 해가 되지 않는 사람들이 있지만, 이는 그들이 너무 게을러서 다른 무언가가 될 수 없기 때문일 뿐이다. 우리 모두 공공 기관에 일하는 이런 종류의 공무원을 알고 있다. 그들은 나쁜 일을 하기 때문이 아니라 아무것도 하지 않기 때문에 사람들을 분노하게 만든다. 자리를 덥히고 서류를 이리저리 보내기는 하지만 실제로는 아무 일도 일어나지 않는다. 다니엘은 그런 사람이 아니었다. 그는 일을 해냈다. 그는 '태만하지 않았다.' 따라서 두 가지 이유—그의 능력과 그의 성실함— 때문에 왕은 다니엘에게 책임을 맡기면 손해 보는 일이 없을 것을 알았다. 그는 일을 믿고 맡길 만한 사람이었다. 그는 국가의 이익을 보호할 사람이었다. 다니엘에게 일을 맡기면 왕도 나라도 해를 입지 않을 것이다.

다니엘 6장이 말하는 이야기의 관점에서 다니엘의 이러한 성품에 대해 고찰하는 목적은 명백하다. 이는 갑자기 그에게 찾아온 박해와 시험이 전적으로 불공평했다는 사실을 강조하기 위함이다. 이 이야기에서 다니엘에게는 욥과 비슷한 측면이 있다. 욥기는 우리가 상상할 수 있는 가장 의로운 사람이었지만, 자신이 전혀 알지 못했고 통제할 수 없는 것들 때문에 우리가 상상할 수 있는 최악의 재앙으로 고통을 당했던 사람에 관해 생각해보라고 권한다. 여기 다니엘 6장에서 우리는 직업에 있어서 탁월함과 성실함의 완벽한 본보기였지만, 그럼에도 불의한 증오와 공격으로 고통당하는 사람을 만난다.

사실 이 이야기의 아이러니는 다니엘이 그토록 잘 섬기고 있는 바로 그 국가에 의해 그가 이런 압박을 받게 되었다는 점이다. 그가 나중에(그가 어떤 처지에서 이 말을 하는지를 고려할 때) 정중하지만 강하게 지적하듯이, 그는 하나님이 보시기에 무고할 뿐 아니라 국가에 대해서도 아무런 잘못을 저지르지 않았다(22절). **아무런 잘못도 저지르지 않았다?** 그렇게 말하는 것은 엄청난 과소평가일 것이다! 다니엘은 정직하고 효율적인 행정을 통해 그의 정적들의 공헌을 다 합친 것보다 더 많은 유익을 국가에 가져다주었다. 하지만 그는 고통을 당했다.

하지만 훨씬 더 놀랍게도 다니엘은 사자굴을 경험한 후에도 계속해서 국가를 섬겼다. 그는 의로운 분노를 표출하면서 사직서를 제출하지 않았다. 그는 원수 사랑에 관한 예수의 말씀에 대한 본보기를 미리 보여주었을 뿐 아니라 베드로가 자기 시대의 그리스도인들에게 하라고 권면했던 바를 실천한 사례이기도 하다. 그는 선을 행한다는 이유로 고통을 당하더라도 참고 견디며 **계속해서 선을 행하라**고 말했다. 다니엘은 아래 본문에 제시된 베드로의 가르침에 관한 완벽한 사례다.

> 인간의 모든 제도를 주를 위하여 순종하되…. 곧 선행으로 어리

석은 사람들의 무식한 말을 막으시는 것이라. _벧전 2:13, 15

또 너희가 열심으로 선을 행하면 누가 너희를 해하리요? 그러나 의를 위하여 고난을 받으면 복 있는 자니 그들이 두려워하는 것을 두려워하지 말며 근심하지 말고, 너희 마음에 그리스도를 주로 삼아 거룩하게 하고 너희 속에 있는 소망에 관한 이유를 묻는 자에게는 대답할 것을 항상 준비하되 온유와 두려움으로 하고, 선한 양심을 가지라 이는 그리스도 안에 있는 너희의 선행을 욕하는 자들로 그 비방하는 일에 부끄러움을 당하게 하려 함이라. 선을 행함으로 고난 받는 것이 하나님의 뜻일진대 악을 행함으로 고난 받는 것보다 나으니라. _벧전 3:13~17

만일 그리스도인으로 고난을 받으면 부끄러워하지 말고 도리어 그 이름으로 하나님께 영광을 돌리라. … 그러므로 하나님의 뜻대로 고난을 받는 자들은 또한 선을 행하는 가운데에 그 영혼을 미쁘신 창조주께 의탁할지어다. _벧전 4:16, 19

여기서 또 한 가지를 지적해둘 만한 가치가 있다. 다니엘은 자신의 모든 능력과 진실성을 사용해 이 세속적, 이교적, 정치적 권력을 섬겼다. 그가 날마다 하는 일은 그의 정부와 그의 하나님 모두를 섬기는 기회이자 방식이었다. 우리는 다니엘이 날마다 기도했다는 사실 말고는 그의 개인적, 종교적 삶에 관해 아무것도 알지 못한다. 그가 어떤 종류의 사회적, 종교적 프로그램에 참여했는지 알지 못한다. 동네 회당에서 탁월한 평신도 지도자였는지 알지 못한다. 그가 돌아다니면서 바빌로니아 사람들에게 하나님이 이스라엘을 위해서 무슨 일을 하셨는가에 관한 '복음' 이야기를 하고 그들에게 한 분이신 참 하나님을 믿으라고 촉구했는지 알지 못한다. 하지만 날마다 하는 세속적인 일에서 그가 최고였다는 것은 알고 있다. 나머지 이야기와 그 핵심 주제를 제쳐두더라도 이 점은 마음에 새길만한 가치가 있다.

그리스도인들이 세속적인 직업은 단지 몸을 위해 필요한 음식과 옷을 사는 수단에 불과하며, 따라서 그 직업을 유지하기에 충분한 정도의 능력과 노력만 투자해도 된다고 생각한다면 매우 슬픈 일이다. 그들은 그렇게 함으로써 자신들이 가진 최선의 재능과 시간은 '하나님의 일'을 위해 아껴둘 수 있다고 생각한다. 이런 식의 이분법 때문에 삶 전체를 '하나님의 일'이라는 것을 깨닫지 못한다. 그와 대조적으로 바울은 그리스도인인 노예들에게도 주인을 위해—심지어 그리스도인이 아닌 주인을 위해서도— 열심히, 정직하게 일하라고 권면했다. 바울은 그들이 그렇게 함으로써 사실은 주 그리스도를 섬기고 있기 때문이라고 가르쳤다.

> 종들아, 모든 일에 육신의 상전들에게 순종하되 사람을 기쁘게 하는 자와 같이 눈가림만 하지 말고 오직 주를 두려워하여 성실한 마음으로 하라. 무슨 일을 하든지 마음을 다하여 주께 하듯 하고 사람에게 하듯 하지 말라. 이는 기업의 상을 주께 받을 줄 아나니 너희는 주 그리스도를 섬기느니라. _골 3:22~24

내가 교수와 학장으로 13년 동안 몸담았던 올 네이션스 크리스

천 칼리지(All Nations Christian College)에서는 교차문화적 기독교 선교의 다양한 소명을 위해 사람들을 훈련하고 준비하는 일을 하고 있다. 사람들이 입학을 지원할 때 우리는 최소한 세 통의 추천서—하나는 친구로부터, 하나는 교회의 목회자나 기독교 지도자로부터, 하나는 세속적인 고용주로부터(올 네이션스의 학생 대부분은 이미 특정한 세속 전문 분야에서 일해온 사람들이다)—를 요구했다. 나는 지원자들을 면접하기 전에 언제나 세 번째 추천서를 가장 관심 있게 보았다. 그리스도인인 친구나 목회자는 그들에 관해 좋은 말을 할 것이라고 충분히 예상할 수 있다. 하지만 나는 그들이 비기독교적인 직장에서 어떤 인상을 남겼는지를 알고 싶었다. 그들은 믿을 만하고 정직하고 열심히 일하는 사람이었을까? 그들은 동료들과 좋은 관계를 맺었을까? 그들은 일을 잘한다고 알려져 있었을까? 세속적인 삶에서 그들이 했던 일에 관련해 문제가 있었다면 그들이 기독교적인 일을 해야 할 때는 다를 것이라는 보장이 어디 있겠는가? 세속적인 고용주가 추천서에(비록 이해할 수는 없더라도) 직원의 결정과 소명 의식을 존중하지만, 회사에 큰 손실이기에 그 사람이 떠나지 않기를 바란다고 쓴 글을 읽을 때 내 마음은 너무나도 따뜻해졌다. 그 지원자가 세속적인 직장에서도 놓치기를 아쉬워하는 사람이라면, 우리가 적합한 사람을 찾은 것이라고 나는 생각했다.

그러므로 다니엘이 보여준 탁월함의 본보기를 통해 우리는 세상 속에서 그리스도인으로서 우리의 일상적인 삶에 대해 진지하게 돌아보아야 한다. 한편으로, 이 이야기는 우리가 불공평하고 불의한 대우를 당하더라도 (베드로와 야고보가 편지에 적었듯이) 놀라지 말라고 경고한다. 다른 한편으로, 이 이야기는 우리가 세속 영역에서 실제로 일하는 태도에 있어서 우리의 동기와 진실성을 점검해볼 것을 촉구한다.

다니엘의 적들

_ 다니엘 6:4~9

> 이에 총리들과 고관들이 국사에 대하여 다니엘을 고발할 근거를 찾고자 하였으나 아무 근거, 아무 허물도 찾지 못하였으니 이는 그가 충성되어 아무 그릇됨도 없고 아무 허물도 없음이었더라. 그들이 이르되, "이 다니엘은 그 하나님의 율법에서 근거를 찾지 못하면 그를 고발할 수 없으리라" 하고. _단 6:4~5

선하고 유능한 사람들이 선하지도 않고 유능하지도 않은 사람들에게 미움을 사는 일은 삶에서 매우 흔히 일어난다. 이것은 타락한 인간 본성의 특징 중 하나일 뿐이다. (많은 동화가 그렇듯이) 《미운 오리 새끼》 이야기는 경험을 통해 입증된 진리를 예증한다. 아무도 편안한 무리와 다른 누군가, '우리 중 하나'가 아닌 사람을 좋아하지 않는다. 특히 그 다름이 도덕의 문제이거나 실제로 무슨 일이 일어나고 있는지를 폭로할 위험이 있는 무언가일 때는 더 그렇다. 따라서 이 이야기에서 다니엘처럼 유능한 사람에게 그토록 비열한 적들이 있었다는 사실은, 많은 사람이 실제 삶에서 하는 경험을 비추는 거울이라고 말할 수 있다. 그들은 너무나도 있을 법한 것을 생각하고 말한다.

그들의 증오

그들은 왜 다니엘을 그토록 미워했을까? 본문에서는 그들의 사악한 생각과 책략 배후에 자리 잡은 이유에 관해 몇 가지 암시를 제공한다.

1 **질투.** 그들은 다니엘이 진급했다는 소식을 들었다(단 6:3). 왕실 내각에서 인사 정보가 유출되었다. 왕의 뜻을 알고 있는 누군가가 자신의 동료들에게 왕이 다니엘을 정부 전체를 총괄하는 가장 높은 자리에 앉힐 생각이라고 말했다. 따라서 급성 전염병처럼 전문직 종사자들의 질투가 시작된다. 물론 정치계는 이런 종류의 질투가 생겨나기에 매우 적합한 공간이다. 오늘날 수많은 정치인이 집중 조명을 받고, 가장 좋은 사진을 찍을 기회를 얻고, 귀에 쏙 들어오는 발언을 하고, 누구나 원하는 직책을 맡기 위해 경쟁하는 것을 보면서 냉소적인 반응을 보인다. 공허한 말로 공직의 이상에 관해 떠들고 짐짓 겸손한 척하지만, 많은 경우에 권력과 영향력이나 그에 수반되는 부나 명예라는 관점에서 이익을 확보하기 위한 무한 경쟁일 뿐이다.

그리스도인이나 기독교 기관이라고 해서 이런 파괴적인 전문직의 질투로부터 자유로운 것은 전혀 아니다. 교회들과 교단들도 대개 그 나름의 '경력 구조'와 위계질서(이 단어 자체가 성경적인 목회관과 어울리지 않는다)가 있다. 또한 어떤 곳에서는 온갖 비열하고 타락한 방식으로 교회 안의 직위를 두고 (때로는 말 그대로) 싸운다. 그런 직위가 가져다주는 돈과 권력을 얻기 위해서 그렇게 싸운다.

2 **인종주의.** 다니엘의 적들은 종교("그 하나님의 율법")와 관련해 그를 공격하기로 했다. 하지만 물론 이것은 단지 사적인 신념의 문제가 아니었다. 이것은 그의 인종적 정체성이기도 했다. 13절에서 그들이 왕에게 다니엘을 묘사하는 방식을 통해 그들의 인종주의적인 태도가 드러난다. 그가 "사로잡혀 온 유다 자손 중" 하나라고 그들은 빈정거린다. 이 일은 이스라엘 백성이 바벨로니아 군대에 의해 강제로 끌려오고 나서 50년이 지난 시점에 일어난 일이다. 유다에서 온 사람들은 이제 바벨로니아에서 두 세대 동안 정착해 사는 셈이다. 다니엘처럼 많은 사람은(다니엘 1장에서 보았듯이) 포괄적인 학문적, 문화적 재교육을 받은 후 이 나라의 사회적, 정치적 체제에 철저히 통합되어 있었다. 그리고 이제 바벨로니아가 페르시아에 의해 대체되었다. 하지만 이 적대적인 관리들은 영국의 2세대, 3세대 흑인 시민들을 '이민자'라고 부르는 것처럼 여전히 경멸적인 용어로 그를 부른다. 다니엘 6장은 그저 위험에 직면하여 용기를 발휘한 사람에 관한 영적 이야기가 아니다. 명백히 반유대주의의 분위기를 풍기며, 따라서 인종주의의 뒤틀린 얼굴을 폭로한다.

다른 누군가 진급하는 것을 보면서 질투하지 않기가 어렵다면, 그 사람이 경멸하는 인종 집단이나 사회 계급, 지역 출신일 때는 훨씬 더 견디기 어렵다. 그럴 경우 개인적인 질투가 집단적 교만과 연결되며, 외부자로부터 내집단을 보호하고자 하는 인간으로서 우리 모두가 지닌 본능이 불쑥 나타난다. 인종주의는 사회 안에 존재하는 대단히 무섭고 파괴적인 암이며, 이 이야기는 그것이 어떤 결과를 낳을 수 있는지를 보여준다.

3 **앙심.** 예수는 사람들의 행위가 악하며, 그들이 빛을 싫어하기에 어둠을 사랑한다고 말씀하신 적이 있다. 선은 그것이 사람들의 자기 이익과 우연히 일치되지 않는 한 인기가 없다. 진실한 사람은 악한 사람들에게 끊임없는 폭로의 위협이 되기에 위험에 빠지는 경우가 많다. 타락한 사람들은 자신의 이익을 보호하기 위해 '너무 착해서 손해를 볼 수밖에 없는' 사람들의 위협을 제거하려고 노력할 것이다. 이 관리들은 아마도 다니엘이 승진하여 정부의 최고위직에 오른다면 자신들의 부패한 관행을 지속하기가 어려울 것을 깨달았을 것이다. 그들은 탄로가 나서 해직을 당할 수도 있다. 따라서 그들은 그런 일을 막기 위해 다니엘을 자신들의 수준으로 끌어내리고, 그가 그들의 부패를 폭로할 수 있기 전에 부패를 이유로 그가 해임을 당하게 하려고 최선을 다했다. 그들은 '부정적인 선동,' 추문 폭로에 관해 너무나도 잘 알고 있었다. 그들은 모든 정치적인 십자가형의 전략을 시도했다. 그러나 마침내 그들은 패배를 인정할 수밖에 없었다. 다니엘에게는 아무것도 먹히지 않았다. 그의 기록은 너무나도 깨끗해서 모든 고발에 신빙성이 부족할 것이고, 오히려 그를 고발할 사람들을 어리석게 보이도록 만들 것이다.

신약 성경에서는 "놀라지 말라"라고 경고한다. 우리는 하나님께 맞서 반역한 세상 속에서 살고 있다. 따라서 세상은 하나님 나라의 가치—진리와 정직, 성실, 선함, 심지어 유능함—을 지켜내는 사람을 대할 때 그런 반역의 특징을 드러낼 것이다. 이런 가치는 이 세상에서 환영을 받지 못한다.

그들의 방법

1 **그들은 그의 강점을 이용했다.** 그들은 다니엘의 갑옷에서 약점을 발견하지 못했기에 갑옷을 입은 채로 그를 함정에 빠뜨리기로 작정했다. 그들은 약점을 찾지 못했기에 그의 강점을 이용해 그를 무너뜨리기로 했다. 그들은 다니엘의 가장 독특한 점이 무엇인지 물었다. 그에게 가장 중요한 것이 무엇일까? 그들은 그의 탁월한 업무 성과 위에, 그리고 그 배후에 하나님에 대한 그의 충성이 자리 잡고 있음을 깨달았다. 지금은 하나님에 대한 이러한 충성과 국가에 대한 그의 충성과 봉사 사이에 갈등이 없었다. 하지만 그들이 갈등을 **강요하는** 상황을 마련할 수 있다면 종교적 확신이라는 그의 강점이 그의 몰락을 초래할 수도 있을 것이다. 탁월한 계략이었다.

사악하게 영리한 계획이었다. 사탄의 계략은 이와 비슷한 경우가 많다. 그리스도인의 삶의 초기 단계에 사탄은 우리의 약점—옛 습관, 깊이 뿌리를 내려서 아직 회심하지 않은 개인적 특징과 태도, 편견, 성경의 가르침에 대한 무지, 그리스도인으로서 어떻게 살 것인가에 관한 좋은 충고와 지침의 부족—을 통해 손쉽게 우리를 함정에 빠뜨릴 수 있다. 하지만 그리스도인이 가르침과 경험, 하나님의 은총으로 자라갈 때 이런 약점은 해결된다. 그리스도를 닮은 새로운 특징이 나타나기 시작한다. 물론 우리의 모든 약점을 제거할 수는 없다. 하지만 하나님의 은총과 성령의 열매에 의해 우리의 약점은 강점으로 변하게 된다.

그리고 그 시점에 사탄은 전략을 바꾼다. 명백하고 쉬운 유혹과 죄로 우리를 끌어내릴 수 없다면, 사탄은 우리가 우리의 강점이나 은사라고 여기는 바로 그것을 이용해 우리를 함정에 빠뜨리고 다시금 우리를 죄와 패배에 빠뜨리는 상황으로 몰아간다.

예를 들어, 그리스도인이 될 때 부모에 대한 젊은 사람의 책임감이 강화된다. 왜냐하면 이는 분명히 성경적, 기독교적 의무의 일부이기 때문이다. 따라서 새롭게 강화된, 존경과 순종의 태도가 명확하고 의식적인 덕이 될 때까지 자라고 개발되게 하라. 이 젊은 그리스도인은 부모를 존중하고 친절하게 대하고자 하는 새로운 욕망이 있다. 자녀의 기독교 신앙에 대해 적대적이지 않다면 부모는 이를 환영할 것이다. 하지만 이제 부모에 대한 효심이라는 이 강점이 그리스도의 부르심에 대한 충성과 갈등을 일으키게 하라. 그럴 때 이처럼 갈등하는 충성을 어떻게 해결할 수 있을까?

올 네이션스에서 내가 가르친 학생 중 한 명이었던 젊은 인도 여성은, 힌두교 가정 출신으로, 새로 개종한 그리스도인으로 자신의 삶에서 바로 이것이 견딜 수 없는 긴장임을 깨달았다. 그는 모든 일에서 부모께 순종하고 싶었다(이는 인도 문화에서도 의무였고, 그의 기독교 신앙은 이를 강화했다). 하지만 그는 유일한 하나님이자 주님이신 예수에 대한 충성을 포기하고 그들과 함께 힌두교 신들을 예배하라는 가혹하고 끈질긴 압력에 굴복할 수 없었다. 하나님의 도우심으로 그는 굳게 믿음을 지켰다. 하지만 그의 설명처럼, 이 시험이 그토록 혹독했던 것은, 그가 그들의 요구를 받아들여 그들의 신을 예배했더라도 잘못되거나 부도덕한 일을 한 것처럼 보이지 않았을 것이고, 정반대로 그는 순종적인 딸로서 의무를 다하는 것처럼 보였을 것이다. 그것이 바로 그의 부모가 바라는 바며, 성경도 그렇게 가르치지 않는가? 그에게 제자도가 가정 안에서 '칼'이 될 수도 있다는 예수의 가르침은 고통스러운 현실이었다.

또한 많은 기독교 목회자들이 그들이 하는 일의 속성에서 기인하는 성적 유혹에 굴복한다는 것도 안타까운 사실이다. 여러 해 전 〈크리스채너티 투데이〉(Christianity Today)에 게재된 조사 결과에 따르면, 설문에 응답한 천 명의 목회자 중 12%가 목회 사역 중 간통을 저지른 적이 있다고 인정했다. 18%는 더 일반적인 성적 접촉을 한 적이 있다고 인정했다. 나는 이 남성들과 여성들이 그런 종류의 일을 저지르고자 하는 의도나 욕망을 가지고 목회자가 되었을 가능성은 희박하다고 확신한다. 전부는 아니더라도 그들 대부분은 목회를 시작할 때 이런 일에 휘말리게 되리라고는 아마도 상상조차 하지 않았을 것이다. 그러나 그들의 은사이자 강점인 바로 그것—목회적인 마음과 남을 돌보는 태도—과 부주의한 눈 때문에 덫에 걸려 넘어졌다. 그들이 강점이라고 생각했던 그것이 결국 치명적인 약점을 은폐했음을 깨닫게 된 것이다.

교훈은 이것이다. 당신의 약점에 대해서만 경계하지 말라. 당신의 강점에 대해서도 경계하라. 사탄은 둘 다 공격하는 방법을 알고 있다.

2 그들은 법을 위반했다.

> 이에 총리들과 고관들이 모여 왕에게 나아가서 그에게 말하되, "다리오 왕이여, 만수무강 하옵소서! 나라의 모든 총리와 지사와 총독과 법관과 관원이 의논하고 왕에게 한 법률을 세우며 한 금령을 정하실 것을 구하나이다. 왕이여, 그것은 곧 이제부터 삼십일 동안에 누구든지 왕 외의 어떤 신에게나 사람에게 무엇을 구하면 사자 굴에 던져 넣기로 한 것이니이다. 그런즉 왕이여, 원하건대 금령을 세우시고 그 조서에 왕의 도장을 찍어 메대와 바사의 고치지 아니하는 규례를 따라 그것을 다시 고치지 못하게 하옵소서" 하매, 이에 다리오 왕이 조서에 왕의 도장을 찍어 금령을 내니라. _단 6:6~9

그들이 왕에게 한 제안은 왕을 대단히 기분 좋게 했다. 그들은 아첨으로 왕의 판단을 흐리게 하여 그들의 제안이 매우 위험적이라는 사실에 왕이 주의를 기울이지 못하게 하려고 했다.

사실 페르시아 제국은 신민들에게 상당한 수준의 종교적 자유를 부여했다. 페르시아의 고레스는 바빌로니아를 무찌르고 제국 전체를 차지한 후에 처음으로 단행한 조치로서 포로로 잡혀 온 사람들과 그들의 신들을 해방하는 칙령을 발표했다(단 1:21, 6:28, 스 1:1~11). 이 칙령 덕분에 유다 출신 포로들은 (바빌로니아에 의해 포로로 끌려온 다른 민족들과 마찬가지로) 예루살렘으로 돌아가 그들의 하나님 여호와를 예배할 성전을 재건할 자유를 얻었다. 고레스 칙령 중 유다 사람들과 관련된 부분은 에스라 1장 1~4절에 기록되어 있다. 그의 정책에 관한 자세한 내용은 대영 박물관에 소장된 고레스 원통에 기록되어 있다.

페르시아 제국의 공식적인 식민지 정책이 된 고레스의 생각은 그 이전의 아시리아와 바빌로니아의 정책과 정반대였다. 아시리아와 바빌로니아는 여러 민족을 제국의 권력에 복종하게 만드는 최선의 방법은 그들을 무너뜨리고, 주민들을 흩어지게 하고 추방하고, 특히 그들의 우상을 수도로 가져옴으로써 그들의 신들을 붙잡아두는 것이라는 관념을 채택했다. 여호와에게는 우상이 없었으므로, 다니엘서 첫 부분에서 보았듯이 느부갓네살은 그 대신 예루살렘 성전의 성스러운 기물을 가져왔다. 고레스는 이런 정책이 끊임없는 불만과 반란의 원인이 된다고 판단했던 것으로 보인다. 그 모든 신을 해방하여 모두 고향으로 돌려보낼 수 있는데 왜 굳이 수도에 가둬 둠으로써 그들이 분노하게 만든단 말인가? 그들을 위해 좋은 신전을 지으라. 그러면 당신의 신민들은 당신에게 고마워할 것이며, 당신을 위해 그들의 신들에게 기도할 것이고, 당신은 평화롭고 행복한 제국을 가지게 될 것이다. 이것이 고레스의 생각이었던 것 같다.

그러므로 페르시아 제국의 공식 정책은 페르시아 제국에 대한 전반적인 충성이라는 한계 안에서 신민들에게 상대적인 종교적 자유를 허락하는 것이었다. 그런 점에서 전보다 더 너그러운 체제였다. 그러므로 다니엘의 경우든, 유대인들의 경우든, 헌정적으로는 '그 하나님의 율법'이 요구하는 바가 '메대와 바사의 규례'와 충돌할 이유가 없었다. 하지만 그의 적들은 바로 이런 갈등을 획책하기 위해 말하자면 일시적인 헌정 중단 상태를 만들어내는 데 성공했다. 그들은 다니엘이 하나님의 율법과 국가의 법 사이에서 양자택일할 수밖에 없게 만들면, 그가 자신의 하나님을 선택할 것을 알고 있었다. 하지만 그런 선택을 강요하기 위해서는 국가의 법을 바꿔야만 했다. 따라서 그들은 이를 위해 다리오 왕을 찾아갔다. 하지만 그들은 (왕에게 경의를 표하는) 긍정적인 아부의 말로 (다니엘을 파괴하고자 하는) 그들의 부정적인 의도를 감추었다. 그들은 틀림없이 이런 식의 뒷받침하는 주장을 펼쳤을 것이다.

- "우리 제국 안의 모든 인종 사이에 조화와 일치를 촉진해야 합니다. 우리의 제안은 인종 간의 관계에도 기여할 것입니다." (나는 [뭄바이로 이름이 바뀌기 전] 봄베이 공항에서 이런 문구가 적힌 대형 포스터를 본 기억이 있다. "힌두교도이든, 이슬람교도이든, 기독교도이든, 시크교도이든, 자이나교도이든, 우리는 첫째도 인도인이며 마지막에도 인도인입니다.")
- "사람들이 사적으로 자신의 종교를 따르는 것은 괜찮지만, 모든 사람이 왕과 국가에 대한 충성이 우선임을 인정해야 합니다."
- "단 하나의 애국적 종교만 존재해야 하고 일정한 기간 모든 사람이 이를 받아들여야 합니다. 그런 다음 이 기간이 지난 후에는 각자 자신의 종교로 돌아가게 하면 됩니다."

그리고 왕은 제안을 받아들였다. 그는 아첨하는 말에 속아서 새 법안에 직인을 찍었고, 그 결과 추가적인 자문이나 심의 없이 이 법안은 법이 되었다. 나머지 이야기를 통해 우리는 나중에 그가 자신의 성급한 결정을 후회했음을 분명히 알 수 있다. 그러나 이미 엎질러진 물이었다. 그 자체로 위헌적인 법률로 인해 헌정이 사실상 중단되었으며, 그 덕분에 다니엘의 적들은 적법성을 빙자해 그를 끌어내리기에 충분한 시간을 확보했다.

우리는 그리스도인으로서, 시민으로서 나라의 헌정적 틀에 관해 경계할 필요가 있다. 헌법은 중요하다. 헌법은 사회적, 정치적 삶을 영위할 때 그 전제가 되는 가치와 조건을 규정한다. 그리고 성경을 통해서 우리는 하나님이 그런 것에 관해 관심을 기울이신다는 것을 알고 있다. 신명기는 구약 이스라엘의 헌법과 같다고들 말한다. 따라서 모든 인간의 권위가 하나님께서 맡겨주신 위임받은 권위라고 믿는다면, 기본적인 인권과 헌법이 보장하는 자유가 하나님의 도덕적인 뜻을 반영하고 모든 사람의 유익을 위한 것이라고 믿는다면, 다시 말해서 우리의 성경적 신앙이 기독교뿐 아니라 우리의 인간성에 관해서도 중요한 진리를 말한다면, 우리는 모두 헌법이 보장하는 권리와 자유를 지지해야 한다.

우리는 세계의 많은 부분에서 어떻게 인권이 침해되고 있는지 잘 알고 있다. 법률 자체가 그리스도인들을 차별하는 많은 나라에서 그들이 직면한 어려움에 관해 알고 있다. 그러나 우리가 이른바 세속적 민주주의 사회에서 살고 있더라도, 교묘한 방식으로 기독교 신앙의 적들이 예배하고 증언할 수 있는 소중한 자유를 약화하거나 제거하려고 하는 시도에 대해 경계해야 한다.

1970년대 인도에서 인도 연방의 수많은 주가 '종교의 자유' 법안을 통과시켰다. 그 이름이 주는 인상과 달리 이 법안의 의미는 사람들이 자유롭게 자신의 종교를 가질 수 있지만, 대단히 길고 복잡한 법적 절차를 거치지 않고는 다른 종교의 사람을 자신의 종교로 개종시키거나 자발적으로 다른 종교로 개종하겠다고 결정할 수도 없다는 것이었다. 몇몇 주에서는 여전히 이런 법률이 유지되고 있으며 그리스도인들에게 혹독하게 적용되고 있다. 이런 법률이 "자유롭게 종교를 고백하고 실행하고 선전할 자유"를 보장하는 인도 헌법 25조의 근본 권리 조항과 모순된다는 사실에도 불구하고 이런 법률이 만들어졌다.[1] 실제로 인도의 힌두 민족주의 안에서는 네팔의 헌법처럼 한 종교에서 다른 종교로 개종하는 것을 금하는—따라서 힌두교도 사이에서의 기독교 전도를 불법화하는— 헌법을 제정하려는 강력한 운동이 존재한다.

> **19조 종교에 대한 권리** (1) 그 누구도 다른 사람을 한 종교에서 다른 종교로 개종하게 할 자격이 없음을 인정하는 조건으로 모든 사람은 전통적인 실천을 존중하며 고대로부터 자신에게 전해진 종교를 고백하고 실천할 자유를 갖는다.[2]

이 법을 위반할 경우 징역 3년에서 6년이 선고되었고, 그곳의 많은 그리스도인이 그런 처벌을 받았다. 네팔은 방향을 바꾸어 종교의 자유를 허용했고, 그 결과 지난 사반세기 동안 기독교 교회는 놀랍게 성장했다. 하지만 인도에서는 훨씬 더 친힌두교적인 정부가 집권했다.

우리는 서양의 자유 민주주의 사회에서는 이런 일이 절대 일어나지 않을 것으로 생각할지도 모른다. 무작정 안심하는 태도를 보여서는 안 된다. 아무도 기독교를 금지하거나 그 정도 노골적인 조치를 주장하지는 않을 것이다. 하지만 우리는 모든 형태의 전도, 특히 다른 신앙 공동체 사이에서의 전도가 인종 간 혹은 지역사회의 조화에 해로우며, 따라서 불법으로 규정되어야 한다는 말을 듣게 될지도 모른다. 심지어 전도를 '혐오 표현'과 동일시하며 박해를 가할지도 모른다. 이미 영국에서 평등법은 그리스도인의 양심이 특히 동성 결혼과 관련해 성에 대한 문화의 이해나 법률과 충돌하는 도덕적 영역에서 그들이 양심의 자유를 행사하지 못하도록 막는 데 사용되고 있다. 사람들이 사자 우리에 던져지는 것은 아니지만 일자리나 직업을 잃어버리게 되어 가족 전체가 치명적인 타격을 입을 수도 있다.

민주주의 사회에서 사는 우리는 모든 법적 수단을 동원해 헌법적 자유를 수호해야 할 필요가 있다. 그렇게 하는 것은 전혀 '비기독교적인' 태도가 아니다. 하지만 동시에 우리는 우리가 그리스도께 순종하여 그리스도인으로서 우리의 의무를 다하지 못하도록 하는 법률이 국가에 의해 통과된다면 우리가 성경적으로 어떻게 대응해야 할지를 알고 그렇게 대응할 준비를 해야 한다. 이런 현실을 바라볼 때 우리는 실제로 이런 제약 속에서 살아가며 복음을 증언하는 전 세계의 수많은 그리스도인, 특히 중동과 북아프리카, 파키스탄, 말레이시아처럼 이슬람에 의해 강력히 통제되는 법률 체계를 지닌 국가에서 살아가는 이들의 목소리에 귀를 기울이고 그들한테서 배워야 한다.

이러한 상황에 부닥칠 때 우리는 다니엘에게서 배워야 한다. 국가에 대한 그의 충성이 하나님에 대한 충성과 충돌하게 되었다. 지금까지 논의한 것에 비춰볼 때, 다니엘에게 닥친 시험은(다니엘 3장의 사드락과 메삭, 아벳느고의 경우처럼) 국가가 **요구하는** 무언가가 아니라, **금지하는** 무언가와 관계가 있다는 점은 지적해둘 가치가 있다. 어떤 의미에서 만약 국가가 당신에게 하나님이 금지하셨다고 알고 있는 무언가를 하라고 명령한다면, (비록 값비싼 대가를 치러야 하겠지만!) 그저 이를 거부하기만 하면 된다. 하지만 국가가 무언가를 하기를 중단하라고 명령한다면, 이를 따르기가 훨씬 쉽다. 특히 전도의 경우처럼 우리가 어쨌든 그것을 그다지 많이 하지 않고 있다면 더욱 그럴 것이다.

다니엘이 한 달 동안 기도를 중단했다고 누가 알아차리겠는가? 그는 외적, 신체적 기도의 행위를 중단하고 그저 조용히, 은밀히 계속 기도할 수도 있지 않았을까? 하지만 그렇게 했다면 국가가 요구하는 바로 그 우상 숭배에 굴복하는 셈이었다. 국가가 신적 지위에 해당하는 주장을 하기 시작한다면, 기도조차 하나의 정치적 행위가 된다. 기도할 때, 특히 공적으로 남들이 볼 수 있도록 기도할 때, 당신은 국가보다 더 높은 권위가 존재한다고 주장하는 셈이다. 당신은 카이사르를 초월한 권위에 호소하고 있다. 당신에 대한 궁극적 권력과 권위를 가지고 있다는 국가의 주장을 부인하고 있다. 기도는 정치적 주장이다.

그래서 신약에서 그리스도인이 정치적 권위에 순종해야 한다는 가르침은 그들을 위해 기도하라는 명령과 연결되어 있다(딤전 2:1~2). 기도는 정치적 권위를 올바른 관점에서 바라볼 수 있게 해 준다. 왕과 정부를 위해 기도한다면, 당신은 자동으로 그들이 합당하고 종속적인 위치에—당신이 기도하는 하나님의 통치와 통제 아래에— 있음을 보게 된다. 그러므로 나는 권력을 지닌 이들을 위해 기도하는 것과 상황에 따라서 그들에 대해 반대하는 기도를 하는 것 사이에 아무런 모순도 존재하지 않는다고 생각한다. 다시 말해서,

우리는 성경이 명령하듯이 우리의 정치적 지배자들이 정의과 정직, 긍휼의 마음으로 잘 다스리도록, 또한 그들이 개인적으로 그리스도를 믿고 구원을 받게 되도록 그들을 위해 기도해야 한다. 하지만 동시에 그들이 부패하거나 비윤리적인 관행에 관여하는 것을 알게 될 때, 성경적, 윤리적 가치에 반하는 법률(예를 들어, 공평하지 않은 방식으로 이미 가난한 사람들에게 불이익을 가하고 이미 부유한 사람들에게 유리한 법률)을 통과시킬 때, 국가가 내부적으로나 의심스러운 전쟁으로 과도하며 정당성이 없는 폭력을 자행할 때, 국가가 하나님의 피조물에 회복할 수 없는 피해를 주고 지구의 기후를 위협하는 일을 저지를 때, 우리는 그런 정책에 대해 반대하는 기도를 할 수 있고 해야 하며, 필요한 경우에는 성경의 예언자들이 그렇게 했듯이 반대하는 목소리도 내야 한다. 국가를 위해 기도하는 것(바울이 로마서 13장에서 말하듯이 국가에 복종하는 것)과 국가를 비판하는 것 사이에는 아무런 모순도 존재하지 않는다. 오히려 우리가 정치의 영역을 위해 더 많이 기도할수록 성경에 계시된 하나님의 기준으로 정치계에서 벌어지고 있는 일을 평가하는 우리의 능력이 더 날카로워질 것이다.

나는 다니엘이 예레미야를 통해 주신 하나님의 가르침(렘 29:7)에 따라 느부갓네살과 바빌로니아를 위해 기도했듯이 다리오를 위해서도 기도하고 있었을 것이라고 믿는다. 그렇기에 그는 바로 그 다리오의 명령에도 불구하고 기도하기를 멈추기를 거부했다. 다니엘은 기도의 삶을 통해 다리오보다 더 높은 권위와 계속해서 교통했으며, 어떤 칙령도, 심지어는 "메대와 바사의 규례"도 이를 바꿀 수 없었다.

다니엘의 가치

_ 다니엘 6:10

다니엘이 이 조서에 왕의 도장이 찍힌 것을 알고도 자기 집에 돌아가서는 윗방에 올라가 예루살렘으로 향한 창문을 열고 전에 하던 대로 하루 세 번씩 무릎을 꿇고 기도하며 그의 하나님께 감사하였더라. _단 6:10

다니엘은 평생 잘 훈련되고 규칙적이며 습관적인 기도의 삶을 살았기에 이를 계속하기보다 멈추기가 더 어려웠을 것이다. 그의 기도의 삶의 몇몇 특징은 거의 우연히 언급되고 있는 것처럼 보인다. 하지만 이를 통해 그것이 이상하거나 비정상적인 무언가가 아니었음을 알 수 있다.

◆ 그는 하루에 세 번씩 기도했다.

◆ 그는 무릎을 꿇었다.

◆ 그는 하나님께 감사했다.

◆ 그는 하나님의 도우심을 구했다(단 6:10, 11).

누구든지 따라 할 수 있는 단순한 내용이다.

그의 적들이 이런 행동을 이유로 그를 체포하고 고발했다는 것은 그들이 얼마나 필사적이었으며 그를 제거하겠다는 그들의 결심이 얼마나 사악했는지를 보여준다. 그의 기도는 왕에게 아무런 위협도 되지 않을 뿐만 아니라(국가에 대한 다니엘의 충성은 의심의 여지가 없었다), 안타깝게도 왕은 몰랐지만, 오히려 왕에게 유익이었을 것이다. 다니엘의 기도에는 왕을 위한 기도가 포함되었을 것이 거의 확실하다. 하나님의 백성은 단지 교회만이 아니라 세상의 유익을 위해서 기도한다. 그래서 다리오가 함정에 빠진 것은 더욱더 비극적인 아이러니다. 그는 속임수에 넘어가서 사실은 그의 유익을 위해 무언가를 하는 사람을 방해하고 말았다.

하지만 다니엘이 기도하는 방의 창문, "예루살렘으로 향해 열려 있던 창문"은 어떨까? 다니엘이 서쪽 방향 창문이 있는 이 방에서 기도한 것이 우연이 아니었듯이 여기서 이 창문을 언급한 것도 우연이 아니다. 이것은 그저 미신이나 향수였을까? 그는 마음속으로나마 고향으로 도망치고 있었던 것일까?

나는 케임브리지에서 공부할 때(지금은 나의 아내이며 리즈로 더 자주 불리는) 여자친구인 엘리자베스와 헤어져 지나야 하는 것이 얼마나 가슴이 아팠는지를 아직도 기억하고 있다. 내 방 창문은 대략 북서쪽을 향하고 있었고, 나는 특히 해 질 무렵에 창밖을 내다보면서 바다 건너 멀리 떨어져 있는 벨파스트의 그녀를 생각하곤 했다. 나는 800km를 순간 이동해 그녀를 보러 가는(그런 다음 다시 순간 이동으로 돌아와 내가 집중해야 하는 논문을 마치는!) 꿈을 꾸곤 했다. 하지만 이제 80대가 된 다니엘이 창밖을 내다보며 그런 몽상에 잠겼을 가능성은 없어 보인다.

다니엘이 예루살렘을 향해 기도하기로 작정한 데는 아마도 두 가지 이유가 있을 것이다. 첫 번째 이유는 성경에 대한 그의 깊은 지식이다(단 9:2 참조). 열왕기상에 기록된 솔로몬의 성전 봉헌 기도에서는 사람들이 그 성, 성전, 그 땅을 '향해' 기도했다는 표현이 반복적으로 등장한다. 그리고 마지막 부분에 이르러서 이 기도는 다니엘과 그의 친구들이 처하게 될 바로 그 상황을 예견한다.

> [주의 백성이] 자기를 사로잡아 간 적국의 땅에서 온 마음과 온 뜻으로 주께 돌아와서 주께서 그들의 조상들에게 주신 땅 곧 주께서 택하신 성읍과 내가 주의 이름을 위하여 건축한 성전 있는 쪽을 향하여 주께 기도하거든, 주는 계신 곳 하늘에서 그들의 기도와 간구를 들으시고 그들의 일을 돌아보시오며.
>
> _왕상 8:48~49

우리는 다니엘 9장을 통해 이것이 바로 다니엘이 마음에 지고 있던 짐이었음을 알 수 있다. 따라서 그는 예루살렘을 향해 창문을 열고 기도함으로써 성경이 말하고 있는 바를 행하고 있을 뿐이었다. 다니엘은 기도의 사람일 뿐 아니라 성경의 사람이기도 했다.

하지만 두 번째의 더 심층적인 이유는 이 행동이 다니엘의 삶의 지향성과 영감을 그대로 보여준다는 것이다. 여기서 그는 성인이 된 후 줄곧 바빌로니아, 느부갓네살과 그에 이어서 페르시아를 다스리는 통치자들의 도시에서 살며 일하고 있다. 하지만 언제나 그는 예루살렘, 시온, 하나님의 도성을 바라고 그곳을 향해 기도하고 묵상하고 몸을 돌리고 있었다. 다니엘은 바로 그 원천으로부터 자기 삶의 정체성과 인격, 가치를 끌어왔다.

이스라엘 백성에게 예루살렘은 그저 매력적인 언덕 위의 도시가 아니었다. 그저 남 왕국 유다의 수도가 아니었다. 사실 예루살렘은 심지어 그 당시에도 당시 세계의 도시들처럼 인상적인 도시가 아니었다. 예루살렘의 그 어떤 것도 세계 제7대 불가사의에 들지 못했다.

하지만 그곳은 이스라엘의 하나님 여호와께서 당신의 이름이 거하게 하신 곳이었다. 그곳의 성전에 여호와의 임재가 있었고, 그곳에서 여호와의 율법이 알려지고 선포되었으며, 그곳에서 여호와에 대한 예배가 행해졌다(적어도 느부갓네살이 그 도시와 성전을 파괴할 때까지는 그랬다). 따라서 (예언자들이 너무나도 분명히 보여주듯이) 비록 실제로는 그렇지 못한 경우가 많았지만, 그곳은 이스라엘의 하나님의 공의와 정의를 본보기로 보여주는 장소가 되어야 했다. 그곳은 시편에서 하나님 나라의 핵심인 시온으로 기리는 장소였다.

예언자들의 환상 속에서 예루살렘은 열방이 찾아와 참 하나님과 그분의 길에 관해 배우게 될 곳이었다(사 2:1~5). 예루살렘은 메시아적 소망과 장차 이뤄질 하나님 통치의 초점이었다. 언젠가 하나님이 시온에서 다스리실 것이다. 예루살렘, (다니엘 6장에 기록된 시기에 이르면 재정착이 진행되고 있기는 했지만, 다니엘의 삶 대부분 기간이 그랬듯이) 심지어 폐허가 된 예루살렘조차도 이 위대한 역사의 유산과 소망을 상징했다. 물리적으로는 다 무너져내리고 말았지만, 예루살렘은 다니엘에게 과거와 현재, 미래의 하나님 나라를 상기시켜주었다.

그렇다면 그가 '예루살렘을 향해' 기도했다는 것은 자신을 이스라엘 하나님의 방향과 일치시키고 그 하나님의 목적과 가치를 받아들였음을 뜻한다. 마치 날마다 나침반으로 자기 삶의 방향을 재조정하는 것과 같았다. 덕분에 그는 모든 것을 그의 하나님 여호와의 현실과 요구와 연결하여 올바른 관점에서 바라볼 수 있었다.

따라서 다니엘에게 미래와 하나님의 모든 목적에 이르게 해주는 열쇠, 삶의 의미, 자신의 궁극적 가치의 원천은 느부갓네살이 세운 도시가 아니라 느부갓네살이 파괴한 도시에 있었다.

다니엘은 그 시대의 가장 강력한 세계 제국의 눈부신 제국적, 도시적 문화 속에서 살고 있었다. 페르시아 제국은 인도 국경으로부터 그리스 국경까지 뻗어있었다. 그는 위대하고 부유하고 권력이 많은 사람과 어깨를 나란히 하며 지냈다. 그는 지상적 권력과 영광의 복도를 걸었다. 그는 황제 앞에 설 수 있었다. 하지만 매일 하루에 세 번 그는 무릎을 꿇고 하나님과 예루살렘에 대해 생각했다. 그는 자신의 방향성을 올바르게 유지했다.

기도는 다니엘에게 그의 참 가치를 일깨워주었다. '예루살렘을 향한' 기도는 하나님의 뜻과 하나님의 명령을 지향하도록 그의 분주한 정치적 삶을 재조정했다. 기도는 다니엘이 이 세상 왕국의 신실하고 정직한 일꾼으로 사는 동시에 하나님 나라를 섬길 수 있게 해주는 수단이었다. 다니엘은 천국에 가서가 아니라 인간 권력의 정치라는 모호하고 복잡하며 잠재적으로 야만적일 수 있는(단 7장을 보라) 세계 한가운데에서도 시온에서 살고 있었다.

따라서 이 열린 창문에 대해 생각할 때 나는 그것을 탈출구가 아니라 진입 통로로 이해한다. 즉 이 창문은 다니엘의 기도를 내보내는 통로가 아니라 예루살렘의 하나님이 들어오시는 통로였다. 다니엘의 기도의 삶은 정치와 행정이라는 고단한 일상으로부터의 도피가 아니었다. 오히려 날마다 그의 기도는 이스라엘 하나님의 능력과 임재를 그가 하는 일 속으로 들어오게 하는 수단이었다. 다니엘은 그가 옮겨와 사는 세속 세계 안에서 하나님의 소금과 빛이었다. 그는 그 근원이신 하나님을 날마다 만남으로써 자신의 짠맛을 보존하고 자신의 등을 반짝이게 했다. 이 창을 통해 비친 빛은 그의 삶에 어두운 세상 속에 빛을 비출 힘을 주었다.

우리의 개인적인 경건의 삶이 어떤 모습이든 이런 질문을 던져볼 가치가 있다. 내 기도의 삶은 세속적인 삶과 일이라는 일상의 현실 세계와 어떤 연관이 있을까? 그것은 주변의 압력으로부터 복된 위로와 도피를 누리는 시간인가? 아니면 하나님의 임재—하나님의 모든 가치와 우선순위와 더불어—를 그 세계 안으로 끌어들이는 수단인가? 이것은 우리의 사적인 기도뿐 아니라 우리의 주일 예배 참여와 다른 그리스도인과 함께 하는 친교나 기도, 성경공부 시간에도 적용된다. 그것은 회피를 위한 것인가? 침투를 위한 것인가? 도피적인가? 아니면 변혁적인가? 우리 기도의 창문이 '예루살렘을 향해 열려' 있게 하여 날마다 우리의 삶을 하나님의 이름과 하나님의 뜻, 하나님의 선교, 하나님의 방향, 하나님 기준에 맞춰 재정향하자. 다시 한번 예수의 명령에 순종하는 본보기가 되었던 다니엘처럼 "먼저 그 나라와 그 의를 구하자."

다니엘의 신원

_ 다니엘 6:11~28

이 장의 나머지 이야기는 꽤 익숙하다! 물론 교회학교 아이들이 가장 좋아하는 부분이다!

> 그 무리들이 모여서 다니엘이 자기 하나님 앞에 기도하며 간구하는 것을 발견하고 이에 그들이 나아가서 왕의 금령에 관하여 왕께 아뢰되, "왕이여, 왕이 이미 금령에 왕의 도장을 찍어서 이제부터 삼십 일 동안에는 누구든지 왕 외의 어떤 신에게나 사람에게 구하면 사자 굴에 던져 넣기로 하지 아니하였나이까?" 하니, 왕이 대답하여 이르되, "이 일이 확실하니, 메대와 바사의 고치지 못하는 규례니라" 하는지라.
>
> 그들이 왕 앞에서 말하여 이르되, "왕이여, 사로잡혀 온 유다 자손 중에 다니엘이 왕과 왕의 도장이 찍힌 금령을 존중하지 아니하고 하루 세 번씩 기도하나이다" 하니, 왕이 이 말을 듣고 그로 말미암아 심히 근심하여 다니엘을 구원하려고 마음을 쓰며 그를 건져내려고 힘을 다하다가 해가 질 때에 이르렀더라.
>
> 그 무리들이 또 모여 왕에게로 나아와서 왕께 말하되, "왕이여, 메대와 바사의 규례를 아시거니와 왕께서 세우신 금령과 법도

는 고치지 못할 것이니이다" 하니, 이에 왕이 명령하매 다니엘을 끌어다가 사자 굴에 던져 넣는지라. 왕이 다니엘에게 이르되, "네가 항상 섬기는 너의 하나님이 너를 구원하시리라" 하니라.

_단 6:11~16

히브리 성경 저자는 탁월한 서사적 기교를 통해 왕이 얼마나 교묘하게 함정에 빠졌는지를 깨달았을 때 그 받은 충격을 묘사한다. 이 이야기에서는 페르시아의 '법과 질서'를 대단히 강조한다. '메대와 바사의 규례'가 강력하고 엄중한 통치를 일컫는 관용적인 표현이 된 것은 우연이 아니다. 이제 왕은 그 자체로서 헌정적인 자유를 침해하는 법을 유지하기 위해 기본적 인권을 짓밟을 수밖에 없게 되었으며, 이 모든 것이 자신이 아첨에 속아 넘어갔기 때문임을 깨달았다. 뇌물과 마찬가지로 아첨은 가장 선명한 시각이 필요한 사람들의 눈을 가린다. 그리고 다리오는 눈이 가려져 이기심과 교만이 초래한 딜레마에 직면하게 된 첫 번째 정치인도, 마지막 정치인도 아니었다. 함정에 빠져 사악하지만 영향력이 막강한 사람들을 달래기 위해 무고하지만 약한 사람들을 희생시킬 수밖에 없었던 유일한 통치자도 아니었다. 오늘날까지도 이런 불의는 지역적, 국가적, 국제적 차원의 정치에서 다반사로 일어나고 있다.

그런 점에서 본디오 빌라도와 비슷한 점이 있다. 빌라도 역시 억압과 폭력에 기초한 평화를 유지하기 위해 다리오처럼 궁지에 몰려 자신이 무고하다고 알고 있는 사람에 대해 정의를 행하기를 거부할 수밖에 없었다. 다니엘처럼 예수께서도 참된 권위가 다른 곳에 있음을 아셨지만, 이교도 통치자의 인간적 권위를 받아들이셨다. 빌라도는 하나님 나라 아래서 위임받은 권위를 가지고 통치하고 있었다.

부활 이야기에도 다니엘 6장을 떠올리게 하는 부분이 있다. 초기 기독교 미술에서는 다니엘이 사자 우리에서 구원을 받은 이야기를 부활의 전조로 묘사하는 경우가 많았다. 이 이야기를 읽어보면 그 이유를 어렵지 않게 짐작할 수 있다.

> 이에 돌을 굴려다가 굴 어귀를 막으매 왕이 그의 도장과 귀족들의 도장으로 봉하였으니 이는 다니엘에 대한 조치를 고치지 못하게 하려 함이었더라. 왕이 궁에 돌아가서는 밤이 새도록 금식하고 그 앞에 오락을 그치고 잠자기를 마다하니라.
>
> 이튿날에 왕이 새벽에 일어나 급히 사자 굴로 가서 다니엘이 든 굴에 가까이 이르러서 슬피 소리 질러 다니엘에게 묻되, "살아 계시는 하나님의 종 다니엘아, 네가 항상 섬기는 네 하나님이 사자들에게서 능히 너를 구원하셨느냐?" 하니라.
>
> 다니엘이 왕에게 아뢰되, "왕이여, 원하건대 왕은 만수무강 하옵소서. 나의 하나님이 이미 그의 천사를 보내어 사자들의 입을 봉하셨으므로 사자들이 나를 상해하지 못하였사오니 이는 나의 무죄함이 그 앞에 명백함이오며, 또 왕이여, 나는 왕에게도 해를 끼치지 아니하였나이다" 하니라.
>
> 왕이 심히 기뻐서 명하여 다니엘을 굴에서 올리라 하매 그들이 다니엘을 굴에서 올린즉 그의 몸이 조금도 상하지 아니하였으니 이는 그가 자기의 하나님을 믿음이었더라.
>
> _단 6:17~23

'무덤'을 돌로 막고 건드리지 못하도록 공식적으로 봉인했다는 것을 눈여겨보라. 이른 아침 무덤으로 달려가 확실하고도 불가피한 죽음 대신 기적적인 생존을 발견하는 모습에 주목하라. 무엇보다도 부활이 예수와 그분이 주장하고 가르치신 모든 것의 신원이었듯이 다니엘이 완전히 신원 되었다는 점에 주목하라. 다니엘의 신실함과 성실함은 최종적이며 극단적인 시험을 통과했고, 명백한 하나님의 판결로 확인되었다. 다니엘은 자신의 원칙과 (완곡하게 표현하면!) 개인적 안전 사이에서 양자택일에 직면했고, 그의 원칙이 참되다는 것이 입증되었다.

하지만 한 가지 중요한 차이점이 있다. 예수는 십자가의 공포와 고통에 대해 온전히 아셨을 뿐 아니라 하나님이 자신을 무덤에 버려두지 않으시고 다시 일으켜주실 것을 아시는 상태로 십자가를 향해 가셨다. 그분은 제자들에게도 이런 확신을 여러 번 말씀하셨다. 하지만 다니엘이 사자들이 갑작스럽게 입을 벌리지 못하는 병에 걸릴 것을 미리 알고 있었는지 우리는 알 수 없다. 사자들이 그를 물 수 없었다는 것은 사자들에게도 놀라웠지만, 그에게도 놀라웠을 것이다. 오래전 그의 세 친구처럼 다니엘은 하나님이 자신을 구원하실 수 있음을 믿었지만, 하나님께 충성을 바치기 위해 최종적인 대가를 치르고 궁극적인 신원을 하나님의 손에 맡길 준비가 되어 있었다. 그리고 이것은 또 다른 차이점과 연결된다. 다니엘은 죽음으로부터 구원을 받았고 신원 되었다. 예수는 죽음을 통해, 죽음 이후에 구원을 받았고, 이로써 신원 되셨다.

하지만 이야기 마지막 부분에서 참된 신원은 다니엘의 것일 뿐만 아니라 다니엘의 하나님의 것이기도 하다. 다리오의 증언은 느부갓네살의 말, 하나님이 사드락과 메삭, 아벳느고를 풀무불에서 건져주시는 것을 보고 놀랐을 때, 또한 그가 회복되어 제정신을 차리게 되었을 때 그가 했던 말을 떠올리게 한다(단 3:28~29과 4:34~37).

> 이에 다리오 왕이 온 땅에 있는 모든 백성과 나라들과 언어가 다른 모든 사람들에게 조서를 내려 이르되, "원하건대 너희에게 큰 평강이 있을지어다! 내가 이제 조서를 내리노라. 내 나라 관할 아래에 있는 사람들은 다 다니엘의 하나님 앞에서 떨며 두려워할지니 그는 살아 계시는 하나님이시요, 영원히 변하지 않으실 이시며, 그의 나라는 멸망하지 아니할 것이요, 그의 권세는 무궁할 것이며, 그는 구원도 하시며, 건져내기도 하시며, 하늘에서든지, 땅에서든지 이적과 기사를 행하시는 이로서 다니엘을 구원하여 사자의 입에서 벗어나게 하셨음이라" 하였더라.
>
> _단 6:25~27

이 선언의 아이러니는, 자신과 자신의 국가를 모든 신민이 고개를 숙이고 기도의 대상으로 삼아야 할 궁극적 왕국으로 세우고자 했던 그가 이제는 자신의 왕국 안에 모든 사람에게 자신의 왕국보다 더 높은 왕국을 인정하라고 명령했다는 것이다. 물론 이것이 다니엘 6장에 기록된 이야기 전체의 핵심이다.

또한 이것은 이 책 전체가 가리키는 궁극적 현실이다. 이 책의 후반부에서는 하나님과 하나님의 백성이 '인자' 같으신 이를 통해 인간 왕국의 야만적인 교만과 파괴성에 대해 궁극적으로 승리할 것임을 묘사하는 환상(단 7장)을 통해 바로 이 점을 재차 강조할 것이다. 과거와 현재의 수많은 유대인과 그리스도인이 사자를—문자적으로, 은유적으로— 맞닥뜨렸다. 많은 이들이 구원을 받고 신원을 받았다. 이생에서 구원받고 신원 되지 못한 이들도 많다.

하지만 다니엘의 하나님은 여전히 하늘과 땅의 왕이시다. 그분의 나라가 여전히 이 세상의 왕국들을 다스린다. 그분은 구원하실 수 있으시며, 자주 구원하신다. 하지만 그분은 그분의 백성에게 어떤 대가를 치르더라도 날마다 우리 삶에서 신실하고 정직하게 살라고 말씀하신다. 그분은 우리에게 '우리가 마침내 천국에 이르렀을 때'가 아니라 지금 여기에서, 하나님 나라의 가치에 기초해 우리의 삶을 세우라고 말씀하신다.

오늘날 세상의 수많은 사람이 경험하고 있듯이 우리가 이를 위해 순교라는 극단적인 시험을 통과하도록 부르심을 받았다면, 우리가 그들과 함께 다니엘의 용기와 신념을 가지고, 그리스도의 부활 안에 보장된 최종적인 신원을 확신하며 이 시험을 이겨낼 수 있도록 하나님의 은총을 달라고 기도하자.

7

짐승, 보좌, 성도, 그리고 … 한 사람

1 바벨론 벨사살 왕 원년에 다니엘이 그의 침상에서 꿈을 꾸며 머리 속으로 환상을 받
고 그 꿈을 기록하며 그 일의 대략을 진술하니라
2 다니엘이 진술하여 이르되 내가 밤에 환상을 보았는데 하늘의 네 바람이 큰 바다로
몰려 불더니
3 큰 짐승 넷이 바다에서 나왔는데 그 모양이 각각 다르더라
4 첫째는 사자와 같은데 독수리의 날개가 있더니 내가 보는 중에 그 날개가 뽑혔고
또 땅에서 들려서 사람처럼 두 발로 서게 함을 받았으며 또 사람의 마음을 받았더
라 또 보니
5 다른 짐승 곧 둘째는 곰과 같은데 그것이 몸 한쪽을 들었고 그 입의 잇사이에는 세
갈빗대가 물렸는데 그것에게 말하는 자들이 있어 이르기를 일어나서 많은 고기를
먹으라 하였더라
6 그 후에 내가 또 본즉 다른 짐승 곧 표범과 같은 것이 있는데 그 등에는 새의 날개
넷이 있고 그 짐승에게 또 머리 넷이 있으며 권세를 받았더라
7 내가 밤 환상 가운데에 그 다음에 본 넷째 짐승은 무섭고 놀라우며 또 매우 강하며
또 쇠로 된 큰 이가 있어서 먹고 부서뜨리고 그 나머지를 발로 밟았으며 이 짐승은
전의 모든 짐승과 다르고 또 열 뿔이 있더라
8 내가 그 뿔을 유심히 보는 중에 다른 작은 뿔이 그 사이에서 나더니 첫 번째 뿔 중
의 셋이 그 앞에서 뿌리까지 뽑혔으며 이 작은 뿔에는 사람의 눈 같은 눈들이 있고
또 입이 있어 큰 말을 하였더라
9 내가 보니 왕좌가 놓이고 옛적부터 항상 계신 이가 좌정하셨는데 그의 옷은 희기가
눈 같고 그의 머리털은 깨끗한 양의 털 같고 그의 보좌는 불꽃이요 그의 바퀴는 타
오르는 불이며
10 불이 강처럼 흘러 그의 앞에서 나오며 그를 섬기는 자는 천천이요 그 앞에서 모셔
선 자는 만만이며 심판을 베푸는데 책들이 펴 놓였더라
11 그 때에 내가 작은 뿔이 말하는 큰 목소리로 말미암아 주목하여 보는 사이에 짐승
이 죽임을 당하고 그의 시체가 상한 바 되어 타오르는 불에 던져졌으며
12 그 남은 짐승들은 그의 권세를 빼앗겼으나 그 생명은 보존되어 정한 시기가 이르
기를 기다리게 되었더라
13 내가 또 밤 환상 중에 보니 인자 같은 이가 하늘 구름을 타고 와서 옛적부터 항상
계신 이에게 나아가 그 앞으로 인도되매
14 그에게 권세와 영광과 나라를 주고 모든 백성과 나라들과 다른 언어를 말하는 모

든 자들이 그를 섬기게 하였으니 그의 권세는 소멸되지 아니하는 영원한 권세요
그의 나라는 멸망하지 아니할 것이니라
15 나 다니엘이 중심에 근심하며 내 머리 속의 환상이 나를 번민하게 한지라
16 내가 그 곁에 모셔 선 자들 중 하나에게 나아가서 이 모든 일의 진상을 물으매 그
가 내게 말하여 그 일의 해석을 알려 주며 이르되
17 그 네 큰 짐승은 세상에 일어날 네 왕이라
18 지극히 높으신 이의 성도들이 나라를 얻으리니 그 누림이 영원하고 영원하고 영원
하리라
19 이에 내가 넷째 짐승에 관하여 확실히 알고자 하였으니 곧 그것은 모든 짐승과 달
라서 심히 무섭더라 그 이는 쇠요 그 발톱은 놋이니 먹고 부서뜨리고 나머지는 발
로 밟았으며
20 또 그것의 머리에는 열 뿔이 있고 그 외에 또 다른 뿔이 나오매 세 뿔이 그 앞에서
빠졌으며 그 뿔에는 눈도 있고 큰 말을 하는 입도 있고 그 모양이 그의 동류보다
커 보이더라
21 내가 본즉 이 뿔이 성도들과 더불어 싸워 그들에게 이겼더니
22 옛적부터 항상 계신 이가 와서 지극히 높으신 이의 성도들을 위하여 원한을 풀어
주셨고 때가 이르매 성도들이 나라를 얻었더라
23 모신 자가 이처럼 이르되 넷째 짐승은 곧 땅의 넷째 나라인데 이는 다른 나라들과
는 달라서 온 천하를 삼키고 밟아 부서뜨릴 것이며
24 그 열 뿔은 그 나라에서 일어날 열 왕이요 그 후에 또 하나가 일어나리니 그는 먼
저 있던 자들과 다르고 또 세 왕을 복종시킬 것이며
25 그가 장차 지극히 높으신 이를 말로 대적하며 또 지극히 높으신 이의 성도를 괴롭
게 할 것이며 그가 또 때와 법을 고치고자 할 것이며 성도들은 그의 손에 붙인 바
되어 한 때와 두 때와 반 때를 지내리라
26 그러나 심판이 시작되면 그는 권세를 빼앗기고 완전히 멸망할 것이요
27 나라와 권세와 온 천하 나라들의 위세가 지극히 높으신 이의 거룩한 백성에게 붙
인 바 되리니 그의 나라는 영원한 나라이라 모든 권세 있는 자들이 다 그를 섬기며
복종하리라
28 그 말이 이에 그친지라 나 다니엘은 중심에 번민하였으며 내 얼굴빛이 변하였으나
내가 이 일을 마음에 간직하였느니라

이 장은 다니엘서 전반부와 후반부 사이의 경첩 혹은 축의 역할을 한다. 이 장 첫 부분의 연대는 뒤를 돌아보면서 우리를 6장보다 더 이전 시대로 되돌아가게 한다. 또한 7장에서는 앞을 내다보면서 우리가 1~2장과 4~6장에서 만난 다니엘의 다른 면을 소개한다. 이 장들은 다니엘에 관해 이야기한다. 그 뒤에 오는 장에서는 다니엘의 다양한 환상, 기도, 천상에서 온 사자들과의 대화 등 다니엘에 의한 증언을 다룬다. 하지만 이 책 전체를 관통하는 근본 메시지는 같다. 즉 인간의 국가와 제국으로 이뤄진 세상을 다스리시는 이스라엘의 하나님의 주권이다. 1~6장에서는 인간의 이야기라는 맥락 속에서 하나님의 주권을 만난다. 7~12장에서는 천상의 환상이라는 맥락 속에서 하나님의 주권을 만난다.

이 장은 두 부분으로 나뉜다. 먼저 다니엘은 바빌로니아 제국 말기에 그가 본 환상의 불안한 내용을 서술한다(1~14절). 그런 다음 환상 속에서 등장인물 중 하나가 그에게 이 환상의 의미를 어떻게 설명하는지를 서술한다(15~27절). 하지만 그 설명을 듣고도 불안한 마음은 가시지 않았다(28절). 따라서 우리는 전반부와 후반부 모두를 살펴보고 몇 가지 연결되는 주제를 묶어내고자 한다.

이중적 환상

_ 다니엘 7:1~14

> 바벨론 벨사살 왕 원년에 다니엘이 그의 침상에서 꿈을 꾸며 머리 속으로 환상을 받고 그 꿈을 기록하며 그 일의 대략을 진술하니라. _단 7:1

여기서 연대가 중요하다. 5장 마지막 부분을 통해 알 수 있듯이 벨사살은 바빌로니아가 페르시아의 고레스에 의해 망하기 전 마지막으로 바빌로니아를 다스린 통치자였다. 대부분이 주전 587년 예루살렘 함락 이후 두 번째 세대였으며 일부는 다니엘처럼 매우 나이가 많았던 유다 출신 포로들에게 소망과 불안이 뒤섞인 시간이었을 것이다(예레미야가 말했듯이, 다니엘 9장 2절을 보라). 바빌로니아의 패권이 종식되면 그다음에는 어떤 일이 일어날까? 그들은 하나님이 약속하신 대로 고향으로 돌아갈 수 있을까? 만약 그렇게 되면 그 다음에는 어떻게 될까? 이사야 40~55장에 기록된 위대한 환상이 성취되어 그들의 땅에서 안전과 번영의 영광스러운 시대를 맞게 될까?

분명히 그들은 미래에 대한 큰 희망을 품고 있었으며, 하나님은 궁극적으로 이 약속을 저버리지 않으실 것이다. 하지만 장차 올 여러 세기 동안 이스라엘 백성의 역사적 현실은 훨씬 더 모호할 것이다. 그들은 고향으로 돌아갈 테지만 영광스러운 독립을 맞게 되지는 않을 것이다. 바빌로니아의 포로 생활이 끝날 테지만 적대적 세력에 의한 고통이 종식되지는 않을 것이다. 다른 제국들이 나타날 것이며, 그중 몇몇은 바빌로니아보다 훨씬 더 크고 더 억압적일 것이다. 따라서 하나님의 백성은 혹독한 시련의 시간을 지나게 될 것이다.

바빌로니아 제국 정부의 핵심 가까이에 있던 다니엘은 순전히 인간적, 정치적 차원에서도 바빌로니아가 몰락한 후의 국제 정세에 대한 깊이 있는 통찰을 지니고 있을 것이다. 그는 침대에서 뒹굴며 몽상이나 거짓 낙관론을 즐기지는 않았을 것이다. 오히려 이제 그가 서술하기 시작하는 환상들을 위해 그의 마음을 준비시켰던 것은 장기적인 미래에 대한 근거 있는 두려움이었을 것이다.

네 짐승과 열한 뿔 (단 7:1~8)

> 다니엘이 진술하여 이르되, "내가 밤에 환상을 보았는데 하늘의 네 바람이 큰 바다로 몰려 불더니 큰 짐승 넷이 바다에서 나왔는데 그 모양이 각각 다르더라.
>
> 첫째는 사자와 같은데 독수리의 날개가 있더니 내가 보는 중에 그 날개가 뽑혔고 또 땅에서 들려서 사람처럼 두 발로 서게 함을 받았으며 또 사람의 마음을 받았더라. 또 보니 다른 짐승 곧 둘째는 곰과 같은데 그것이 몸 한쪽을 들었고 그 입의 잇사이에는 세 갈빗대가 물렸는데 그것에게 말하는 자들이 있어 이르기를

'일어나서 많은 고기를 먹으라' 하였더라.

그 후에 내가 또 본즉 다른 짐승 곧 표범과 같은 것이 있는데 그 등에는 새의 날개 넷이 있고 그 짐승에게 또 머리 넷이 있으며 권세를 받았더라.

내가 밤 환상 가운데에 그 다음에 본 넷째 짐승은 무섭고 놀라우며 또 매우 강하며 또 쇠로 된 큰 이가 있어서 먹고 부서뜨리고 그 나머지를 발로 밟았으며 이 짐승은 전의 모든 짐승과 다르고 또 열 뿔이 있더라.

내가 그 뿔을 유심히 보는 중에 다른 작은 뿔이 그 사이에서 나더니 첫 번째 뿔 중의 셋이 그 앞에서 뿌리까지 뽑혔으며 이 작은 뿔에는 사람의 눈 같은 눈들이 있고 또 입이 있어 큰 말을 하였더라. _단 7:2~8

다니엘의 마음은 2장에 기록된 왕의 꿈으로 돌아갔다. 그것은 거의 50년 전에 다니엘과 느부갓네살을 처음으로 만나게 해준 기묘한 사건이었다. 아마도 다니엘은 그 신상과 차례로 역사에 등장할 네 금속의 제국들, 즉 금 머리(바빌로니아의 느부갓네살), 은, 놋, 진흙이 섞인 쇠에 관해 생각하고 있었을 것이다. 바빌로니아 제국은 분명히 소멸을 향해 떠내려가고 있었다. 그다음에는 무엇이 뒤따를까? 넷으로 이뤄진 틀이 반복된다.

먼저 다니엘은 꿈속에서 하늘의 네 바람이 동시에 바다를 휘젓는 것을 본다—그 자체로 충분히 두려운 광경이다. 이스라엘 사람들의 생각에서 바다는 위험한 곳이었고, 혼돈과 통제할 수 없는 악을 상징했다. 그래서 구약에서 가르치듯이 이스라엘의 하나님 여호와께서 (다른 모든 피조물과 마찬가지로) 바다를 창조하셨으며 지금도 소유하실 뿐 아니라 바다를 통제하고 정복하고 제한하신다는 것을 인정하는 것이 신학적으로 대단히 중요했다.

그런데 맹렬하게 바다로부터 거대한 네 짐승이 차례로 나왔다. 모두가 인간에게 위험한 육식 동물이었다. 하지만 이 환상 속에서 이 네 짐승은 모두 (날개와 여분의 머리처럼) 이상한 특징을 지니고 있었으며, 그로 인해 훨씬 더 무섭고 위협적이었다. 그리고 첫 세 짐승에게는 무언가가 주어진다. 각각 사람의 마음, 집어삼키라는 허락, 다스리는 권위를 준다.

그런 다음 등장하는 네 번째 짐승은 훨씬 더 무섭고 파괴적이어서 다니엘은 자신이 알고 있는 짐승과 비교할 수도 없었다. 쇠로 된 이빨을 뽐내는 이 끔찍하고 거대한 괴물은 모든 것을 집어삼키고 짓밟을 수 있었다. 컴퓨터 그래픽으로 만들어낸 요즘 괴수 영화에 나올 법한 괴물, 절대 파괴당하지 않을 것처럼 보이는, 파괴적인 힘을 지닌 잔인한 괴물이었다.

쇠로 된 이빨과 짓밟는 다리 외에도 이 무시무시한 짐승은 열 개의 뿔—모든 방향을 향하는 폭력적이며 공격적인 힘의 상징—을 가지고 있었다. 꿈속에서 다니엘은 이 뿔에 관심이 기울였지만, 갑자기 다른 열 개의 뿔보다 훨씬 더 작지만 훨씬 더 강력해 보이는 뿔을 발견한다. 그것은 강력히 등장하여 다른 세 개의 뿔을 대체한다. 그런 다음 많은 꿈이 그렇듯이 이 작은 뿔은 사람의 모습을 취하고 말까지 할 수 있게 된다. 그리고 다니엘이 듣는 것은 이 작은 뿔에서 나오는 말이었다! 장면이 바뀌는데도 이 뿔은 자랑하는 말을 계속 이어간다(11절).

보좌와 인자 (단 7:9~14)

내가 보니,

왕좌가 놓이고

옛적부터 항상 계신 이가 좌정하셨는데

그의 옷은 희기가 눈 같고

그의 머리털은 깨끗한 양의 털 같고

그의 보좌는 불꽃이요

그의 바퀴는 타오르는 불이며

불이 강처럼 흘러

그의 앞에서 나오며

그를 섬기는 자는 천천이요

그 앞에서 모셔 선 자는 만만이며

심판을 베푸는데

책들이 펴 놓였더라.

그 때에 내가 작은 뿔이 말하는 큰 목소리로 말미암아 주목하여 보는 사이에 짐승이 죽임을 당하고 그의 시체가 상한 바 되어 타오르는 불에 던져졌으며, 그 남은 짐승들은 그의 권세를 빼앗겼으나 그 생명은 보존되어 정한 시기가 이르기를 기다리게 되었더라.

내가 또 밤 환상 중에 보니, 인자 같은 이가 하늘 구름을 타고 와서 옛적부터 항상 계신 이에게 나아가 그 앞으로 인도되매, 그에게 권세와 영광과 나라를 주고 모든 백성과 나라들과 다른 언어를 말하는 모든 자들이 그를 섬기게 하였으니 그의 권세는 소멸

되지 아니하는 영원한 권세요 그의 나라는 멸망하지 아니할 것이니라._단 7:9~14

꿈과 환상의 전형적인 요소인 갑작스러운 장면 전환이 이뤄진다. 하지만 완전히 대체된 것처럼 보이지는 않는다. 요즘 기술로 치자면 화면 분할 장면처럼 느껴진다. 다니엘은 자신이 옛적부터 항상 계신 이의 보좌에 초점을 맞추고 있는 사이에도 네 번째 짐승과 그 작은 뿔에 무슨 일이 일어나고 있는지를 보고 들을 수 있다고 말하기 때문이다. 이를테면 그의 환상에는 위쪽 화면과 아래쪽 화면이 있었다.

이것은 중요하다. 한 그림이 다른 그림을 대체하거나 그저 뒤따라오는 것이 아니다. **두 장면이 동시에 진행되고 있다.** 다니엘은 두 현실을 보고 있지만, 이 둘이 완전히 분리되고 독립적인 것은 아니다. 오히려 하나가 다른 하나의 '위에서' 혹은 '배후에서' 일어나고 있다. (아래에) 사납게 날뛰는 짐승들의 세계가 있고, (위에) 천상의 법정의 세계가 있다. 둘 다 현실이며 환상 속에 함께 '나타나 있다.' 궁극적으로는 하나의 통합된 현실이지만 다니엘은 두 관점에서 이를 바라보고 있다.

그렇다면 다니엘의 분할화면 환상의 '위쪽 상단'에서는 무슨 일이 일어나고 있는가? 그는 보좌들을 보았다. 보좌들은 왕권과 주권적인 권위를 뜻한다. 복수형을 사용한 것은 아마도 이 진리를 강조하기 위함일 것이다. 이것은 효과적인 통치와 집행하는 권력의 자리다.

그는 옛적부터 항상 계신 이(Ancient of Days)를 보았다. 하나님을 지칭하는 말임을 알고 있기에 영어로는 대문자로 표기한다. 하지만 이 구절은 그저 '매우 나이가 많은 사람'이라는 뜻이다. 그리고 이 문화에서 나이는 큰 지혜와 권위의 상징이었다. 그분의 옷과 머리카락이 희다는 것은 (예수께서 변모하셨을 때와 마찬가지로) 빛나는 순결함을 뜻한다. 불은 (시내 산에서처럼) 일관되게 하나님의 거룩하심과 임재를 상징한다. 보좌를 둘러싼 수백만 명의 시종은 보좌에 앉으신 분이 즉각적으로 집행할 능력이 있음을 뜻한다. 그분의 뜻을 속삭이기만 하셔도 사자나 대리자가 언제 어디든지 가서 무슨 일이든 한다.

하지만 이것은 법정 장면이기도 하다. 따라서 옳고 그름에 관한 심판과 결정의 자리이기도 하다—그리고 아래에서 짐승이 사납게 날뛰고 있다는 맥락 속에서 이것은 얼마나 중요한가! 그리고 책을 펴서 법정이 땅 위에서 일어난 모든 일의 완전한 기록을 보고, 하나님의 기준에 따라 이를 평가하고, 오직 하나님만 하실 수 있는 방식으로 이 이야기를 의롭고 선한 결말로 이끌게 한다. 세상의 운명은 짐승의 오만한 주장과 힘에 의해서가 아니라 하나님의 뜻과 목적, 그분의 세상에서 일어나는 모든 일에 대한 그분의 궁극적인 심판에 의해 결정될 것이다.

따라서 다니엘이 아래쪽 화면으로 시선을 돌릴 때(11~12절) 그는 보좌에 앉으신 분의 권위 아래에서 세 짐승이 한동안은 살아남았지만, 자랑하는 뿔이 있던 네 번째 짐승은 마침내 죽임을 당하고 불에 의해 완전히 소멸하는 것을 보았다. 이를 통해 그는 분명히 큰 위로를 얻었을 것이다. 짐승들도, 그들의 뿔도 결국에는 승리하지 못할 것이다. 그들은 반드시 심판을 받을 것이다.

다시 위쪽 화면으로 돌아가 다니엘은 보좌의 세계 안에 있으며(13~14절) 거기서 매우 놀라운 장면을 목격한다. 아래에서는 귀에 거슬리는 짐승들의 소리가 계속되는 중에 다니엘은 눈을 멀게 할 정도로 희고 불타오르는 듯 광채가 퍼져나오는 하나님의 보좌에서 갑자기 "인자 같은 이"를 발견한다. 이 구절은 그저 인간을 뜻한다. (이 문맥에서는) 어떤 호칭이나 직책이 아니라 "사자 같은… 곰 같은… 표범 같은"처럼 단순히 묘사하는 표현이다. 그저 '사람처럼' 보인다는 말이다. 땅을 약탈하는 짐승의 세계 속에서 다니엘은 한 사람이 천상의 법정 안 하나님 앞으로 도착하는 것을 본다. 그런 다음 이 신비로운 사람에게는 하나님처럼 다스릴 수 있는 권리가 주어진다. 그는 하늘의 구름과 함께—매우 하나님 같은 분위기— 도착한다. 그는 (하나님이 허락하시면 인간 왕도 받을 수 있는) "권세와 영광과 나라"를 받으실 뿐 아니라 예배를 받으신다. 그는 그야말로 천상의 사람이다. 하지만 여전히… 인간이다.

신비로운 장면에 이어지는 신비로운 절정이다. 바다에서 나온 짐승에서, 불타오르는 듯이 흰 보좌에 앉으신 하나님으로, 다시 한 사람으로. 하지만 이 사람이 느부갓네살의 꿈속 신상을 무너뜨린 하나님 나라를 뜻하는 돌(단 2:44)을 떠올리게 하는 말로 묘사된 영원한 나라를 받는다.

이 장 후반부에 기록된 해석을 살펴보기도 전에 다니엘의 환상에 몇 가지 특별한 점을 확인할 수 있다. 짐승과의 대조가 선명하고 의도적이다.

첫째, 이것은 분명히 침입이라기보다는 영광스러운 대관식이다. 짐승은 땅을 짓밟고 집어삼키기 위해 바다에서 나왔다. 하지만 이 사람은 하늘의 구름을 타고 와서 분명한 의도를 가지고 옛적부터 항상 계신 이 앞으로 인도되었다. (이 시점에서) 그는 짐승들과 싸우지 않는다. 그는 그저 신적인 능력과 권위를 받을 뿐이다.

둘째, 짐승들은 그들이 하는 일을 할 권위를 부여받는데 '정한 시기' 동안만 그럴 수 있었고 그다음에는 파괴되었다. 하지만 이 사람은 '영원하고' '소멸되지 아니하며' '멸망하지 아니할' 권위와 영광, 주권적 능력을 받았다. 짐승의 통치는 끔찍하지만 일시적이다. 이 사람의 통치는 천상적이며 영원할 것이다.

셋째, 그들은 짐승이고 그는 인간이다. 따라서 짐승들의 혼란스럽고 반역적인 통치는 인간의 통치에 의해 종식된다—이로써 피조물은 하나님이 의도하신 바대로 회복된다. 물론 환상 속의 짐승들은 신화적 괴물로 변형된다. 그중 셋은 알려진 동물의 모습을 하고 있다. 하지만 하나님은 인간을 하나님의 형상으로 창조하시고 피조물인 동물을 지배하게 하셨다. 그러므로 다니엘의 환상에서 이 '인자'의 통치는 의도적으로 시편 8편 4절을 떠올리게 하는 것처럼 보인다. 그 핵심은 하나님이 인류에게 피조물을 다스릴 책임을 주셨다는 것이다. 하지만 이 통치는 하나님의 통치, 즉 사랑과 긍휼, 돌봄, 정의의 통치를 반영해야 한다. 그러나 타락한 인류는 다스림을 지배로 타락시켰고, 결국 야만적인 다니엘의 환상 속 제국들을 닮은 권력 구조를 만들어내고 말았다. 이 '인자'의 대관식은 인류의 올바른 통치를 회복할 것이며, 그 통치는 참된 하나님의 형상을 닮아 '인간적'일 것이다.

이중적 의미

_ 다니엘 7:15~28

2장과 4장의 이야기에서 느부갓네살의 꿈을 해석한 사람은 다니엘이었고, 따라서 그가 잠에서 깨어 친구들을 불러 그들에게 자신의 꿈과 그 의미를 이야기할 것이라고 예상할지도 모른다. 하지만 이 책의 후반부에서 그렇지 않다. 그는 자신을 위해 해석해줄 누군가가 필요하며, 환상 자체에서 그 해석이 이뤄진다. 따라서 잠에서 깬 그는 근심한다.

> "나 다니엘이 중심에 근심하며 내 머리 속의 환상이 나를 번민하게 한지라. 내가 그 곁에 모셔 선 자들 중 하나에게 나아가서 이 모든 일의 진상을 물으매 그가 내게 말하여 그 일의 해석을 알려주며 이르되, '그 네 큰 짐승은 세상에 일어날 네 왕이라. 지극히 높으신 이의 성도들이 나라를 얻으리니 그 누림이 영원하고 영원하고 영원하리라.'" _단 7:15~18

먼저 다니엘은 그가 본 환상의 이중 '분할화면'에 대한 간략한 설명을 듣는다. 네 짐승은 네 지상적 왕국을 상징하며(이는 네 금속으로 이뤄진 느부갓네살의 신상에 대한 기억을 근거로 다니엘도 이미 짐작하는 바였을 것이다), '인자 같은 이'는 성도들—"지극히 높으신 이의 성도들"—을 상징한다. 이 두 번째 점은, 인자의 정체성에 대한 모든 해석은 공동체적 요소를 포함해야 함을 뜻한다. 잠시 후에 살펴보겠지만 이 점은 26~27절에서 재차 강조된다. 다니엘의 환상에서(환상 속의 짐승이 제국 전체를 상징하는 것과 마찬가지로) 이 한 사람은 대표하는 인물이다. 그의 정체성은 하나님 백성의 정체성과 운명과 결합되어 있다.

하나님의 적들의 폭력 (19~25절)

앞서 말했듯이, 다니엘은 꿈속에서도 첫 네 짐승이 느부갓네살의 꿈속 신상의 첫 세 부분과 같은 상징적 의미를 지닌다고 생각했을 것이다. 이것은 미래에 연이어 나타날 왕국들이다. 그리고 첫 번째 짐승, 즉 독수리 날개를 지닌 사자는 느부갓네살의 바빌로니아가 분명하다. 흥미롭게도 꿈속의 사자가 인간처럼 두 발로 설 수 있다는 점은 아마도 다니엘에게 인간을 떠올리게 했을 것이다. 다니엘은 느부갓네살을 개인적으로 알고 있었다. 그는 폭군의 모습을 지니고 있지만 다른 사람들처럼 인간이었다. 짐승과 인간이 결합된 환상 속의 존재는 모든 제국의 이중성을 가리킨다(이 점에 관해서는 나중에 다시 다루게 될 것이다).

두 번째와 세 번째 짐승의 정체성은 덜 명확하며 사실 그다지 중요하지 않다(이 때문에 다니엘도 네 번째 짐승에 관해 훨씬 더 적극적으로 알고 싶어 한다). 이 짐승들은 현재(바빌로니아 제국)와 더 먼 미래(네 번째 짐승) 사이에 공간을 만드는 기능을 한다. 8, 10~11장에 기록된 더 자세한 예언에 비춰볼 때 7장의 네 번째 짐승은 안티오코스 4세 에피파네스 치하 때 박해가 절정에 이르렀던 주전 2세기 그리스의 셀레우코스 왕국의 통치를 묘사하는 것이 거의 확실하다. 그리고 8장에 비춰볼 때 둘째와 셋째 짐승은 메디아인과 페르시아인을 대표하는 것처럼 보인다. 두 왕국은 역사적, 지리적으로 별개의 왕국이었지만 페르시아 제국의 확립을 통해 통합되었다. 하지만 이것이 지금 당장은 중요하지 않다. 이에 관해서는 8장에서 더 자세히 설명할 것이다.

첫 세 짐승은 무시해도 된다고 다니엘은 생각했다. 그와 그의 백성은 첫 번째 짐승의 지배 아래에서 살고 있으며 잘 살아남았고, 따라서 둘째와 셋째 짐승도 그리 큰 위협은 아닐 것이다. 하지만 네 번째 짐승은 다를 것이다! 그것은 전혀 다른 질서에 속했다. 너무 무서워서 자세히 살펴보기도 힘들 것 같았다. 하지만 다니엘은 알고 싶었다. 그것이 먼 미래의 일이라고 하더라도 그토록 무서운 짐승이 나타난다면 하나님의 백성에게는 무슨 일이 일어나게 될까?

> 이에 내가 넷째 짐승에 관하여 확실히 알고자 하였으니, 곧 그것은 모든 짐승과 달라서 심히 무섭더라. 그 이는 쇠요 그 발톱은 놋이니 먹고 부서뜨리고 나머지는 발로 밟았으며, 또 그것의 머리에는 열 뿔이 있고 그 외에 또 다른 뿔이 나오매 세 뿔이 그 앞에서 빠졌으며 그 뿔에는 눈도 있고 큰 말을 하는 입도 있고 그 모양이 그의 동류보다 커 보이더라. 내가 본즉 이 뿔이 성도들과 더불어 싸워 그들에게 이겼더니, 옛적부터 항상 계신 이가 와서 지극히 높으신 이의 성도들을 위하여 원한을 풀어 주셨고 때가

> 이르매 성도들이 나라를 얻었더라.
> 모신 자가 이처럼 이르되, '넷째 짐승은 곧 땅의 넷째 나라인데 이는 다른 나라들과는 달라서 온 천하를 삼키고 밟아 부서뜨릴 것이며, 그 열 뿔은 그 나라에서 일어날 열 왕이요, 그 후에 또 하나가 일어나리니 그는 먼저 있던 자들과 다르고 또 세 왕을 복종시킬 것이며, 그가 장차 지극히 높으신 이를 말로 대적하며 또 지극히 높으신 이의 성도를 괴롭게 할 것이며 그가 또 때와 법을 고치고자 할 것이며 성도들은 그의 손에 붙인 바 되어 한 때와 두 때와 반 때를 지내리라.' _단 7:19~25

이에 관해 다양한 해석이 이뤄졌으며, 여러 해석이 존재한다는 그 사실 자체가 여기서 단일하고 유일한 역사적 준거점을 찾으려 하기보다는 반복되는 경향성을 발견하려고 하는 것이 옳다는 것을 암시한다. 인간 제국은 일어났다가 무너지며, 서로 중첩되고, 서로 전쟁을 벌이기도 한다. 그리고 역사의 여러 다른 시대에 악을 악이 가장 강력하게 집중된 것처럼 보이는 특별히 사악한 체제가 나타난다. 이 넷째 짐승은 하나님에 맞서고 인간에게 맞서는 악한 세력의 궁극적인 징후로 출현하여 오만함을 풍기며, 폭력을 내뿜고, 그런 시대에 하나님의 백성에게 거대한 규모로 심한 고통을 초래하는 황폐함과 파괴를 퍼붓게 됨을 상징한다.

'작은 뿔'의 특징은 다음과 같다.

- 하나님께 대적하는 말을 하는 신성 모독적인 교만함
- 성도들, 하나님의 거룩한 사람들을 억압함

- ◆ 시대와 법을 바꿈(이는 유대교 절기의 금지를 뜻할지도 모르지만, 더 일반적으로는 사회적, 도덕적 격변과 혼란을 뜻한다)
- ◆ 성도들에 대한 전쟁을 일으켜 하나님이 친히 개입하실 때까지 그들을 거의 소멸시키기에 이름

이런 묘사는 유대인들과 그리스도인들의 긴 역사 속에서 하나 이상의 체제나 폭군에게 적합하다. 다니엘이 바빌로니아에서 보았던 환상 이후 역사 안에서 처음으로 이런 일이 발생한 경우는 의심할 나위 없이 그리스의 셀레우코스 왕국 아래 유대인들이 박해를 당할 때였고, 안티오코스 4세 에피파네스를 '작은 뿔'로 보았다. 초대 교회에서는 점점 심해지던 로마 제국의 박해를 넷째 짐승의 활동으로 보았을 가능성이 있으며, 바울이 데살로니가후서 2장에서 '불법한 자'에 관해 이야기할 때 '작은 뿔'을 염두에 두었다고 주장하는 사람들도 있다. 안타깝게도 일부 유대교 해석자들이 로마 황제가 개종한 후 기독교 유럽이 출현한 것을 넷째 짐승으로 보았다. 이후 여러 세기 동안 기독교 유럽은 너무나도 파괴적인 방식으로 유대인들을 박해했기 때문이다. 그리고 20세기에는 나치주의와 공산주의 체제가 억압적이고 폭력적인 방식으로 유대인과 그리스도인 신자들을 전멸시키려 하였다. 21세기에는 무슨 일이 일어날까? 아마도 중동의 그리스도인들이 그들의 땅에 나타난 '넷째 짐승'의 파괴적인 활동에 대한 통찰을 우리에게 줄 수 있을 것이다.

하나님 백성의 신원 (26~27절)

25절의 마지막 부분에는 소망의 말이 들어있다. 하나님의 백성은 고통을 당할 것이며, 하나님은 그들을 넷째 짐승이 상징하는 그런 괴물들의 손에 '붙이시고' 그들이 고통당하도록 내버려 두실 것이다. 이처럼 극심한 고통의 시기는 계시록에서 묘사하듯이 사탄과 인간이 하나님께 맞서는 궁극적인 종말의 시대의 전조가 될지도 모른다. 하지만 하나님이 친히 정해두신 한계가 존재한다. 그것은 "한 때와 두 때와 반 때"일 것이다. 물론 여기서 시간의 길이나 구체적인 시기를 특정하는 식으로 정확한 수적 혹은 연대기적 의미를 부여하려는 것은 무의미한 일이다. 정말 중요한 것은, 성도들이 얼마나 오래 고통을 당하든지, 그것은 일시적이며 반드시 종식될 것이라는 사실이다. 하나님이 통제하고 계시며, 하나님이 인간 역사의 법정에서 궁극적인 심판자이시다. 그리고 그 법정은 판결을 내릴 준비를 하고 있다.

> 그러나 심판이 시작되면 그는 권세를 빼앗기고 완전히 멸망할 것이요, 나라와 권세와 온 천하 나라들의 위세가 지극히 높으신 이의 거룩한 백성에게 붙인 바 되리니 그의 나라는 영원한 나라이라. 모든 권세 있는 자들이 다 그를 섬기며 복종하리라.
> 그 말이 이에 그친지라. 나 다니엘은 중심에 번민하였으며 내 얼굴빛이 변하였으나 내가 이 일을 마음에 간직하였느니라.
> _단 7:26~28

26~27절은 18절의 내용을 확장한다. 하나님의 신적인 판결은

무엇보다도 먼저 신성 모독적인 악과 억압의 세력을 파괴할 것이다. 이 야만적인 체제에 부여된 일시적인 권력은 박탈당할 것이며, 그것의 파괴는 전면적이고도 영구적일 것이다("완전히 멸망할 것이요"). 이것은 계시록에서 말하는 악의 멸절에 대한 묘사를 기대하게 한다.

하지만 넷째 짐승이 사악하게 찬탈한 통치와 권력을 그저 하나님이 되찾아오시는 것이 아니다. 오히려 온 세상을 다스리는 권리와 권력은 하나님의 백성에게 부여될 것이다. 하지만 그들은 누구인가? 그들은 "인자 같은 이"—13~14절에서 하나님의 앞에서 그의 통치가 인정을 받았던 그 사람—가 상징하는 사람들이다. 그분의 통치가 그들의 것이다. 그들의 통치가 그분의 것이다. 그리고 그분은 그들처럼 인간이시다.

여기에는 많은 신비가 담겨 있고, 적어도 두 방향을 가리킨다. 첫째, 하나님의 통치(지극히 높이신 이의 영원한 나라, 27절)는 성도들의 통치를 통해 중재될 것이며, 이는 인류에 대한 하나님의 본래 의도가 실현된 회복된 피조물을 가리킨다. 성도들은 피조물 안에서 하나님의 통치를 집행하는 하나님의 구속된 인류이다. 둘째, 이러한 성도들의 통치는 인간이시지만("인자 같은 이") 하늘의 구름을 타고 오셔서 하나님으로서 예배를 받으시는 천상적 인물의 대관식과 권위와 연결되어 있다.

어쨌든 다니엘을 번민하게 할 정도로 신비였으며, 두려워서 그의 얼굴이 창백해질 정도로 위협이었다(단 7:28). 이 환상은 행복한 결말로 마무리되지만, 그 결말에 이르기 전까지 끔찍한 줄거리가 이어진다.

세 왕국

우리는 어떤 교훈을 배워서 우리의 지침과 격려가 되는 말씀으로 삼을 수 있을까? 나는 이 장에서 세 종류의 '왕국'을 구별해낼 수 있다고 생각한다. 바다에서 나온 짐승들이 상징하는 왕국이 있다. 지상적 영역 위에서, 그 배후에서 은폐되어 있지만 궁극적으로 통제하는 천상의 왕국이 있다. 그리고 짐승의 왕국이 영원히 파괴되었을 때 비로소 나타날 미래의 실체인 성도들의 왕국이 있다.

짐승의 왕국

다니엘은 환상을 통해 자신의 시대와 역사 전체에서 세상 권세의 배후에 자리 잡은 야만적인 악을 보았다. 이런 종류의 환상을 '묵시적'(apocalyptic)이라고 부른다. 이 장르의 초기 예로는 다니엘 7~8장과 10~12장이 있으며, 에스겔과 신약의 계시록에서도 이런 형식이 발견된다. 이 단어는 문자적으로 '정체를 드러냄'이라는 뜻을 지니고 있으며, 이것이 여기서 일어나고 있는 일이다. 하나님은 막을 걷어내고 인간이 만들어낸 인간 왕국과 제국의 이미지와 영광 배후와 표면 아래에서 무슨 일이 일어나고 있는지를 보여주신다.

이런 종류의 폭로는 여러 방식으로 이뤄질 수 있다. 때로는 무시무시하고 두려워 보이는 무언가의 정체를 폭로하여 그것이 전혀 두려워할 만한 것이 아니라 속임수에 불과하다는 것을 보여줄 수도 있다. 《오즈의 마법사》(*The Wizard of Oz*)에서 도로시의 강아지 토토가 막을 치워 무시무시한 모습과 소리 배후에 있는 겁에 질린 노인을 드러내는 그 순간이 바로 그런 '묵시'에 해당한다. 때로는 하나님의 백성이 우상을 있는 그대로의 모습으로—무력하고 쓸모없는 모습으로— 볼 필요가 있다. 이것이 바로 이사야 40~48장, 특히 46~47장에서 바빌로니아와 바빌로니아의 신들에 대한 '폭로'가 성취하는 바다.

하지만 다른 방향에서 묵시는 인간 정부가 만들어내기를 좋아하는 선행처럼 포장된 것을 걷어내고 그 표면 배후에 자리 잡은 악과 거짓말, 부패, 폭력의 깊이를 폭로하고 이면의 현실 곳곳에 사탄적 악의 지문이 묻어있음을 보여준다. 그리고 여기서 바로 그것이 이뤄지고 있다.

아마도 이것은 다니엘에게 정말 큰 충격이었을 것이다(28절은 그랬을 것을 암시한다). 그는 느부갓네살의 비교적 건설적인 통치 아래에서 살아왔다. 다니엘은 순진하지 않았다—느부갓네살은 반대자들을 화장하겠다고 위협하기도 했다. 하지만 다니엘은 평생 이 인간 정부를 섬겨왔으며, 심지어 사회 정의를 이루는 방향으로 이 정부에 영향을 미칠 기회를 한 번 이상 얻기도 했다. 그리고 우리가 살펴보았듯이 그는 예레미야 29장 7절의 가르침을 따르며 느부갓네살을 위해 기도하고 하나님이 그를 두신 그 도시의 안녕을 추구하고 있었다.

하지만 갑자기 그는 바로 이 왕국—그가 존경하고 위해서 기도하는 사람의 정부—이 맹수(사실은 모두 육식 동물인 짐승이자 새)이며 그다음에는 더 나쁜 다른 왕국들이 나타날 것을 보게 되었다. 그가 섬기는 익숙한 인간 정부를 그의 '묵시적' 폭로가 깜짝 놀란 그의 눈앞에 너무나도 생생하게 제시하는 이 야만적이며 파괴적인 힘과 동일시하기는 쉽지 않았을 것이다.

하지만 이것이 이 세상 정치 권력의 이중적 실체이며, 성경적인 그리스도인으로서 우리는 이에 대해 지금보다 훨씬 더 경계해야 한다. 성경적 '묵시'는 우리의 눈을 열어준다. 신약 성경은 우리에게 이와 비슷한 지각의 이중성을 제공한다.

바울은 정부가 하나님에 의해 세워졌고 정의를 집행할 책임이 있다고 인정했다(롬 13장). 그러므로 그는 그리스도인들에게 그의 시대에는 아무도 그리스도인이 아니었던 정부 당국자들을 위해 기도하라고 권면했다(딤전 2:1~2). 그리고 그는 복음의 대의를 위해 일할 때 기꺼이 자신의 로마 시민권을 사용하였으며, 그리스도인들에게 세금 납부를 하나님에 대한 의무의 일부로 보아야 한다고 가르쳤다(롬 13:6~7, 일부 그리스도인들은 모든 종류의 세금 부과에 대해 반대하면서 자신들의 성경책에서 이 구절을 지워버린 것처럼 보인다). 마찬가지로 베드로는 그리스도인들이 박해를 당하고 있을 때조차도 그들에게 인간의 권위에 복종하고 황제에게 경의를 표하라고 권면했다(벧전 2:13~17).

하지만 동시에 바울은 '정사와 권세'에 관한 강력한 신학을 견지했다. 그는 '정사와 권세'를 인간 사회의 정치적, 경제적 권력의 구조 배후에 자리 잡고 있으며, 하나님께 반역하여 인간의 권력을 사탄적인 악을 지향하게 만들 수 있는 영적 세력으로 이해했다. 데살로니가후서 2장이 은폐된 방식으로 그리스도인들을 박해할 잠재적 가능성이 있는 로마 황제의 권력에 관해 이야기하고 있다면, 바울은 다니엘의 환상을 매우 잘 이해하고 있는 셈이다. 또한 그는 주후 1세기에 이미 확고히 자리 잡았던 황제 숭배 제의의 신성 모독적 우상 숭배에 대해서도 잘 알고 있었다. 디도서 2장 13절에서 분명히 예수 그리스도를 지칭하는 "우리의 크신 하나님 구주"와 같은 구절은 바울이 그런 황제 숭배 제의로부터 의도적, 전복적으로 훔쳐 온 표현이었다. 그것은 이미 로마 황제에게 적용되고 있던 표현이었다. 흔히들 지적하듯이, 계시록 13장에 포함된 국가에 대한 묵시적 묘사로 로마서 13장에 나타난 국가에 대한 긍정적인 관점에 대해 균형을 잡아야 한다. 계시록에서는 다니엘이 보았던 짐승의 이미지를 발전시켜 인간 제국의 사탄적이며 파괴적인 잠재력을 폭로하고 있다.

이 이중적인 그림을 다루는 방식에 있어 우리는 주의를 기울여야 한다. 인간 정부가 선한 일(법과 질서, 정의, 공적 업무, 복지 등)을 하는 것처럼 보이지만 사실은 철저하게 악하다는 말이 **아니다**. 정부가 선한 일은 전혀 할 수 없고 전적으로 사탄적인 기만과 악으로만 이뤄져 있다는 말도 **아니다**. 이런 태도는 세계 전역에 너무나도 많이 퍼져 있는 음모론에 대한 망상을 받아들이는 것과 다름없다.

성경에서는 여러 형태의 인간적인 정치 질서—독재에서 민주주의까지, 그리고 그 사이에 있는 모든 형태의 정치 질서—가 사회 안에서, 심지어 타락한 세상 속에서도 적절하고 긍정적인 자리를 차지한다고 인정한다. 사람들은 하나님의 형상으로 만들어졌고, 또한 하나님이 베푸시는 일반 은총 때문에 정부는 적어도 때때로는 옳고 선한 일을 할 수 있다. 하지만 동시에 모든 정부와 체제, 제국에 관해 기본적인 양가성, 타락 이래로 인류 전체를 관통하는 바로 그 양가성이 존재한다. 우리는 선을 행할 수도 있고 그와 동시에 악을 행할 수도 있다. 건설적인 발명과 창조적인 아름다움을 발휘할 수도 있지만, 파괴적인 악과 타락하게 만드는 추악함을 드러낼 수도 있다. 우리 창조주의 영광을 반영할 수도 있지만, 악한 자의 신성모독적 반란과 하나님에 대한 교만한 증오를 모방할 수도 있다.

그리스도인으로서 우리의 소명 중 하나는, 지역적, 국가적, 전 지구적 차원에서 모든 형태의 정치 권력에 나타나는 두 실체 모두를 분별할 수 있는 지혜를 갖추는 것이다. 바울은 로마 제국이 역사에 대한 하나님의 주권적 통치 아래에서 선하고 건설적인 일을 이룰 수 있는 권력이 될 수도 있고, 동시에 노예제와 제국에 반대하는 모든 사람에 대한 군사적, 공민적 폭력이라는 악 위에 세워진 사탄적 악의 근원일 수도 있음을 이해했다. 우리는 지난 몇 세기 동안 존재했던 현대의 제국들에 대한 같은 평가를 받아들일 준비가 되어 있는가?

인도에 있는 내 친구 중 한 사람은 그의 할머니가 영국의 인도 통치(Raj)—아마도 당시에 지구상에서 가장 규모가 컸던 서양의 식민주의였을 것이다— 아래에서 사셨다. 그는 1947년 인도 독립 이후 여러 해 동안 할머니가(다른 많은 사람과 마찬가지로) 이후 (놀라울 정도로 세속적이며 민주주의적인 헌법이 있음에도) 인도 정부 아래에서보다 영국이 통치할 때가 상황이 더 나았다고 불평하곤 했다고 말한다. 그의 할머니는 "우리는 영국인들에게 돌아와 달라고 부탁해야 한다"라고 말하곤 했다. "그들은 그리스도인들이다. 그들은 우리를 용서해줄 것이다." 그의 할머니는 자기네 나라에 유익을 가져다준 대영 제국의 긍정적인 측면이 존재했다는 것을 인정했다. 하지만 노골적인 인종주의적 우월 의식과 폭력적인 억압, 영국의 산업 혁명을 통한 부의 축적을 위해 오랫동안 인도를 빈곤하게 만들었던 끔찍한 경제적 착취라는 부정적인 측면도 존재했다는 것을 우리는 너무나도 잘 알고 있다. 같은 시기 영국과 프랑스의 이기적인 식민주의는 중동의 아랍인들과 유대인들 모두를 부추기고 부양하고 마침내 배신했으며, 결과적으로 지난 백 년 동안 가장 오래 지속되고 파괴적인 갈등을 초래했다.

이처럼 영국 시민으로서 나는 영국 제국에 대해 분별력 있는 평가를 할 수 있다. 나는 영국 제국이 건설적인 유익과 무시무시한 이중성과 폭력, 탐욕의 혼합물이라는 것을 이해할 수 있다. 그런데 지난 몇십 년 동안 세계 외교에서 미국이 패권을 장악한 것에 대해서도 똑같은 방식으로 분별력 있는 판단을 내릴 수 있을까? (외부로부터) '친미'와 '반미'라는 단순화된 양자택일의 선택을 피할 수 있을까? 물론 우리는 세계에 유익을 주고 인간의 안녕에 이바지한 모든 것을 인정하는 동시에, 다른 곳에서 독재와 억압과 공모하는 기업 정책, 외교 정책을 만들어낸 경제적, 정치적 이기주의에 맞설 수 있다. 다니엘의 환상은 우리에게 눈을 열어 세상을 바라볼 것을 촉구한다. 순진하게 '우리 편'을 지지하는 방식이나 똑같이 순진하게 모든 정치적 야심과 활동을 사탄적이며 속량받을 수 없는 악으로 규정하여 거부하는 방식이 아니라 '분할화면'

의 방식으로 하나님의 관점으로 모든 인간 삶의 양가성을 바라볼 것을 촉구한다.

그리고 이 점은 우리가 언급한 두 번째 왕국과 연결된다.

천상의 왕국

다니엘은 세계사의 '위와 배후에' 놓여 있는 동시대적이자 (그의 관점에서는) 미래적인 천상의 현실을 엿볼 특권을 얻었다. 이는 요한이 "하늘에 열린 문"으로 들어가 하나님의 보좌가 있는 방에서 우주를 바라보도록 초대를 받은 것과 비슷하다(계 4~7장).

다시 한번 우리는 주의를 기울여야 한다. 다니엘의 환상과 요한의 환상 모두 단순히 미래에 대한 환상이 아니다. 물론 미리 내다봄의 요소가 존재한다. 이 환상을 통해 다니엘은 자신의 사람들에게 끔찍한 시험의 시간이 될 미래에 대해 경고할 수 있었다—또한 이 환상은 그들이 그런 미래조차도 이를 계시하신 하나님의 통제 아래 있음을 알고 담대하게 맞을 준비를 할 수 있게 해주었다. 하지만 두 책 모두에서 이것은 단순한 예상 이상이다. 이것은 '드러냄'이다. 즉 현재 일어나고 있는 일의 실체를 보여준다. 그리고 그 실체는 하나님이 여전히 보좌에 앉아 계신다는 것이다.

역사는 계속된다. 인간의 제국은 나타났다가 사라진다. 왕들과 대통령들, 수상들은 그들이 하는 일을 한다. 하지만 궁극적으로는 하나님이 여전히 최고의 통치자이시며 최후의 심판자이시다. 그리고 그분은 어떤 것도 간과하거나 눈감아주지 않으신다. "책들이 펴 놓였더라"(단 7:10). 이분은 감사 책임자이시다. 즉 그분 앞에 모든 마음이 펼쳐져 있으며, 모든 욕망이 알려져 있고, 어떤 비밀도

감출 수 없다. 이분은 보고 아시는 하나님, 이 땅에서 모든 인간이 행하는 모든 것, 곧 그들의 행동뿐만 아니라, 생각과 동기까지도 보고 생각하고 평가하시는 하나님이시다(시 33:13~15).

모든 지상의 권위는—심지어는 오만하고 파괴적으로 사용되는 것조차도— 위임된 것이며 파생적인 것으로서 언제든지 철회되고 종식될 수 있다. 그리고 인간의 권력이 최악의 일을 저지를 때조차도 하나님의 나라가 일하고 있다.

우리는 이 땅에서 일어나는 모든 일에 대해 이러한 천상적인 차원이 존재함을 의식하는 태도를 길러야 한다. 그것은 도피주의가 아니다. 현실에서 벗어나기 위해 몽상에 빠지는 태도가 아니다. 그와 반대로 하나님의 통치라는 참된 현실이 악하게 행동하는 사람들의 환상적인 상상과 자세, 약탈에 영향을 미치게 하는 것이다. 시편 2편의 세계 속에서 살면서 열방의 혼란 속에서 하나님 통치의 징조를 찾는 것이다. 하나님의 나라는 단지 미래의 소망("나라가 임하시오며")이 아니라 현재의 현실("나라[가] 영원히 있사옵나이다")이기도 하다.

따라서 첫 번째 요점이 우리에게 인간의 권력과 권위 안에서 작동하는 야만적, 사탄적 요소를 알아차리라고 경고하는 것처럼, 두 번째 요점은 우리에게 동일한 현실의 천상적, 신적 차원을 알아차리라고 경고한다. 역사의 평범함이나 혼돈 속에서 하나님이 일하신다. 다니엘이 느부갓네살에게 지적했듯이 하늘이 다스린다(단 4:26).

'성도의' 왕국

결론에서 우리는 다니엘의 환상에서 가장 신비로운 부분—"인자 같은 이"—으로 돌아간다. 지금까지 살펴보았듯이 이 용어는 본질적으로, 단순히 한 인간을 뜻한다. 그런데 그가 탐욕스러운 짐승에 맞서는 인간이라는 점이 중요하다. 하나님의 통치는 이 말의 올바른 의미에 있어서 '인간적'일 것이다.

하지만 더 나아가서 꿈의 해석에서 이 인간이 하나님의 백성, 지극히 높으신 이의 성도들을 아우르는 대표적인 인간임을 알 수 있었다. 그리고 정체성의 이러한 상징적 융합은 두 가지로 기능한다.

- 그들의 운명이 곧 그분의 운명—즉 고통과 박해, 폭력—이 될 것이다.
- 그분의 운명이 곧 그들의 운명—즉 영광스러운 신원과 이 땅에 이뤄질 영원한 통치—이 될 것이다.

이제 우리는 복음서를 통해 다니엘 7장이 이 인물이 예수의 자의식에 엄청나게 큰 영향을 미쳤음을 알고 있다. "인자"는 그분이 자신을 지칭할 때 가장 자주 사용하신 표현이었다. 신약학자들이 지적해왔듯이 그분은 이 용어를 여러 가지 다른 방식으로 사용하셨지만, 인자에 관한 그분의 말씀 중 일부는 명백히 다니엘 7장의 이미지를 인용한다. 가장 분명한 예는 그분이 재판받으실 때 하신 말씀이다. 대제사장이 예수께 메시아이신지 묻자 예수는 이렇게 대답하신다.

예수께서 이르시되, "네가 말하였느니라. 그러나 내가 너희에게 이르노니, 이 후에 인자가 권능의 우편에 앉아 있는 것과 하늘 구름을 타고 오는 것을 너희가 보리라" 하시니. _마 26:64

그리고 (시편 110편과 다니엘 7장을 결합한) 이 주장은 물론 신약의 나머지 부분에서도 반복되며, 승천하신 그리스도는 "하나님 우편," 즉 우주에 대한 최고의 통치권이 있는 곳에 계시다고 묘사한다. "모든 백성들과 나라들과 각 언어를 말하는 자들"에 대한 하나님의 보편적 통치는 인자, 곧 십자가에 달려 죽으시고 부활하시고 승천하신 나사렛 예수를 통해 실현될 것이다.

하지만 인자이신 예수께서 그분의 신원과 영광, 영원한 통치에 앞서 고통을 당하시고 자신의 생명을 내어주셨듯이 그분께 속해 있으며 그분의 정체성과 운명에 참여하는 이들도 그럴 것이다. 그들 역시 고통을 당하고, 그런 다음 신원 되어 영원히 다스릴 것이다. 다니엘 7장 27절에는 이 요소들이 분명히 결합되어 있다. 하지만 우리는 이를 일종의 교만한 우월 의식으로 해석하여 그리스도인들이 나머지 세상 사람들에게 잘한 체할 수 있게 된다고 생각해서는 안 된다. [기독교 세계(Christendom)와 그것의 야만적 소산인 식민주의와 제국주의를 조장한] 이런 종류의 오만함은 정확히 이 본문이 반대하는 바다. "지극히 높으신 이의 성도들"은 모든 종족과 언어, 민족, 국가 출신으로서 속량 받은 모든 사람이다. 그리고 요한의 말처럼 그들은 "우리 하나님 앞에서 나라와 제사장들"로서 "땅에서 왕 노릇 할" 것이다(계 5:10).

다시 말해서, 미래는 인자(주 예수 그리스도)께만 속한 것이 아니라 사람의 아들들—즉 인간들—에게도 속한 것이다. 하나님이 창조 세계를 다스리도록 그분의 형상대로 창조하신 피조물은 마침내 하나님이 의도하신 대로, 하나님이 깨끗하게 하신 이 땅에서 하나님을 반영하고 하나님을 섬기는 방식으로 다스릴 것이다.

히브리서 기자는 바로 이 환상을 통해 격려를 얻었던 것으로 보인다. 그는 시편 8편의 말씀에서 묘사하는 인류의 영광에 대해 묵상한다.

> "사람이 무엇이기에 주께서 그를 생각하시며
> 인자가 무엇이기에 주께서 그를 돌보시나이까?
> 그를 잠시 동안 천사보다 못하게 하시며
> 영광과 존귀로 관을 씌우시며
> 만물을 그 발 아래에 복종하게 하셨느니라" 하였으니,
> 만물로 그에게 복종하게 하셨은즉 복종하지 않은 것이 하나도 없어야 하겠으나 지금 우리가 만물이 아직 그에게 복종하고 있는 것을 보지 못하고 오직 우리가 … 예수를 보니.
>
> _히 2:6~9

우리는 나머지 피조물에 대한 하나님의 지배를 실행하도록 창조되었다. 하지만 우리의 죄악 된 반역 때문에 우리는 다스려야 할 피조물에게 부분적으로 종노릇하는 처지—바울이 1:18~23에서 설명하는 '우상 숭배'라는 노예 상태—에 놓이고 말았다. 그래서 우리는 아직 피조물에 대한 인간의 올바른 통치를 보지 못한다. 하지만 히브리서에서는 "우리가 예수를 보니!"라고 덧붙인다. 인성과 신성이 결합된 그분 안에 모든 피조물에 대한 참된 주권이 있으며,

우리는 언젠가 그분과 더불어 다스릴 것이다.

한편 네 짐승은 요한의 환상에 등장하는 네 명의 말 탄 자처럼(계 6:1~8) 오만하고 파괴적인 일을 계속한다. 하지만 이 짐승들은 보좌에 앉으신 이의 궁극적인 통제 아래에서 그렇게 한다. 그리고 이런 시대에 우리는 "나라와 권세와 영광이 영원히 **아버지께** 영원히 있사옵나이다"라고 기도하면서 그리스도 안에서, 또한 그리스도 때문에 결코 파괴될 수 없는 나라가 **우리의 것**임을 되새긴다.

8

수양과 수염소, 그리고 마지막

다니엘 8장

1 나 다니엘에게 처음에 나타난 환상 후 벨사살 왕 제삼년에 다시 한 환상이 나타나
니라
2 내가 환상을 보았는데 내가 그것을 볼 때에 내 몸은 엘람 지방 수산 성에 있었고 내
가 환상을 보기는 을래 강변에서이니라
3 내가 눈을 들어 본즉 강 가에 두 뿔 가진 숫양이 섰는데 그 두 뿔이 다 길었으며 그
중 한 뿔은 다른 뿔보다 길었고 그 긴 것은 나중에 난 것이더라
4 내가 본즉 그 숫양이 서쪽과 북쪽과 남쪽을 향하여 받으나 그것을 당할 짐승이 하
나도 없고 그 손에서 구할 자가 없으므로 그것이 원하는 대로 행하고 강하여졌더
라
5 내가 생각할 때에 한 숫염소가 서쪽에서부터 와서 온 지면에 두루 다니되 땅에 닿
지 아니하며 그 염소의 두 눈 사이에는 현저한 뿔이 있더라
6 그것이 두 뿔 가진 숫양 곧 내가 본 바 강 가에 섰던 양에게로 나아가되 분노한 힘
으로 그것에게로 달려가더니
7 내가 본즉 그것이 숫양에게로 가까이 나아가서는 더욱 성내어 그 숫양을 쳐서 그
두 뿔을 꺾으나 숫양에게는 그것을 대적할 힘이 없으므로 그것이 숫양을 땅에 엎
드러뜨리고 짓밟았으나 숫양을 그 손에서 벗어나게 할 자가 없었더라
8 숫염소가 스스로 심히 강대하여 가더니 강성할 때에 그 큰 뿔이 꺾이고 그 대신에
현저한 뿔 넷이 하늘 사방을 향하여 났더라
9 그 중 한 뿔에서 또 작은 뿔 하나가 나서 남쪽과 동쪽과 또 영화로운 땅을 향하여
심히 커지더니
10 그것이 하늘 군대에 미칠 만큼 커져서 그 군대와 별들 중의 몇을 땅에 떨어뜨리고
그것들을 짓밟고
11 또 스스로 높아져서 군대의 주재를 대적하며 그에게 매일 드리는 제사를 없애 버렸
고 그의 성소를 헐었으며
12 그의 악으로 말미암아 백성이 매일 드리는 제사가 넘긴 바 되었고 그것이 또 진리
를 땅에 던지며 자의로 행하여 형통하였더라
13 내가 들은즉 한 거룩한 이가 말하더니 다른 거룩한 이가 그 말하는 이에게 묻되 환
상에 나타난 바 매일 드리는 제사와 망하게 하는 죄악에 대한 일과 성소와 백성이
내준 바 되며 짓밟힐 일이 어느 때까지 이를꼬 하매
14 그가 내게 이르되 이천삼백 주야까지니 그 때에 성소가 정결하게 되리라 하였느
니라

15 나 다니엘이 이 환상을 보고 그 뜻을 알고자 할 때에 사람 모양 같은 것이 내 앞에
섰고
16 내가 들은즉 을래 강 두 언덕 사이에서 사람의 목소리가 있어 외쳐 이르되 가브리
엘아 이 환상을 이 사람에게 깨닫게 하라 하더니
17 그가 내가 선 곳으로 나왔는데 그가 나올 때에 내가 두려워서 얼굴을 땅에 대고 엎드
리매 그가 내게 이르되 인자야 깨달아 알라 이 환상은 정한 때 끝에 관한 것이니라
18 그가 내게 말할 때에 내가 얼굴을 땅에 대고 엎드리어 깊이 잠들매 그가 나를 어루
만져서 일으켜 세우며
19 이르되 진노하시는 때가 마친 후에 될 일을 내가 네게 알게 하리니 이 환상은 정한
때 끝에 관한 것임이라
20 네가 본 바 두 뿔 가진 숫양은 곧 메대와 바사 왕들이요
21 털이 많은 숫염소는 곧 헬라 왕이요 그의 두 눈 사이에 있는 큰 뿔은 곧 그 첫째 왕
이요
22 이 뿔이 꺾이고 그 대신에 네 뿔이 났은즉 그 나라 가운데에서 네 나라가 일어나되
그의 권세만 못하리라
23 이 네 나라 마지막 때에 반역자들이 가득할 즈음에 한 왕이 일어나리니 그 얼굴은
뻔뻔하며 속임수에 능하며
24 그 권세가 강할 것이나 자기의 힘으로 말미암은 것이 아니며 그가 장차 놀랍게 파
괴 행위를 하고 자의로 행하여 형통하며 강한 자들과 거룩한 백성을 멸하리라
25 그가 꾀를 베풀어 제 손으로 속임수를 행하고 마음에 스스로 큰 체하며 또 평화로
운 때에 많은 무리를 멸하며 또 스스로 서서 만왕의 왕을 대적할 것이나 그가 사람
의 손으로 말미암지 아니하고 깨지리라
26 이미 말한 바 주야에 대한 환상은 확실하니 너는 그 환상을 간직하라 이는 여러 날
후의 일임이라 하더라
27 이에 나 다니엘이 지쳐서 여러 날 앓다가 일어나서 왕의 일을 보았느니라 내가 그
환상으로 말미암아 놀랐고 그 뜻을 깨닫는 사람도 없었느니라

다시 동물이다! 다니엘은 정말 이상한 꿈을 꾸었다! 바로 앞 장에서 그는 심하게 물결이 치는 바다에서 무시무시한 네 짐승이 솟아오르는 것을 보았다. 여기서 그는 뿔이 둘인 숫양과 뿔이 하나인 숫염소가 사투를 벌이는 것을 본다. 이것은 정말로 괴이한 환상이며 제정신이 아닌 사람의 망상이다!

하지만 너무 성급하게 판단하지 말라. 이상해 보일지도 모르지만, 우리 문화에서 동물을 사용하는 몇몇 방식과 그다지 다르지 않다.

우리는 흔히 동물을 의인화하고 동물에 빗대어 사람들을 희화화한다. 어떤 경우에는 동물에 빗대어 특정한 인간의 행동을 은유적으로 표현한다. 우리는 다리를 저는 오리, 살찐 고양이, 상어 같은 사채업자(loan shark, 고리 대금업자를 가리키는 관용적 표현—역주), 까부는 원숭이 같은 아이들 같은 표현을 사용한다. 월트 디즈니는 〈미키 마우스〉와 〈정글북〉, 〈라이언 킹〉으로 자신의 제국을 세웠다. 더 최근에는 〈아바타〉처럼 컴퓨터로 만든 환상 속에서 인간과 동물, 신화적 피조물을 함께 등장하는 가상적 세계를 그리는 장르가 등장하기도 했다. 아동 문학에는 피터 래빗과 제미마 덕에서

루퍼트 베어와 패딩턴에 이르기까지 인간화된 동물이 수없이 등장한다.

우리는 민족들을 '동물화'하기도 한다. 그 특유의 자기 이미지나 독특성의 몇몇 양상을 표현하는 것처럼 보이는 동물의 이미지를 통해 민족 전체를 묘사한다. 영국의 불독(럭비할 때는 영국과 아일랜드의 사자)과 미국(과 알바니아)의 독수리, 프랑스의 수탉, 뉴질랜드의 키위 등이 있다.

이처럼 다니엘이 이 장에서 서술하는 숫양과 염소의 환상은 익숙한 종류의 상징주의다. 그는 실재하는 민족들과 역사적 사건들을 '보고' 있지만, 중요한 주장을 하고 어려운 질문을 던지기 위해 동물의 이미지를 사용하고 있다. 다시 말해서 이 이미지는 환상이지만, 그는 현실에 관해 말하고 있다. 그래서 우리는 계시된 성경 말씀의 일부로 우리에게 찾아온 다니엘의 꿈이 오늘 우리에게 무엇을 말하고자 하는지 물어야 한다.

제국의 경향성

_ 다니엘 8:1~12, 20~25

> 나 다니엘에게 처음에 나타난 환상 후 벨사살 왕 제삼년에 다시 한 환상이 나타나니라. 내가 환상을 보았는데 내가 그것을 볼 때에 내 몸은 엘람 지방 수산 성에 있었고 내가 환상을 보기는 을래 강변에서이니라. _단 8:1~2

이 연대에 따르면 이 장은 5장의 왕과 같은 시기를 다룬다. 따라서 아직 우리는 바빌로니아 제국 안에 있다. 지금은 노인이 된 다니엘은 바빌로니아의 세력이 급속히 약해지고 있음을 분명히 알고 있었을 것이다. 벽에 글자가 쓰여 있었다. 5장의 마지막 절과 9장의 첫 절에서는 그다음에 무슨 일이 일어났는지를 보여주며, 다니엘은 시대에 대해, 현재와 미래에 일하는 하나님의 손에 대해 매우 잘 알고 있었음을 말해준다.

다니엘은 8장에 기록된 환상을 "나 다니엘에게 처음에 나타난 환상," 즉 7장에 기록된 환상 다음에 보았다고 말한다. 그것은 바다에서 무시무시한 네 짐승이 차례로 나오는 환상이었다. 그것은 차례로 등장할 네 인간 왕국들을 상징했으며, 2장에 기록된 느부갓네살의 꿈에 나온 신상을 통해 계시된 네 요소, 즉 금과 은, 놋,

진흙이 섞인 쇠의 변형이었다. 그리고 이 두 꿈에서 이 제국들은 가장 높으신 하나님의 권세에 의해 파괴되었다. 2장에서는 인간의 손에 의해 다듬어지지 않은 돌에 의해, 7장에서는 하늘의 권위와 영원한 통치를 받으시는 인자 같은 이에 의해 파괴되었다.

여기서 네 왕국이 역사 안에서 정확히 어떤 제국을 지칭하는지를 특정하고자 할 때 상황이 복잡해진다. 첫 번째는 분명히 알 수 있다. (2장의) 금 머리와 (7장의) 독수리 날개가 달린 사자는 느부갓네살의 바빌로니아를 지칭하는 것이 명백하다. 10~11장에 제시된 자세한 설명을 고려하면 오만하고 폭력적이며 신성 모독적인 네 번째 왕국은 시리아의 안디옥을 수도로 삼았고 헬라어를 사용하던 셀레우코스 제국이며, 그것의 '작은 뿔'은 안티오코스 4세 에피파네스인 것으로 보인다. 이 경우는 둘째, 셋째 왕국이 원래는 별개의 왕국이었던 메디아와 페르시아를 각각 지칭하는 셈이다. 하지만 8장에서는 메디아와 페르시아를 결합하며(20절, 실제로 페르시아의 고레스가 이 일을 이뤄냈다), 따라서 이는 메디아와 페르시아가 함께 두 번째 왕국을 이루며, 세 번째 왕국은 그리스임을 암시한다.

여기서 더 나아가, 다니엘서가 네 번째 왕국에 이르러서 독특하게 결정적인 방식으로 하나님의 나라가 확립될 것을 기대하고 있기에 초기 기독교의 해석에서 네 번째 왕국을 로마 제국과 동일시한 것은 자연스러운 일이었다. 로마 제국의 시대에 "하나님의 나라가 가까이 왔으니 회개하고 복음을 믿으라"라고 선포하신 나사렛 예수 안에서 하나님이 성육신하셨다.

내가 복잡하다고 말하지 않았는가? 이 모든 것은, 다니엘서 본문과 조화를 이룰 수 있는 왕국들의 순서를 두 가지로 그려볼 수 있으며, 이는 해석자의 위치에 따라 결정될 수 있음을 의미한다.

1	바빌로니아	바빌로니아
2	메디아	메디아와 페르시아
3	페르시아	그리스(셀레우코스)
4	그리스도(셀레우코스)	로마

이런 가변성을 고려할 때 신상과 짐승의 상징적 의미를 (앞서 말했듯이) 역사 안에 내재된 하나의 경향성을 묘사하는 것으로 해석하는 것이 최선으로 보인다. 제국들은 나타났다가 몰락하며, 차례로 오만함에 빠져 넘어지고 만다. 때로 하나님과 하나님의 백성에 맞서 이 제국들이 자행하는 악과 폭력이 절정에 이르기도 한다. 하지만 결국, 이 제국들은 하나님에 의해 전복된다. 그리고 마지막—역사가 예증하는 수많은 부분적인 '마지막들'과 구별되는 궁극적인 마지막—에 하나님은 마침내 그분에 맞서는 모든 것을 파괴하시고 그분의 통치를 완전히, 그리고 영원히 확립하실 것이다.

따라서 8장에서 다니엘의 환상은 장차 이스라엘 백성을 다스릴 두 주요한 권력을 묘사한다. 그 두 제국은 고레스가 통일하고 급속히 확장시킨 메디아와, 페르시아 제국과 마케도니아의 알렉산드로스 대왕이 페르시아 제국을 정복한 후 확립된 그리스 제국을 계승한 셀레우코스 제국이다.

이제 다니엘이 꿈에 보았던 행동의 순서와 그의 환상 속에 등장한 천사 같은 인물이 이 장의 후반부에서 다니엘에게 주는 꿈의 해석을 나란히 살펴보도록 하자(단 8:15~18).

뿔이 둘인 숫양 (3~4절과 20절)

> 내가 눈을 들어 본즉, 강 가에 두 뿔 가진 숫양이 섰는데 그 두 뿔이 다 길었으며 그 중 한 뿔은 다른 뿔보다 길었고 그 긴 것은 나중에 난 것이더라. 내가 본즉 그 숫양이 서쪽과 북쪽과 남쪽을 향하여 받으나 그것을 당할 짐승이 하나도 없고 그 손에서 구할 자가 없으므로 그것이 원하는 대로 행하고 강하여졌더라.
> 네가 본 바 두 뿔 가진 숫양은 곧 메대와 바사 왕들이요.
> _단 8:3~4, 20

이것은 메디아와 페르시아 제국을 가리킨다. 페르시아 왕국은 메디아의 왕국보다 더 나중에 생겼지만, 더 커졌다. 그래서 숫양의 두 뿔이 이렇게 묘사되어 있다. 페르시아의 고레스는 두 왕국을 통일했고, 그 후에는 그저 페르시아 제국으로 알려진다. 주전 539년에 고레스는 전투도 없이 바빌로니아를 패배시키고 바빌로니아에 입성해 바빌로니아 제국을 종식시켰다(5장 31절에서는 이에 관해 설명한다. 여기서 '다리오'는 고레스를 가리키는 것으로 보인다).[1]

그런 다음 고레스는 빠른 속도로 정복해 나갔다(이사야 41장 2~3절에서 지적하듯이 그의 발이 거의 땅에 닿지 않았다). 그는 수도인 수사로부터 오늘날의 터키와 팔레스타인, 이스라엘, 레바논, 시리아, 요르단, 이집트, 이라크, 물론 페르시아를 계승하는 이란까지 중동 지역 전체에 페르시아의 패권을 확장했다. 그가 세운 제국은 2백 년 동안 계속해서 다스렸으며, 이 기간 그리스와 끊임없이 충돌했다. 페르시아 제국이 유럽까지 자신들의 영향력을 확장하려고 시도했고, 아테네와 스파르타가 연합한 그리스 세력은 마라톤(주전 490년)과 테르모필레, 살라미스(주전 480년) 전투에서 페르시아를 가까스로 저지했다.

뿔이 하나인 염소 (5~7절과 21절)

> 내가 생각할 때에 한 숫염소가 서쪽에서부터 와서 온 지면에 두루 다니되 땅에 닿지 아니하며 그 염소의 두 눈 사이에는 현저한 뿔이 있더라. 그것이 두 뿔 가진 숫양 곧 내가 본 바 강 가에 섰던 양에게로 나아가되 분노한 힘으로 그것에게로 달려가더니, 내가 본즉 그것이 숫양에게로 가까이 나아가서는 더욱 성내어 그 숫양을 쳐서 그 두 뿔을 꺾으나 숫양에게는 그것을 대적할 힘이 없으므로 그것이 숫양을 땅에 엎드러뜨리고 짓밟았으나 숫양을 그 손에서 벗어나게 할 자가 없었더라.
> 털이 많은 숫염소는 곧 헬라 왕이요, 그의 두 눈 사이에 있는 큰 뿔은 곧 그 첫째 왕이요. _단 8:5~7, 21

이것은 알렉산더 대왕의 정복에 관한 예언이다. 알렉산더는 아테네와 그 위대한 경쟁자였던 스파르타가 주도한 '황금시대' 이후 패권을 차지한 그리스 북부의 마케도니아 왕국을 다스린 젊은 왕이었다. 주전 333년부터 323년까지 10년 동안 알렉산더는 중동을 석권하고 페르시아 제국을 단번에 무너뜨렸다. 그는 에게해에서 인도 국경(그의 군사들은 인도 국경에 이르러 더 이상 진군하기를 거부한 것으로 보인다)에 이르는 방대한 지역에 그리스의 통치를 확립했다.

네 뿔 (8절과 22절)

> 숫염소가 스스로 심히 강대하여 가더니 강성할 때에 그 큰 뿔이 꺾이고 그 대신에 현저한 뿔 넷이 하늘 사방을 향하여 났더라.
> 이 뿔이 꺾이고 그 대신에 네 뿔이 났은즉 그 나라 가운데에서 네 나라가 일어나되 그의 권세만 못하리라. _단 8:8, 22

알렉산더는 그의 권력이 최고조에 이르렀던 주전 323년에 30대의 나이로 갑작스러운 죽음을 맞았다. 죽기 전 그는 자신의 제국을 네 명의 부하인(마케도니아와 그리스를 다스린) 카산드로스와 (트라케와 소아시아를 다스린) 리시아마코스, (시리아 북부와 메소포타미아, 동방 지역을 다스린) 셀레우코스, (이집트와 팔레스타인, 시리아 남부를 다스린) 프톨레마이오스에게 분할했다. 이후 이스라엘의 역사에 관련해서는 마지막 두 사람만 중요하다. 작은 속주였던 유다는 처음에는 이집트의 프톨레마이오스 왕조의 지배를 받다가 나중에는 시리아의 셀레우코스 왕조의 지배를 받게 되었다.

이후 약 250년 동안 로마가 그리스를 정복할 때까지 세계는 그리스화되어 그리스의 언어와 문화가 이 지역 전체에 퍼졌다. 그런 다음 세계는 다시 로마화되었다. 이것이 우리가 신약에서 발견하는 세계—로마의 권력이 통치하지만, 그리스의 언어와 문화가 지배하는 세계—다.

(느헤미야서와 에스라서에서 볼 수 있듯이) 페르시아 제국의 한 속주였던 유대인들의 작은 고향은 그리스인들의 지배를 받게 되었다. 하지만 이 땅은 그 역사 내내 줄곧 그랬듯이 북쪽과 남쪽의 경쟁하는 세력들 사이에 끼어있었다. 약 125년 동안 지배 세력은 남쪽의 이집트에서 다스린 프톨레마이오스 왕조였다. 하지만 주전 198년 팔레스타인은 북쪽에 있는 시리아의 수도 안디옥에서 다스린 셀레우코스 왕조의 지배를 받게 되었다. 그리고 그때 유대인들에게 끔찍한 고난의 시간이 시작되었다.

작은 뿔 (8~12절과 23~25절)

> 그 중 한 뿔에서 또 작은 뿔 하나가 나서 남쪽과 동쪽과 또 영화로운 땅을 향하여 심히 커지더니, 그것이 하늘 군대에 미칠 만큼 커져서 그 군대와 별들 중의 몇을 땅에 떨어뜨리고 그것들을 짓밟고, 또 스스로 높아져서 군대의 주재를 대적하며 그에게 매일 드리는 제사를 없애 버렸고 그의 성소를 헐었으며, 그의 악으로 말미암아 백성이 매일 드리는 제사가 넘긴 바 되었고 그것이 또 진리를 땅에 던지며 자의로 행하여 형통하였더라.
>
> 이 네 나라 마지막 때에 반역자들이 가득할 즈음에 한 왕이 일어나리니 그 얼굴은 뻔뻔하며 속임수에 능하며, 그 권세가 강할 것이나 자기의 힘으로 말미암은 것이 아니며 그가 장차 놀랍게 파괴 행위를 하고 자의로 행하여 형통하며 강한 자들과 거룩한 백성을 멸하리라. 그가 꾀를 베풀어 제 손으로 속임수를 행하고 마

음에 스스로 큰 체하며 또 평화로운 때에 많은 무리를 멸하며 또 스스로 서서 만왕의 왕을 대적할 것이나 그가 사람의 손으로 말미암지 아니하고 깨지리라. _단 8:9~12, 23~25

여기서는 그리스 세계의 네 부분을 다스리는 통치자 중 한 사람을 묘사한다. 그는 시리아의 셀레우코스 왕조 출신으로 안티오코스 4세라고 불린 사람이다. 그는 에피파네스라는 이름을 취했으며, 이는 그가 자신을 신적 능력의 현현이라고 생각했음을 보여준다—실제로 그는 이런 몽상에 빠져있었다. 이 부분은 다니엘 7장 8, 11, 20~21, 24~25절에 기록된 작은 뿔에 대한 묘사를 떠올리게 한다. 그는 주전 175년부터 163년까지 다스렸다.

안티오코스 에피파네스는 예루살렘과 그 주변 지역의 유대인들을 놀라울 정도로 적대적으로, 미워하는 마음으로, 교만하게 대했다. 그는 그 당시 하나님의 백성에게 신성 모독적인 악의 구현체이자 엄청나면서도 긴 고통과 억압의 원인이 되었다. 이에 관해서는 다음 부분에서 조금 더 자세히 다룰 것이다.

악에 대한 묘사

_ 다니엘 8:10~12, 23~25

성경의 이 구절들(8:10~12과 23~25)에서는 안티오코스 에피파네스의 사악함을 간략하게 설명하고 그의 죄의 분명하고 독특한 특징을 묘사한다. 교만과 악독함, 기만이 강력히 결합되어 있었다. 혹은 더 정확히 말하자면,

◆ 그는 하나님에 대한 죄를 저질렀으며(10~11절),

◆ 하나님의 백성에 대한 죄를 저질렀고(24절),

◆ 하나님의 진리에 대한 죄를 저질렀다(12절 하반절과 25절).

그는 세 가지 심각한 죄, 신성 모독과 박해, 거짓말의 유독성 혼합물의 구현이었으며, 이 세 요소는 모두 사탄적 악의 특징이다.

그의 행위에 대한 자세한 설명은 마케베오상 1장에 기록되어 있으며, 외경이 포함된 성경책을 가지고 있다면 이를 찾아볼 수 있다. 이 장에는 파괴와 학대, 살인, 성스러운 장소와 사람, 책에 대한 모독, 오늘날 같으면 '반인도적 범죄'(crimes against humanity)라고 부를 법한 행동을 열거한 무시무시한 목록이 담겨 있다. 이 장은 이런 말로 마무리된다.

그러나 이에 꺾이지 않고 부정한 것을 먹지 않기로 굳게 결심한 이스라엘 사람들도 많았다. 그들은 부정한 음식을 먹어서 몸을 더럽히거나 거룩한 계약을 모독하느니 차라리 죽음을 달게 받기로 결심하였고, 사실 그들은 그렇게 죽어갔다. 크고 무서운 하느님의 진노[2]가 이스라엘 위에 내린 것이다.

_마카베오상 1:62~64, 공동번역

다니엘의 환상에서 안티오코스 에피파네스는 단일한 역사적 인물이지만 그가 일종의 원형이라는 점은 의심할 나위가 없다. 즉 그는 역사 안에서 여러 다른 시대에 나타날 현실을 상징한다. 그는 반복적으로 일어날 무언가를 대표한다. 이것은 하나의 경향성이다. 하나님께 반역하며 교회에 대해 반대하고 진리를 거스르는 세력과 의도가 연합하여 구약의 이스라엘 백성에 맞섰고, 과거의 여러 시대에 유대 민족과 기독교 교회에 맞섰으며, 오늘날도 여전히 세계 곳곳에 있는 하나님의 백성에 맞서고 있다. 유대인들은 안티오코스 에피파네스를 홀로코스트에서 절정에 달했던 유럽의 '기독교' 국가에서 자행된 끔찍한 유대인 학살의 전조로 보았다. 그리스도인들 역시 로마 황제로부터 성경책과 기독교 신앙의 모든 상징물을 금지했던 무신론적 공산주의 국가와 이슬람 국가(ISIS), 보코 하람, 알 샤바브의 야만적인 박해에 이르기까지 기독교 신앙과 교회를 말살하려고 했던 독재적인 체제 아래서 고통을 당했다.

이런 것들은 극단적인 예다. 하지만 덜 폭력적인 형태의 적대감이 더 교묘한 방식으로 이 세 요소를 구현하기도 한다. 급속히 세속화되고 있는 서양 문화 속에서 우리는 하나님에 대한 증오와 그리스도인에 대한 공격, 또한 이와 관련된 기만과 거짓말을 발견한다. 물론 교회 역시 많은 이들의 삶을 망가뜨린 엄청난 악행을 저질렀음을 고백해야 한다—최근 여러 해 동안 광범위하게 알려졌지만 이미 수십 년 전부터 시작된 끔찍하고 저주받아 마땅한 범죄인 아동 학대 추문을 생각해보라. 교회에 의한 이런 학대가 교회의 적들에게 교회를 공격할 빌미를 제공해주는 것은 사실이지만, 전투적인 무신론과 직장 내에서 이뤄지는 그리스도인에 대한 차별, 도덕적인 양심의 권리보다 성적인 취향의 권리를 우선시하는 사법부의 결정, 사람들이 진리를 요구하지만 아무도—특히 하나님과 그분의 대표자들이—진리를 전해줄 것이라고 믿지 않는 기만과 의심의 문화를 통해 표현되는 아주 깊이 뿌리 내린 영적 적대감도 존재한다.

그렇다면 이 모든 것은 언제 어디에서 끝나게 될까? 이것은 하나님의 백성이 오랫동안 물었던 질문이며, 이 장이 전달하고자 하는 또 다른 메시지이기도 하다. 다니엘의 환상을 해석해주었던 천사는 이를 세 번 언급한다.

'끝' 미리 보기

_ 다니엘 8:15~19

나 다니엘이 이 환상을 보고 그 뜻을 알고자 할 때에 사람 모양 같은 것이 내 앞에 섰고, 내가 들은즉 을래 강 두 언덕 사이에서 사람의 목소리가 있어 외쳐 이르되, "가브리엘아, 이 환상을 이 사람에게 깨닫게 하라" 하더니, 그가 내가 선 곳으로 나왔는데 그가 나올 때에 내가 두려워서 얼굴을 땅에 대고 엎드리매 그가 내게 이르되, "인자야, 깨달아 알라. 이 환상은 **정한 때 끝**에 관한 것이니라."

그가 내게 말할 때에 내가 얼굴을 땅에 대고 엎드리어 깊이 잠들매 그가 나를 어루만져서 일으켜 세우며 이르되, "**진노하시는 때**가 마친 후에 될 일을 내가 네게 알게 하리니 이 환상은 **정한 때 끝**에 관한 것임이라. _단 8:15~19

볼드체로 표기한 세 구절에 주목하라. "정한 때 끝," "진노하시는 때," "정한 때 끝." 표현상 차이가 있기는 하지만 다니엘이 환상 속에서 본 것이 '끝'이라고 부를 수 있는 중요한 역사적 순간에 관한 것이라는 점은 분명하다. 하지만 이는 무엇을 의미하는가?

먼저 이것이 '세계의 종말'을 뜻할 리는 없다. 2천 년이 지난 지금도 우리가 아직 여기에 있다! 이것은 마치 긴 영화의 마지막 장면, 즉 '끝'이라는 글자가 화면에 나타날 때와 비슷한 무언가를 뜻하는 것으로 보인다. 그 글자를 볼 때 우리는 그것이 세계의 종말을 뜻하지는 않는다는 것을 안다! 오히려 우리는 그것이 그 모든 등장인물과 행동, 기쁨, 비극, 이 영화를 이루는 다른 모든 것과 더불어 이야기 전체가 마무리되었다는 것을 이해한다. 그 장면, 그 이야기가 마무리되었다. 그리고 그것이 좋은 영화였다면 우리는 만족감과 성취감을 느끼고, 우리가 지난 한두 시간 동안 보았던 내용의 그 모든 복잡성이 해소되었다고 느낄 것이다.

우리는 성경이 '끝'과 '가득 참'이라는 말을 어떻게 사용하는지 이해해야 한다(23절에서는 "이 네 나라 마지막 때에 반역자들이 가득할 즈음에"라고 말한다).

창세기 15장 16절에서 하나님은 아브라함에게 가나안 땅을 그의 후손들에게 주겠다고 말씀하신다—하지만 아직은 아니라고 말씀하신다. 하나님은 "네 자손은 사대 만에 이 땅으로 돌아오리니 이는 아모리 족속의 죄악이 아직 가득 차지 아니함이니라"라고 말씀하신다. 만약 하나님이 아브라함의 시대에 아모리 족속을 처벌하셨다면 그분의 행동은 정당화될 수 없었을 것이다. 하지만 그 시간이 올 것이다. 그 문화의 죄가 (아동 제사를 행할 정도로) 너무나도 심해져서 '가득 참'에 이르고 그 결과 이스라엘이 가나안을 정복하게 되었다. 신명기 9장에서는 하나님이 이스라엘을 이 땅의 사악한 민족들에 대한 도덕적 심판의 집행자로 사용하셨다고 분명히 말한다. 그 세대의 가나안 사람들에게 '끝'이 찾아왔다. 그것이 그들의 마지막이었다.

하지만 하나님은 그들이 가나안 사람들과 똑같이 행동한다면 이스라엘에게도 똑같이 행하실 것이라고 경고하셨다(레 18:24~28, 20:22~24). 안타깝게도 이스라엘은 정확히 그렇게 행동했다—여러 세대에 걸쳐 우상 숭배와 불의, 억압을 자행했다. 그리고 마침내 하나님은 "이걸로 충분하다. 이제 이 모든 것을 끝낼 시간이다"라고 말씀하셨다. 예언자 아모스는 이 주장을 하기 위해 추수의 이미지를 활용한다. 열매가 익었을 때 추수를 하듯이 이스라엘을 위한 시간이 무르익었다—심판의 때가 무르익었다(암 8:2). 그리고 그 세대의 북왕국 이스라엘에게는 정말로 그것으로 '끝'이었다. 주전 712년에 사마리아는 파괴되었으며, 북쪽 지파들은 흩어져서 포로로 끌려갔다. 온 세계의 종말은 아니었지만 그들의 세계의 종말이었음은 분명하다. 훨씬 더 극적인 '종말'은 주전 587년에 일어난 예루살렘의 파괴였다. 에스겔은 에스겔 7장 2~9절에서 반복적으로 이를 '끝'으로 묘사한다. 물론 포로로 끌려가서 죽은 그의 세대에게는 끝이었다. 하지만 세계의 끝은 아니었으며, 이스라엘과 열방에 대한 하나님의 목적이 끝난 것도 아니었다.

신약에서 바울은 새로운 그리스도인 신자들이 심한 고난을 겪는 것이 동일한 경향성이 작동하고 있는 증거라고 보았다. 즉 이것은 그 세대에 죄와 진노가 가득 찼음을 보여주는 예라는 것이다(살후 2:16). 그리고 예수께서 주후 70년에 일어날 일—예루살렘과 성전이 파괴된 또 다른 사례로서 이번에는 로마인들에 의해 파괴가 이뤄졌다—에 관해 말씀하실 때 사용하신 표현에서는 이것을 '끝'을 예상하게 하는 끔찍한 고통의 시간으로 묘사한다(마 24장).

이처럼 성경에 기록된 이런 다양한 사건들은 악의 세력이 최악에 이르게 될 궁극적인 종말의 미리 보기나 전조 역할을 한다. 이 사건들은 악이 승리하는 것처럼 보이고 언젠가 그런 악의 세력이 마지막으로 최고조에 이를 테지만 그런 다음 하나님의 권세가 마침내, 그리고 영원히 그것을 파괴할 때가 올 것을 우리에게 상기시켜주는 이정표와 같다.

그렇다면 우리는 '마지막 때'에 살고 있는가? 나는 이런 질문을 자주 받는다. 어떤 경우에는 우리가 정말 마지막 때를 살고 있다면 무서운 일이라며 불안해하는 사람들이 이런 질문을 하고, 어떤 경우에는 내가 휴거와 대환란, 천년왕국에 관해 그들과 같은 관점을 가지고 있다고 생각해 내가 정통적인지를 시험해 보려는 사람들이 이런 질문을 하기도 한다. 대개 나는 "그렇다. 우리는 마지막 때에 살고 있고, 예수께서 죽은 자 가운데서 부활하신 후 줄곧 마지막 때를 살고 있다"라고 대답한다.

신약에서는 종말, 더 정확한 용어로는 '마지막 날들'이라는 개념을 그런 의미로 사용한다. 이 본문들을 살펴보면, 부활을 통해 이 땅에서 하나님의 일의 마지막 위대한 단계가 시작되었다고 믿었음을 분명히 알 수 있다. 하나님이 예수를 죽은 자 가운데서 다시 살리셨기 때문에 그들은 자신들이 이미 '마지막 날들' 혹은 '마지막 시간'에 살고 있음을 알고 있었다(행 2:17, 히 1:2, 벧전 1:20, 요일 2:18).

이런 본문들에 비춰볼 때 종말은 어떤 의미에서 이미 예상되고 있다. 악은 십자가에서 패배했고, 부활하고 승천하신 그리스도께서 다스리고 계시며, 성령이 부어졌다. 이 모든 것이—베드로가 오순절 날에 선포했듯이— '마지막 날들'의 징조이자 증거다.

하지만 물론 우리는 역사라는 거대한 드라마가 아직 '끝'에 이르지 않았음을 알고 있다. 그 끝은 그리스도가 재림하실 미래가 될 것이다. 그리고 그리스도가 재림하실 때까지 우리가 그 대단원의(요한계시록 21~22장에서 보여주듯이 그 자체가 새로운 시작, 새로운 창조의 도래가 될) '끝'에 이를 때까지, 우리는 인간 역사의 거대한 흐름 속에서 다른 '마지막들'을 경험할지도 모른다—그리고 (안티오코스 에피파네스를 비롯해) 성경에 기록된 '마지막 때'에 관한 말씀은 우리가 이런 마지막들을 예상하고 이해하고 견뎌낼 수 있도록 도와준다. 다시 말해서, '마지막 날들'의 시대(즉 부활부터 그리스도의 재림까지) 안에는 오직 하나님만 아시며 그분이 친히 정해두신 궁극적인 종말에 이르기 전까지 수많은 '마지막 때들'이 존재할지도 모른다.

지금은 세계 안에서 (유럽과 북미가 주도하는) 서양 문명의 지배와 우월성이 서서히 몰락하는 중인 것처럼 보인다. 그에 대한 여러 징조가 있다. 우리는 여전히 맘몬과 소비주의라는 거짓 신들을 놀라울 정도로 오만하고 (내가 보기에는) 신성 모독적으로 숭배하고 있다. 우리는 여전히 천문학적인 액수의 돈(과 생명)을 군사주의와 전쟁, 폭력에 맞서는 폭력의 제단에 바치고 있다. 우리는 지속 가능하지 않은 수준의 경제적인 소비를 추구하고, 생태계를 돌보지 않고 있으며, 이는 기후 변화로 인한 파괴적인 결과로 이어지고 있다. 또한 지정학 무대에서 새롭게 등장한 세력들에 대처하기 위해 노력하고 있다. 한편 우리(유럽과 북미가 주도하는 서양 세계)의 인구는 더 줄어들고 노령화되고 있으며, 다수 세계에서는 젊은이들의 비율이 많이 늘어나고 있다. 유럽과 북미가 주도하는 서양 패권에는 '마지막 때'일지도 모른다.

하지만 서양 문명의 종말이 세계의 종말일까? 성경적으로 정당화될 수 있는 유일한 대답은 그럴지도 모르고 그렇지 않을지도 모른다는 것이다. 하나님만 아신다. 사람들은 주후 천 년에 세상이 끝날 것으로 생각했다. 천 년이 지났다. 시간이 되었다. 사람들은 14세기에 유럽을 황폐하게 만들고 인구의 30~60%를 앗아갔던 무시무시한 흑사병이 세계 종말의 확실한 징조라고 생각했다. 마르틴 루터(Martin Luther)는 자신의 시대에 유럽을 혼란으로 몰아넣었던 전쟁과 전쟁의 소문이 자신의 시대에 세계의 종말이 찾아올 것이라는 증거라고 확신했다. 성경 안에 기록된 '종말들'을 비롯해 역사 속에는 다양한 파국적 '종말들'이 존재했다. 하지만 하나님은 그중에서 어떤 것도 마지막, 궁극적 종말로 삼지 않으셨다. 하지만 언젠가 그분은 그런 종말이 임하게 하실 것이다.

언젠가 그리스도께서 다시 오실 것이다. 그리고 계시록에 따르면 그날이 오기 전에 악이 승리하는 것처럼 보이고 하나님의 백성이 큰 고난을 겪는 때가 있을 것이다. 따라서 다니엘의 환상이나 계시록의 환상을 대할 때 가장 중요한 것은, 정확한 시간표를 계산하거나 예측하는 것이 아니라 우리가 어느 때든 준비가 되어 있어야 하며, 언제나 신실해야 한다는 것을 기억하는 것이다. 그리고 바로 그 점에 관해서 우리는 이 장을 통해서 위로를 얻을 수 있다. 마지막으로 우리는 이 위로의 말을 살펴보고자 한다.

위로의 말

_ 다니엘 8:13~14, 26~27

하지만 우리는 얼마나 오랫동안 '종말'—우리가 이 용어를 어떤 의미로 이해하든지—을 기다려야 할까? 이것은 이해할 만한 물음이며, 이 장의 중간 부분에서 어느 정도 대답을 얻을 수 있고 마지막 부분에서 더 고무적인 답을 얻을 수 있다.

> 내가 들은즉 한 거룩한 이가 말하더니 다른 거룩한 이가 그 말하는 이에게 묻되, "환상에 나타난 바 매일 드리는 제사와 망하게 하는 죄악에 대한 일과 성소와 백성이 내준 바 되며 짓밟힐 일이 어느 때까지 이를꼬?" 하매, 그가 내게 이르되, "이천삼백 주야까지니 그 때에 성소가 정결하게 되리라" 하였느니라.
>
> _단 8:13~14

안티오코스 에피파네스에 의한 공포의 통치 중에서도 최악의 순간은 그가 성전 안에서 매일 드리는 제사를 금지하고 성전을 더럽히는 형상을 세운 때였다(단 12:11). 13절의 질문자는 그러한 성전 모독이 얼마나 오래 이어질지 알고 싶었다. 대답은 수수께끼 같다. '이천삼백 주야'는 그 수에 해당하는 날, 즉 6년 반 정도의 기간일 수 있다. 혹은 '주야'가 날마다 드리는 두 차례의 제사를 지칭할 수 있다. 이 경우에는 약 3년에 해당하는 1,150일을 암시할 것이다. 이는 대략 안티오코스가 성전에 제우스에게 바치는 제단을 세우고 거기에서 돼지를 제물로 바쳤던 때(주전 167년)와 마카베오 혁명 이후 이뤄진 성전 정화[주전 165년, 유대인들은 이를 기념하여 하누카 절기(수전절)를 지킨다] 사이의 기간과 일치한다. 묵시 문학에서는 이런 종류의 숫자들이 종종 나오지만, 정확한 연대를 추측해서 측정하라는 의미는 아니다. 그저 비교적 짧게 이어지는 제한된 기간을 암시한다고 보면 된다.

핵심은 이것이다. 성전 모독과 "백성이 내준 바 되며 짓밟힐 일"이 영원히 이어지지는 않을 것이다. 작은 뿔, 즉 "그 얼굴은 뻔뻔하며 속임수에 능한" 왕의 통치는 종식될 것이다. 하나님과 하나님의 백성에게 맞서는 적들은 언제나 심판을 받고, 또 심판을 받게 되며, 주님의 때가 올 것이다. 그리고 25절 마지막 부분의 말씀이 암시하듯이 그의 파괴는 하나님의 손에 의해 이뤄질 것이다. "그가 사람의 손으로 말미암지 아니하고 깨지리라." 심한 고난을 겪을 테지만 끝이 반드시 올 것이다. 그리고 이것이 바로 하나님의 백성이 그들의 역사에서, 구약과 교회사에서 고난을 겪을 때마다 그들에게 필요했던 위로의 말씀이다. 하나님이 여전히 통제하고 계시며, 하나님의 백성을 파괴하려는 이들은 궁극적으로 멸망 당할 것이다.

하지만 결론적으로 첫 부분, 다니엘의 이상한 환상으로 돌아가 보자. 이 환상은 동물의 이미지로 가득 차 있다. 숫양과 숫염소가 뿔을 부딪치며 사투를 벌인다. 이것은 역사 안에서 들이받고 짓밟으면서 앞으로 나아가려고 하는 수많은 인간 왕들과 정복자들을 상징하는 이미지다.

성경은 동물의 이미지로 마무리되기도 한다. 다니엘처럼 요한은 긴 환상을 보았다. 우리는 계시록 4~7장을 하나의 환상으로 읽어야 한다. 그는 하나님의 보좌를 본다. 보좌는 (아마도 구약과 신약의 하나님의 백성 전체를 대표하는) 이십사 장로의 보좌와 (아마도 창조 질서 전체를 대표하는) 사자와 황소, 인간, 독수리의 머리를 지닌 네 생물로 둘러싸여 있다. 그리고 이들 주위에는 헤아릴 수 없이 많은 천사가 있다. 이것은 예배의 장면이자 하나님이 만드신 우주 전체에 그분의 통치가 집행되는 광경이다.

다니엘 7장과 8장에 기록된 다니엘의 환상 속 짐승들과 비슷하게 요한은 네 말이 등장하는 것을 본다(계 6:1~8). 이것은 (흔히 "계시록의 네 말 탄 자"로 묘사되는 것처럼) 먼 미래의 특정 시점에 일어날 무시무시한 일에 관한 그림이 아니다. 이것은 정복과 전쟁, 기근, 죽음—인간 역사 전체에서 존재했고, 오늘날도 여전히 존재하고, 요한의 시대 로마 제국 안에서도 파괴적인 방식으로 존재하던 현실들—을 가리킨다. 다니엘의 짐승처럼 거칠고 통제되지 않는 것처럼 보이는 이 말들은 역사에 계속 등장해 파괴를 일삼고 있다.

하지만 그들이 정말로 통제를 벗어나 있는가? 그렇지 않다! 누가 그들을 소환하는가? 모든 말이 하나님의 보좌로부터 "오라"는 명령을 받는다. 이 말들은 명령에 따라 움직인다. 그들이 어디에서 나오는가? 보좌에 앉으신 이의 손에 있는 두루마리의 봉인을 뗄 때마다 이 말들이 나온다. 이 두루마리는 인간 역사 전체에 대한 하나님의 목적과 계획을 상징한다. 이 말들은 자기 드라마의 감독이 아니라 다른 누군가가 쓴 각본에 따라 움직이는 배우들이다. 무엇보다도 이 두루마리를 펼칠 권위가 누구에게 있는가? 즉 말 탄 자들을 비롯해 역사의 운명 전체를 해석하고 통제할 권위가 누구에게 있는가?

요한이 처음으로 이 질문을 했을 때, 그는 아무도 그럴 권위를 취하기에 합당하지 않다면서 크게 두려워한다. 이 두루마리의 이야기에 참여하는 어떤 인간도 두루마리 전체를 해석하고 통제할 권위가 없다. 하지만 잠깐! 그렇게 하기에 합당하신 분이 계시다. 요한은 사자, 아니 그 사자—유다의 사자, 다윗의 뿌리(구약 이스라엘의 모든 약속을 성취하시는 분, 계 5:5)—를 찾으라는 말을 듣는다. 하지만 고개를 들었을 때 요한은 무엇을 보았을까? "한 어린 양이 서 있는데 일찍이 죽임을 당한 것 같더라"(계 5:6).

사자가 어린 양으로 바뀌었다. 다니엘의 이미지를 능가하는 정말로 놀라운 이미지의 조합이다! 사자-왕처럼 승리하고 다스리실 분은 십자가에 달려 죽으신 하나님의 어린 양으로서 자신의 생명을 내어주신 분이시다. 물론 이 모든 이미지와 이에 관한 묘사를 통해 요한은 사자이자 어린 양이신, 십자가에 달려 죽으시고 부활하신 나사렛 예수의 모습을 그리고 있다.

따라서 요한이 보았던 난폭한 말 탄 자들의 세계 속에, 즉 (우리의 제한된 관점에서 보기에) 인간적, 자연적, 사탄적 원인 때문에 발생한 악의 와중에도 다니엘이 보았던 짐승과 제국과 종말의 세계 속에서와 마찬가지로, 이 두 책 안에는 우주의 통치가 하나님의 손 안에 있으며 (계시록에서는) 우리의 구원을 위해 죽으시고 부활하신 분의 손에 있다는 엄청난 위로의 확신이 담겨 있다.

다니엘의 하나님, 요한의 하나님이 여전히 보좌에 앉아 계시며, 그분은 자기 백성을 기억하실 것이다. 그리고 하나님은 궁극적으로 사탄을 비롯해 모든 악을 이기고 파괴하실 것이며, 이로써 그분의 백성을 영원히 구원하실 것이다.

그리고 이것은 내가 가장 좋아하는 구절인 이 장의 마지막 절과 연결된다.

> 이에 나 다니엘이 지쳐서 여러 날 앓다가 일어나서 왕의 일을 보았느니라. 내가 그 환상으로 말미암아 놀랐고 그 뜻을 깨닫는 사람도 없었느니라. _단 8:27

나는 이런 정직한 태도가 좋다. "지쳐서… 앓다가… 놀랐고…." 그런 환상을 보는 것이 어떤 느낌일지 상상만 해보아도 이런 감정에 충분히 공감할 수 있다. 그리고 천사의 지도를 받고 나서도 다니엘이 이 환상을 도무지 이해할 수 없었다고 말했다면("그 뜻을 깨닫는 사람도 없었느니라"), 우리는 이 환상이나 다니엘의 다른 환상에 대한 우리의 해석이 전적으로 정확하다고 성급하게 주장하거나 지나치게 확신해서는 안 될 것이다. 앞서 지적했듯이, 넷이라는 구조가 실제 역사와 어떻게 연결되는가에 관해 유동성이 존재하고, 이곳과 다른 곳에서 숫자들의 일반적인 '어림잡기'가 가능해 보인다. 다니엘처럼 우리는 '전체적인 그림을 보고 있다.' 하지만 모든 세부 사항을 특정할 필요는 없다.

그러나 내가 가장 좋아하는 부분은 "일어나서 왕의 일을 보았느니라"라고 말하는 다니엘의 철저히 현실적인 태도다. 다니엘은 그다음 날 사무실로 출근했다! 책상으로, (지난밤 환상을 본 후에) 일과로, 하나님이 몇십 년 전에 그를 두신 그곳으로, 자신의 삶과 일로 돌아가 자신에게 맡겨진 공직의 책임을 계속 수행했다. 이런 그의 반응이 보여주는 일상성은 놀라울 따름이다.

다니엘은 방금 놀라운 환상을 보았다. 물론 놀랍고도 두려운 환상이었지만 예언적이었고 적어도 어떤 의미에서는 감동적이었다. 그는 미래를 보았다! **하지만** 그는 멸망을 선포하는 거친 예언자처럼 여기저기 돌아다니면서 고함을 지르지 않았다. 큰돈을 벌 수 있는 '종말론' 사역 단체를 세우고 웹사이트와 영화, 서적을 만들지도 않았다(아니 책은 한 권 썼다). 그 대신 그는 "일어나서 왕의 일을 보았다."

- 의심할 나위 없이 그는 하나님의 주권과 인간 제국의 무상함을 새롭게 깨닫고(평생 알고 있던 것보다 훨씬 더 심층적으로 깨닫고) 자신의 세계관을 조정했다.
- 그는 두려워하며 하나님과 하나님의 백성에 맞서는 체제가 지배할 세상의 무시무시한 악을 예상했다.
- 그는 종말이 언젠가 어떤 식이든 하나님의 때에 하나님의 방식으로 임할 것을 알았다.

… 그리고 그는 일터로 돌아갔다.

그는 놀라울 정도로 성숙한 균형 감각을 보여준다. 한편으로, 그는 공직에 있으며 오늘날 우리가 '세속 권력'이라고 부르는 것을 위해 일하는 데 전적으로 헌신했다. 그렇다고 해서 그의 눈이

가려져 국가의 긍정적이며 건설적인 차원 이면에 우상 숭배의 경향성과 폭력, 박해, 거짓말을 자행할 수 있는 무시무시한 능력을 지닌 '짐승'이 도사리고 있음을 인식하지 못한 것은 아니었다. 그는 윤리적 헌신과 성실의 태도로 직장에서 일했을 뿐 아니라 영적 분별력을 지니고 있었다.

다른 한편으로, 또한 동시에 그는 국가의 사회적, 정치적, 경제적 구조 안에서 잠재적으로 '야만적인'(더 나아가 사탄적인) 영적 차원이 작동하고 있음을 너무나도 분명히 의식하게 되었다. 그렇다고 해서 세속적인 직업을 포기하고 정치적 삶에 참여하기를 거부하고 주변화된 영적 경건의 세계에서 살겠다고 결정하지 않았다. 오히려 그는 현재와 미래의 영적 차원을 너무나도 잘 이해하게 되었지만, 그런 이해를 자기 일 속으로 가지고 들어갔다. 그는 계속해서 왕의 일을 했지만, 그와 동시에 자신이 '참된 왕들의 왕'의 일을 하고 있으며, 나중에 요한이 "땅의 임금들의 머리"(계 1:5)라고 묘사한 그분을 섬기고 있음을 알고 있었다.

우리의 과제는 우리의 정신과 마음을 열어 이 성경적 역사관—과거와 현재, 미래—의 위대하고 광활한 전망을 받아들인 다음 현실주의적인 자세와 다니엘의 하나님에 대한 믿음을 통해 얻은 확신을 모두 갖추고 하나님이 우리를 부르신 대로 살아가고 일하는 것이다.

9

모범적 기도, 불가사의한 예언

1 메대 족속 아하수에로의 아들 다리오가 갈대아 나라 왕으로 세움을 받던 첫 해
2 곧 그 통치 원년에 나 다니엘이 책을 통해 여호와께서 말씀으로 선지자 예레미야에
게 알려 주신 그 연수를 깨달았나니 곧 예루살렘의 황폐함이 칠십 년만에 그치리
라 하신 것이니라
3 내가 금식하며 베옷을 입고 재를 덮어쓰고 주 하나님께 기도하며 간구하기를 결심
하고
4 내 하나님 여호와께 기도하며 자복하여 이르기를 크시고 두려워할 주 하나님, 주를
사랑하고 주의 계명을 지키는 자를 위하여 언약을 지키시고 그에게 인자를 베푸시
는 이시여
5 우리는 이미 범죄하여 패역하며 행악하며 반역하여 주의 법도와 규례를 떠났사오며
6 우리가 또 주의 종 선지자들이 주의 이름으로 우리의 왕들과 우리의 고관과 조상들
과 온 국민에게 말씀한 것을 듣지 아니하였나이다
7 주여 공의는 주께로 돌아가고 수치는 우리 얼굴로 돌아옴이 오늘과 같아서 유다 사
람들과 예루살렘 거민들과 이스라엘이 가까운 곳에 있는 자들이나 먼 곳에 있는
자들이 다 주께서 쫓아내신 각국에서 수치를 당하였사오니 이는 그들이 주께 죄를
범하였음이니이다
8 주여 수치가 우리에게 돌아오고 우리의 왕들과 우리의 고관과 조상들에게 돌아온
것은 우리가 주께 범죄하였음이니이다 마는
9 주 우리 하나님께는 긍휼과 용서하심이 있사오니 이는 우리가 주께 패역하였음이
오며
10 우리 하나님 여호와의 목소리를 듣지 아니하며 여호와께서 그의 종 선지자들에게
부탁하여 우리 앞에 세우신 율법을 행하지 아니하였음이니이다
11 온 이스라엘이 주의 율법을 범하고 치우쳐 가서 주의 목소리를 듣지 아니하였으므
로 이 저주가 우리에게 내렸으되 곧 하나님의 종 모세의 율법에 기록된 맹세대로
되었사오니 이는 우리가 주께 범죄하였음이니이다
12 주께서 큰 재앙을 우리에게 내리사 우리와 및 우리를 재판하던 재판관을 쳐서 하
신 말씀을 이루셨사오니 온 천하에 예루살렘에서 일어난 일 같은 것이 없나이다
13 모세의 율법에 기록된 대로 이 모든 재앙이 이미 우리에게 내렸사오나 우리는 우
리의 죄악을 떠나고 주의 진리를 깨달아 우리 하나님 여호와의 얼굴을 기쁘게 하
지 아니하였나이다
14 그러므로 여호와께서 이 재앙을 간직하여 두셨다가 우리에게 내리게 하셨사오니

우리의 하나님 여호와께서 행하시는 모든 일이 공의로우시나 우리가 그 목소리를
듣지 아니하였음이니이다
15 강한 손으로 주의 백성을 애굽 땅에서 인도하여 내시고 오늘과 같이 명성을 얻으
신 우리 주 하나님이여 우리는 범죄하였고 악을 행하였나이다
16 주여 구하옵나니 주는 주의 공의를 따라 주의 분노를 주의 성 예루살렘, 주의 거룩
한 산에서 떠나게 하옵소서 이는 우리의 죄와 우리 조상들의 죄악으로 말미암아
예루살렘과 주의 백성이 사면에 있는 자들에게 수치를 당함이니이다
17 그러하온즉 우리 하나님이여 지금 주의 종의 기도와 간구를 들으시고 주를 위하여
주의 얼굴 빛을 주의 황폐한 성소에 비추시옵소서
18 나의 하나님이여 귀를 기울여 들으시며 눈을 떠서 우리의 황폐한 상황과 주의 이
름으로 일컫는 성을 보옵소서 우리가 주 앞에 간구하옵는 것은 우리의 공의를 의
지하여 하는 것이 아니요 주의 큰 긍휼을 의지하여 함이니이다
19 주여 들으소서 주여 용서하소서 주여 귀를 기울이시고 행하소서 지체하지 마옵소
서 나의 하나님이여 주 자신을 위하여 하시옵소서 이는 주의 성과 주의 백성이 주
의 이름으로 일컫는 바 됨이니이다
20 내가 이같이 말하여 기도하며 내 죄와 내 백성 이스라엘의 죄를 자복하고 내 하나
님의 거룩한 산을 위하여 내 하나님 여호와 앞에 간구할 때
21 곧 내가 기도할 때에 이전에 환상 중에 본 그 사람 가브리엘이 빨리 날아서 저녁
제사를 드릴 때 즈음에 내게 이르더니
22 내게 가르치며 내게 말하여 이르되 다니엘아 내가 이제 네게 지혜와 총명을 주려
고 왔느니라
23 곧 네가 기도를 시작할 즈음에 명령이 내렸으므로 이제 네게 알리러 왔느니라 너
는 크게 은총을 입은 자라 그런즉 너는 이 일을 생각하고 그 환상을 깨달을지니라
24 네 백성과 네 거룩한 성을 위하여 일흔 이레를 기한으로 정하였나니 허물이 그치
며 죄가 끝나며 죄악이 용서되며 영원한 의가 드러나며 환상과 예언이 응하며 또
지극히 거룩한 이가 기름 부음을 받으리라
25 그러므로 너는 깨달아 알지니라 예루살렘을 중건하라는 영이 날 때부터 기름 부음
을 받은 자 곧 왕이 일어나기까지 일곱 이레와 예순두 이레가 지날 것이요 그 곤란
한 동안에 성이 중건되어 광장과 거리가 세워질 것이며
26 예순두 이레 후에 기름 부음을 받은 자가 끊어져 없어질 것이며 장차 한 왕의 백성
이 와서 그 성읍과 성소를 무너뜨리려니와 그의 마지막은 홍수에 휩쓸림 같을 것

이며 또 끝까지 전쟁이 있으리니 황폐할 것이 작정되었느니라
27 그가 장차 많은 사람들과 더불어 한 이레 동안의 언약을 굳게 맺고 그가 그 이레의
절반에 제사와 예물을 금지할 것이며 또 포악하여 가증한 것이 날개를 의지하여
설 것이며 또 이미 정한 종말까지 진노가 황폐하게 하는 자에게 쏟아지리라 하였
느니라 하니라

나는 구약을 가르칠 때 학생들에게 "중보 기도를 위한 전화번호는 999"라고 말하곤 했다[999번은(한국의 119에 해당한다) 영국에서 응급 서비스를 위한 전화번호다]. 그 이유는 죄를 고백하고 중보하는 기도에 관한 중요한 본보기를 구약의 여러 책의 9장에서 찾을 수 있기 때문이다. 첫째로 모세가 시내(출 32~34장)와 가데스 바네아(민 14장)에서 발생한 두 차례의 심각한 배교와 반역의 순간에 이스라엘 백성을 위해 기도했던 때를 회상하는 신명기 9장이 있다. 느헤미야 9장에서는, 느헤미야는 8장에서 율법을 낭독한 후 10장에서 언약을 갱신하기 전에 이스라엘 백성을 이끌고 위대한 고백의 기도를 드린다. 그리고 이곳 다니엘 9장에서 성경적 기도의 또 다른 탁월한 본보기를 발견할 수 있다.

다니엘 9장을 읽기 전에 다른 9장들을 읽는 것은 매우 유익한 훈련이 될 것이다. 의심할 나위 없이 공통된 구절과 주제를 발견할 것이며, 후대의 느헤미야와 에스라, 다니엘의 기도에 그보다 먼저 기록된 성경 말씀이 깊이 스며들어 있음을 깨닫게 될 것이다.

다니엘의 문제

_ 다니엘 9:1~3

메대 족속 아하수에로의 아들 다리오가 갈대아 나라 왕으로 세움을 받던 첫 해, 곧 그 통치 원년에 나 다니엘이 책을 통해 여호와께서 말씀으로 선지자 예레미야에게 알려 주신 그 연수를 깨달았나니 곧 예루살렘의 황폐함이 칠십 년만에 그치리라 하신 것이니라. 내가 금식하며 베옷을 입고 재를 덮어쓰고 주 하나님께 기도하며 간구하기를 결심하고. _단 9:1~3

연대가 중요하다. (주석을 통해 확인할 수 있는) 자세한 논증을 다루지는 않더라도 1절의 '다리오'가 메디아와 페르시아 왕국을 통일하여 메디아-페르시아 제국을 만든 고레스 대왕과 같은 인물이라는 설득력 있는 주장이 있다. 주전(BC.) 539~538년에 그는 바빌로니아 도성을 정복하고 느부갓네살이 세운 제국을 넘겨받았다. 따라서 다니엘의 기도 일기에 기록된 이 내용은 새로운 제국이 등장한 그 중대한 첫 번째 해에 일어난 일이다.

바빌로니아가 무너졌다! 이는 두 세대 전 고향에서 포로로 끌려온 유대인들이 그 후로 줄곧 고대했던 바가 아닌가? 예언자 이사야와 예레미야, 에스겔이 예언했던 바 아닌가? 이사야 45장 1절의 놀라운 말씀처럼 고레스가 주께서 기름 부으신 자라면 이제 그는 하나님의 백성을 위한 자유와 축복, 번영의 새로운 시대를 열지 않겠는가? 하지만 새 제국이 그 전의 제국만큼 나쁜 것으로 밝혀지게 되는 것은 아닐까? 아직 살아있던 다니엘의 친구들을 비롯해 유다 출신 포로들 사이에는 희망과 두려움이 뒤섞인 분위기가 퍼져 있었다.

잠깐 다니엘이 평생 경험했던 일들을 생각해보라. 이 무렵 그는 80대가 되었을 것이다. 나이가 어렸던 주전 605년에 그는 체포되어 세 친구와 함께 낯선 외국 땅에 포로로 끌려와 죽을 때까지 그곳을 자기 집으로 삼고 살아야 했다. 그는 주전 587년 예루살렘 함락을 개인적으로 목격하지는 않았다. 하지만 그 소식을 듣고 바벨로니아의 유대인 공동체 전체가 느꼈던 충격과 슬픔, 절망을 함께 느꼈을 것이다(겔 25:15~27, 33:21~33을 보라). 그는 느부갓네살이 권좌에 오르는 것을 보았고, 그가 일으킨 바벨로니아 도성의 눈부신 영광을 목격했다. 다니엘은 고향 예루살렘의 도성을 파괴하고 자기 도시는 아름답게 만든 사람의 정부에서 일해왔다. 그리고 바벨로니아의 권력이 강해짐에 따라 그 정부에서 다니엘의 직위도 올라갔다. 그는 개인적인 성공과 큰 명성을 누렸다. 다니엘의 이야기는 요셉의 이야기를 떠올리게 한다. 즉 포로로 끌려와 고위 공직에 이르렀지만, 자신의 신앙과 정직성, 이스라엘의 하나님에 대한 기도 생활을 유지했다.

2장과 4장에서 느부갓네살의 꿈을 통해, 7장과 8장에서 자신이 받은 환상을 통해 하나님께 계시를 받았던 다니엘이 이 무렵에 알고 있었던 바에 관해 생각해보라. 그는 정치적, 제국적 세계 질서라는 인간의 정치적 현실 배후에 자리 잡은 '야만적인' 영적 차원에 대해 알고 있었다. 동시에 하늘의 하나님, 바로 이스라엘의 주 하나님의 주권이라는 '천상적' 현실에 대해서도 알고 있었다. 그리고 이 하나님의 나라가 궁극적으로 승리할 것을 알고 있었다. 하나님과 하나님의 백성의 원수들은 멸망 당할 것이다. 그의 백성의 박해와 고통은 종식될 것이다. 하나님의 통치가 온 땅 위에 펼쳐질 것이다. 다니엘은 자신의 시대의 사회적, 정치적 세계에 적극적으로 참여하는 사람이었으며, 그 영역에서 자신의 기술과 능력을 발휘했다. 동시에 다니엘은 현재의 영적 차원과 미래의 보증된 결과에 대한 강력한 예언자적 통찰을 갖춘 사람이었다.

그렇다면 여유 있게 뒤로 물러나서 이 모든 것이 예언된 대로 일어나기를 기다리면 되지 않겠는가? 바빌로니아의 공중 정원으로 가 산책을 즐기고, 동네 회당에서 친구들과 찬양 시편을 부르고, 편하게 쉬고, 모든 것을 내려놓고 하나님께 맡기면 되지 않겠는가?

다니엘은 그러지 않았다. 6장을 통해 우리는 그가 페르시아 제국 안에서 그 왕을 섬기는 일에 헌신했음을 보았다. 그는 실천적인 사람이었고, 자신이 맡은 직무를 책임감 있게 수행했다. 하지만 이 절들을 통해 우리는 그가 성경을 공부하는 데에도 전념했음을 알 수 있다. 그는 기도하는 사람이었고, 하나님께 기도하는 동시에 하나님이 주시는 말씀을 구했다. 그는 포로로 잡혀간 유대 민족 사이에서 일어난 일을 전형적으로 보여준다. 그들의 성전—그들이 늘 하나님을 만났던 곳—은 파괴되었다. 그래서 그들은 성전 대신에 성경과 기도를 통해 하나님을 만나고자 했고, 그 이후로 성경과 기도는 회당 예배의 핵심적 요소가 되었다.

그런데 다니엘은 왜 성경 공부와 기도에 그토록 전념했을까? 그의 마음을 너무나도 무겁게 짓누르고 있던 문제 때문이었다. 즉 이스라엘의 문제, 예루살렘의 문제 때문이다. 그것이 무슨 문제였길래? 그렇게 물을지도 모른다. 이제는 이런 문제가 그다지 상관이 없어 보인다. 이스라엘은 이제는 존재하지 않는다(적어도 자신의 땅에서 자신의 운명을 책임지는 독립된 민족으로서는 존재하지 않는다. 예루살렘 역시 존재하지 않는다). 아주 멀리에 있는 까맣게 그을린 폐허와 잔해의 더미에 불과했다. 하지만 아니다. 다니엘의 마음이나 기도에서 이스라엘과 예루살렘을 그렇게 쉽게 지워버릴 수가 없었다. 이스라엘은 단순한 민족이 아니고, 예루살렘은 단순한 도시가 아니었다. 느부갓네살이 정복한 민족과 도시 목록 안에 들어 있는 단순한 통계 자료가 아니었다. 이 백성과 도시는 이스라엘의 하나님 여호와의 이름을 간직하고 있었다. 그리고 그 하나님은 이 민족과 도시의 미래에 관해 예언자들을 통해 분명한 말씀을 주셨다.

그렇다면(이 민족과 도시가 이스라엘의 주 하나님 여호와의 이름과 밀접히 연관된 정체성과 운명을 지니고 있다면) 어떻게 하나님이 그들을 버려두시고도 여전히 그분 자신과 그분의 말씀에 충실하실 수 있단 말인가? 문제는 이 세상 속에서 하나님의 명예와 평판의 문제로 귀결된다. 하나님이 당신 자신의 이름을 지키고자 하신다면 일하셔야 하며, 속히 일하셔야 한다. 이미 살펴보았듯이(6장의 열린 창문을 기억하는가?) 다니엘에게 예루살렘(여전히 폐허 속에 있는 예루살렘조차도)은 과거의 상처가 아니라 미래의 상징이었다. 따라서 중대한 질문은 '얼마나 오래?'였다. 언제 하나님이 일하실까? 무엇을 기대할 수 있을까? 그리고 그런 마음가짐으로 다니엘은 성경에 눈을 돌렸다.

구체적으로 그는 예레미야서를 펼쳤다. 이는 두 가지를 의미한다. 첫째, 이는 다니엘과 그의 친구들이 주전 597년의 유배와 주전 587년 예루살렘의 최종적 파괴 사이의 기간 중 초기에 예레미야가 포로로 끌려온 사람들에게 보낸 편지를 낭독하는 것을 들었을 것이라는 나의 추측을 어느 정도 뒷받침해준다. 앞서 말했듯이 그랬다는 증거는 없지만, 이 네 소년이 정확히 예레미야가 포로로 끌려온 사람들에게 권했던 대로 바빌로니아에서 정착했다는 사실은 그들이 그의 편지를 알고 있었을 것을 강하게 암시한다. 둘째로, 이는 바빌로니아의 포로들 사이에서 회람되던 예레미야의 예언이 담긴 두루마리(혹은 두루마리들)가 있었음을 보여준다. 우리는 예레미야가 분노한 여호야김 왕을 피해 숨어 있는 동안 바룩이 그런 두루마리를 썼음을 알고 있다. 바룩의 첫 번째 두루마리는 불태워졌지만(렘 36장), 예레미야는 그에게 첫 번째 두루마리를 대신할 새로운 두루마리를 쓰라고 말했다. 그리고 이 과정에서 바룩은 하나님이 예언자 예레미야를 통해 주신 말씀을 추가하고 수집하고 편집했을 것이다. 예레미야와 바룩 모두가 이집트로 도망친 유대인들의 무리와 함께 잡혀갔을 때도 이 작업을 계속했다. 어느 시점엔가 이 두루마리의 사본이 바빌로니아의 포로들에게 전해졌을 것이며, 그들은 이 사본을 주의 깊게 보존하고 필사했을 것이다. 다니엘이 가지고 있는 것이 그런 사본이었고, 하나님의 음성을 듣기 위해 다시 한번 그것을 펼쳤다.

예레미야서에서 바빌로니아의 통치가 70년 이어질 것이라는

말씀은 예레미야 25장과 29장에 두 차례 등장한다.[1]

1 **예레미야 25장 1~11절.** 이 말씀은 다니엘에게 매우 중요한 해인 주전 605년에 주어졌다. 이때는 느부갓네살의 통치 첫해, 그가 유다를 장악하고 인질—그중에는 소년이었던 다니엘과 그의 세 친구도 포함되어 있었다—을 예루살렘에서 바빌로니아로 끌고 갔던 해였다. 그 당시 다니엘이 이 예언을 들었다면 그는 이교도 왕이 마음을 기적적으로 바꾸지 않는다면 그와 그의 친구들은 남은 평생을 바빌로니아에서 살 것을 깨달았을 것이다.

> 그러므로 만군의 여호와께서 이와 같이 말씀하시니라. "너희가 내 말을 듣지 아니하였느니라. 보라. 내가 북쪽 모든 종족과 내 종 바벨론의 왕 느부갓네살을 불러다가 이 땅과 그 주민과 사방 모든 나라를 쳐서 진멸하여 그들을 놀램과 비웃음 거리가 되게 하며 땅으로 영원한 폐허가 되게 할 것이라" 여호와의 말씀이니라. 내가 그들 중에서 기뻐하는 소리와 즐거워하는 소리와 신랑의 소리와 신부의 소리와 맷돌 소리와 등불 빛이 끊어지게 하리니, 이 모든 땅이 폐허가 되어 놀랄 일이 될 것이며 이 민족들은 칠십 년 동안 바벨론의 왕을 섬기리라._렘 25:8~11

이 본문의 핵심은, 여러 세대에 걸쳐 예언자들의 경고에 귀 기울이기를 거부한 유다가 그들에게 곧 임할 하나님의 심판을 받아 마땅하다는 것이다. 바빌로니아에서 보낼 70년은 이스라엘이 70년 동안 심판을 받는 것을 의미한다.

2 **예레미야29장 1~4절.** 이것은 예레미야가 주전 597년 첫 번째 대규모 유배 직후 포로들에게 보낸 편지다. 하나님은 그들을 포로로 끌고 간 이는 느부갓네살이었지만, 사실 그들을 그곳으로 보내신 분은 하나님이셨다고 말씀하신다(4, 7, 14절에 주목하라). 더 나아가서 하나님은 그들과 함께 그곳에 계신다. 그들은 예루살렘의 성전에서 그분께 기도할 수 있듯이 거기서도 그분께 기도할 수 있다. 따라서 그들이 다음 두 세대 동안 거기서 정착할 수 있게 하라. 그리고 그들이 거기 있는 동안 그들이 바벨로니아를 위해 기도하고 바벨로니아의 안녕을 추구하게 하라. 이것은 충격적일 정도로 놀라운 메시지였고, 다니엘과 그의 친구들은 이를 실천했다. 그런 다음 다시 한번 70년에 관한 메시지가 등장한다.

> 여호와께서 이와 같이 말씀하시니라. "바벨론에서 칠십 년이 차면 내가 너희를 돌보고 나의 선한 말을 너희에게 성취하여 너희를 이 곳으로 돌아오게 하리라. 여호와의 말씀이니라 너희를 향한 나의 생각을 내가 아나니 평안이요 재앙이 아니니라. 너희에게 미래와 희망을 주는 것이니라. 너희가 내게 부르짖으며 내게 와서 기도하면 내가 너희들의 기도를 들을 것이요, 너희가 온 마음으로 나를 구하면 나를 찾을 것이요 나를 만나리라." 이것은 여호와의 말씀이니라. "나는 너희들을 만날 것이며 너희를 포로된 중에서 다시 돌아오게 하되 내가 쫓아 보내었던 나라들과 모든 곳에서 모아 사로잡혀 떠났던 그 곳으로 돌아오게 하리라." 이것은 여호와의 말씀이니라._렘 29:10~14

이 본문의 핵심은 심판의 맥락 속에서도 미래에 대한 놀라운 소망을 선언하고 있다는 것이다. 하나님은 그들을 회복시키실 것이다. 그래서 이스라엘 백성을 향해 다시 한번 온 마음을 다해 주를 구함으로써 온전한 회개를 보여줄 것을 촉구한다. 그 시간이 다 지났을 때 바빌로니아의 70년은 이스라엘에게 소망을 의미했다.

예레미야서 두 본문의 이중적 주제(받아 마땅한 심판이라는 현실과 온 마음으로 새롭게 하나님을 구하는 것에 기초한 용서와 회복의 소망)가 묵상하는 다니엘의 마음속에서 하나로 결합했고, 두 주제 모두가 9장에 기록된 그의 위대한 기도에 나타난다.

다니엘의 문제(포로 생활의 고통과 그것이 하나님의 명성에 미치는 영향)는 심판하시는 하나님의 행위 때문에 야기되었다. 그러므로 다니엘이 구하는 해결책은 오직 하나님으로부터, 회복하시는 하나님의 행위에 의해서만 주어질 수 있다. 그러므로 그는 하나님께 나아가 기도한다. 실제로 다니엘 9장 3절에서 다니엘이 자신의 기도를 묘사하기 위해 사용한 단어(히브리어로, "내가 주 하나님을 구했다")는 바로 예레미야 29장 13절에서 하나님이 포로들에게 하라고 하셨던 글을 지칭하는 단어다. "너희가 온 마음으로 나를 구하면 나를 찾을 것이요 나를 만나리라."

다니엘의 기도

_ 다니엘 9:4~19

다니엘이 기도하기 시작할 때 우리는 그의 마음속에 예레미야만이 아니라 훨씬 더 많은 성경 말씀이 자리 잡고 있었음을 즉시 알 수 있다. 관주 성경을 가지고 있다면 다니엘이 사용하는 많은 구절이 이전에 기록된 성경의 책들을 인용하는 구절임을 확인할 수 있을 것이다. 이것은 최선의 의미에서 예전적인 기도다. (느헤미야 1장과 9장, 에스라 9장처럼) 다른 곳에서 찾아볼 수 있는 형식을 따르며, 레위기와 신명기, 시편, 또한 물론 예레미야서 등 다른 성경을 떠올리게 하는 표현으로 가득 차 있다. 여기서 시간을 내어 다음 두 본문, 즉 레위기 26장 40~45절과 신명기 30장 1~10절을 읽어볼 만한 가치가 있다. 그런 다음 바로 이어서 다니엘의 기도를 읽고 비슷한 점에 귀를 기울여보라.

성경 구절이 가득하다고 해서 그 자체로 개인적 기도가 되는 것은 아니다. 이 기도를 통해 다니엘은 하나님과 급박하고 간절하며 친밀한 대화를 나눈다. 하지만 그의 입에서 나오는 말은 그의 마음에 있는 성경 말씀, 곧 하나님의 말씀을 반향한다. 이것은 따라야 할 좋은 본보기다.

다니엘의 고백

> 내 하나님 여호와께 기도하며 자복하여 이르기를,
>
> 크시고 두려워할 주 하나님, 주를 사랑하고 주의 계명을 지키는 자를 위하여 언약을 지키시고 그에게 인자를 베푸시는 이시여. 우리는 이미 범죄하여 패역하며 행악하며 반역하여 주의 법도와 규례를 떠났사오며, 우리가 또 주의 종 선지자들이 주의 이름으로 우리의 왕들과 우리의 고관과 조상들과 온 국민에게 말씀한 것을 듣지 아니하였나이다.
>
> 주여 공의는 주께로 돌아가고 수치는 우리 얼굴로 돌아옴이 오늘과 같아서 유다 사람들과 예루살렘 거민들과 이스라엘이 가까운 곳에 있는 자들이나 먼 곳에 있는 자들이 다 주께서 쫓아내신 각국에서 수치를 당하였사오니 이는 그들이 주께 죄를 범하였음이니이다. 주여 수치가 우리에게 돌아오고 우리의 왕들과 우리의 고관과 조상들에게 돌아온 것은 우리가 주께 범죄하였음이니이다 마는 주 우리 하나님께는 긍휼과 용서하심이 있사오니 이는 우리가 주께 패역하였음이오며, 우리 하나님 여호와의 목소리를 듣지 아니하며 여호와께서 그의 종 선지자들에게 부탁하여 우리 앞에 세우신 율법을 행하지 아니하였음이니이다. 온 이스라엘이 주의 율법을 범하고 치우쳐 가서 주의 목소리를 듣지 아니하였으므로. _단 9:4~11상

이것은 따를 만한 또 하나의 좋은 본보기다. 다니엘이 얼마나 자주 "우리가 … 우리의"라고 말하는지 알아차렸는가? 다니엘은

자신의 백성과 떨어져서 고발하듯이 그들의 죄를 고백하지 않는다. 오히려 그는 자신을 자기 백성과 동일시한다. 기도의 마지막 부분인 20절에서 그는 "내가 이같이 말하여 기도하며 내 죄와 내 백성 이스라엘의 죄를 자복하고…"라고 말한다. 다니엘은 예루살렘에서 느부갓네살에게 붙잡혀 끌려왔을 당시 어린 소년이었다. 문자적, 실제적 의미에서 그는 이 기도에서 그가 열거하는 패역함과 반역과 불순종에 개인적으로 참여한 적이 없었다. 하지만 그는 이것을 자신의 백성과 자신의 죄로 고백한다. 그는 그들의 미래뿐 아니라 그들의 과거에서도 자신이 자신의 백성과 너무나도 밀접히 연결되어 있다고 느꼈기에 오래전에 일어났던 죄를 회상하면서 자신이 그 모든 죄의 일부였다고 말할 수 있다.

그리고 다니엘이 자기 백성의 죄를 얼마나 다양한 방식으로 묘사하는지 세어보았는가? 내가 세었을 때 다니엘은 최소한 열 가지 방식으로 죄를 묘사하고 있다. 범죄하여… 패역하며… 행악하며… 반역하여… 떠났사오며(5절)… 듣지 아니하였나이다(6절)… 수치… 죄를 범하였음이니이다(7절)… 듣지 아니하며(10절)… 범하고(11절). 히브리어로는 모두 다른 단어들이다. 이것은 "죄송해요, 주님. 우리가 약간 망쳤어요"라는 식의 서둘러 하는 알팍한 사과가 아니다. 여러 세대에 걸쳐 민족 전체(11절의 "온 이스라엘"이라는 표현에 주목하라)가 철저하게 악한 죄를 범했음을 깊이 깨닫고 있다. 많은 예언자가 계속해서 경고하고 간청했음에도 완고하게 반역하고 거부해온 민족의 역사다. 이것은 그들과 언약을 맺으신 하나님 앞에 쏟아 놓는 참된 통회다.

그런데 왜 지금인가? 다니엘의 긴 생애 중에서 왜 바로 지금인가? 특히, 다니엘은 성경을 통해서 바빌로니아에서의 70년이 다 끝났기에 그의 백성이 고향으로 돌아갈 것이라는 약속의 성취가 매우 가까웠음을 깨닫게 된 바로 그 순간에 죄를 고백하고 있는 것일까? 그는 밖으로 나가서 자신만큼 오래 살아남은 친구들과 함께 기뻐해야 하지 않을까? 예레미야서를 통해서 얻은 깨달음에 대한 올바른 반응은 죄의 고백이 아니라 감사와 찬양이어야 하지 않을까?

다시 한번 다니엘은 우리를 놀라게 한다. 그는 자기 백성이 이제 곧 임박한 회복을 위해 전혀 준비되어 있지 않은 상태임을 깨달았다. 나는 그가 이사야 40~55장 말씀도 알고 있었을 것으로 생각한다. 이 말씀은 하나님이 그들을 바빌로니아에서 고향으로 다시 돌아가게 하실 때 미래에 대한 이스라엘의 기쁜 소망으로 가득 차 있다. 하지만 동시에 이 말씀은 대단히 현실적이다. 하나님은 전혀 망설이지 않고 그들이 애초에 포로 생활을 하게 된 이유를 (다시) 설명하신다. 이는 그들의 죄와 반역 때문이었다(사 42:18~25, 43:22~28). 그들에게는 용서가 절실하게 필요했고, (이사야 53장에 따르면) 이는 수수께끼 같은 주의 종의 자기희생적 고난과 죽음을 통해 성취될 것이다. 이사야와 다니엘 모두 고레스가 이스라엘 백성을 예루살렘으로 돌아가게 하는 하나님의 수단이라고 할지라도 더 심층적인 차원에서 하나님이 그들을 그분 자신께 돌아오게 하셔야 함을 이해하고 있었다. 그들은 포로 생활에서 건짐을 받아야 할 뿐 아니라 그들의 죄를 용서받아야 했다.

이것이 바로 다니엘이 기도하며 구하는 바다. 그는 이스라엘의 죄가 얼마나 뿌리 깊은지를 고백하며 이를 회개의 기초로 삼는다.

미래에 대한 모든 소망은 오직 이 기초 위에만 세울 수 있다. 그리고 이스라엘을 위한 미래가 존재할 때에만 세상을 위한 미래도 존재할 수 있다. 다니엘이 이를 명확히 밝히지는 않았지만, 성경을 더 폭넓게 볼 때 이스라엘을 향한 하나님의 궁극적인 계획은, 그들이 아브라함에게 주신 하나님의 약속, 즉 이 땅의 모든 민족이 아브라함을 통해 복을 받게 된다는 약속을 성취하기 위한 수단이 되어야 함을 알 수 있다. 이 이야기는 계속되어야 한다. 그리고 (이사야 42장 18~25절에 묘사된 실패하고 눈이 멀고 귀가 들리지 않는 종처럼) 현재 이스라엘의 죄악 된 상태는 하나님의 장기적이며 온 세상을 아우르는 목적을 성취하는 데에 걸림돌이 되고 있다. 하나님이 온 세상을 향한 그분의 선교를 지속하시기 위해서는 이스라엘이 회복되어야 했다. 그리고 하나님의 왕국이 이 땅에서 인간의 왕국 사이에 세워지고 인정받기를 갈망하는 마음 때문에 다니엘은 하나님의 백성 곧 속량 받은 공동체의 죄와 실패를 고백하게 된다.

이를 이해하고 나면 또 다른 질문이 떠오른다. 왜 다니엘은 바빌로니아의 죄가 아니라 이스라엘의 죄를 열거하고 있는가?

예레미야 25장에서는 바빌로니아에서의 70년을 이스라엘의 죄에 대한 심판으로 이해할 뿐 아니라 70년이 다 지났을 때 **바빌로니아에 대한 하나님의 심판이 시작된다**고 이해한다. 예레미야의 말씀은 이렇게 계속된다.

> 여호와의 말씀이니라. "칠십 년이 끝나면 내가 바벨론의 왕과 그의 나라와 갈대아인의 땅을 그 죄악으로 말미암아 벌하여 영원히 폐허가 되게 하되, 내가 그 땅을 향하여 선언한 바 곧 예레미

야가 모든 민족을 향하여 예언하고 이 책에 기록한 나의 모든 말을 그 땅에 임하게 하리라. 그리하여 여러 민족과 큰 왕들이 그들로 자기들을 섬기게 할 것이나 나는 그들의 행위와 그들의 손이 행한 대로 갚으리라." _렘 25:12~14

그가 방금 읽은 말씀에 비춰볼 때 우리는 다니엘이 그의 기도를 바빌로니아의 "행위와 그들의 손이 행한" 모든 일로 가득 채웠을 것이라고 쉽게 상상할 수 있다. 그는 거기서 평생을 살아왔다! 누가 다니엘보다 하나님께 바빌로니아의 교만과 부패, 억압, 폭력, 불의를 더 잘 상기시킬 수 있겠는가? 그는 이 모든 것을 직접 목격한 사람이다. 그는 그들이 "행한 대로 갚아주기" 위해 사용할 많은 무기를 하나님께 드릴 수도 있었다.

하지만 바빌로니아의 심판이 곧 시작될 바로 그 시점에 그는 악한 이교 제국을 무시하고 그 안에 있는 하나님 백성의 죄에 전적으로 초점을 맞춘다. 여기서 우리가 얻어야 할 교훈은 무엇일까?

기독교계 안에는 우리를 둘러싼 세상에 대해서는 대단히 비판적이면서 교회에 관해서는 순진하게 생각하거나 스스로 변명하거나 노골적으로 승리주의적 태도를 취하는 경향이 존재한다. 이것은 나쁜 사람과 좋은 사람을 나누고 우리는 좋은 사람이라고 생각하는 '할리우드' 문화와 관계가 있을지도 모른다. 자기 의는 너무나도 빠지기 쉬운 죄, 거의 자기 연민만큼 빠지기 쉬운 죄다. 세상에 대한 정죄가 자기 의와 그로 인해 우리가 세상으로부터 받게 되는 고통에 빠져 허우적대는 태도를 동반하는 경우가 많다.

예레미야가 포로들에게 주변 세상을 위해서 기도하라고 하고,

다니엘이 주변 이교 세계(하나님이 그들을 두신 이교도들의 도시, 렘 29:7)의 죄를 잘 알고 있었음에도 하나님 백성의 죄를 고백하기로 작정했다는 점이 흥미롭지 않은가? 심지어 여기에는 지나치게 단순화된 방식으로 감정을 적용하는 시편—그 자체의 맥락에서는 충분히 이해할 수 있지만—을 전복하는 요소도 존재한다. 시편 137편에서는 바벨로니아를 저주하며, 시편 122편에서는 "예루살렘을 위하여 평안을 구한다." 예레미야는 우리에게 바벨로니아의 평화를 위해 기도하라고 명령하며, 다니엘은 예루살렘의 죄를 고백한다. 일부 교회에서는 이 점에 비추어 균형을 되찾아야 하고, 세상을 위해 더 많이 기도하고 교회의 죄에 대해 더 많이 슬퍼해야 할지도 모르겠다.

다니엘이 인정했던 것

> 이 저주가 우리에게 내렸으되 곧 하나님의 종 모세의 율법에 기록된 맹세대로 되었사오니 이는 우리가 주께 범죄하였음이니이다. 주께서 큰 재앙을 우리에게 내리사 우리와 및 우리를 재판하던 재판관을 쳐서 하신 말씀을 이루셨사오니 온 천하에 예루살렘에서 일어난 일 같은 것이 없나이다. 모세의 율법에 기록된 대로 이 모든 재앙이 이미 우리에게 내렸사오나 우리는 우리의 죄악을 떠나고 주의 진리를 깨달아 우리 하나님 여호와의 얼굴을 기쁘게 하지 아니하였나이다. 그러므로 여호와께서 이 재앙을 간직하여 두셨다가 우리에게 내리게 하셨사오니 우리의 하나님 여호와께서 행하시는 모든 일이 공의로우시나 우리가 그 목소

리를 듣지 아니하였음이니이다._단 9:11하~14

기도는 그저 무언가를 달라고 구하는 행위가 아니다. 실제로 다니엘은 16절까지 아무것도 구하지 않는다. 그는 계속해서 사실을 진술한다. 이스라엘의 죄에 관한 사실이 너무나도 명백하며, 그는 여전히 이 죄를 염두에 두고 있다. 하지만 이 우울한 사실 말고도 자신이 평생 삶의 지침으로 삼았던 진리—하시는 모든 일에서의 하나님의 주권적인 정의—를 다시 한번 인정한다. 위에서 인용한 마지막 문장은 지금까지 드린 기도 전체를 요약한다. "우리의 하나님 여호와께서 행하시는 모든 일이 공의로우시나 우리가 그 목소리를 듣지 아니하였음이니이다." 여기서 그는 앞서 기도에서 했던 말을 되풀이한 셈이다. "주여 공의는 주께로 돌아가고 수치는 우리 얼굴로 돌아옴이 오늘과 같아서"(단 9:7).

하나님이 주전 587년에 바빌로니아가 예루살렘을 정복하고 파괴하도록 내버려 두신 것은 옳았다. 하지만 그것이 하나님의 심판 행위였음에도 하나님은 그로 인해 전혀 기뻐하지 않으셨다. 오히려 예레미야는 고통과 죽음, 파괴에 대해 하나님의 눈물을 흘린다. 예레미야 애가에서는 이 모든 것이 얼마나 끔찍했는지를 폭로한다. 하지만 이 무시무시하고 충격적인 사건은 죄와 반역—영적, 도덕적 영역에서 하나님에 대한 반역이자 (예레미야가 그들에게 그러지 말라고 거듭 촉구했던) 정치적 영역에서 바빌로니아에 대한 반역—의 결과였다. 그것은 하나님이 모세의 때부터 수백 년 동안 경고하신 후에 내리신 의로운 심판의 행위였다. 이것이 이 본문의 핵심이다. 하나님은 시내 산 언약에 따라 행동하셨고, 그분의 약속뿐만 아니라 그분의 위협에 대해서도 신실하게 행동하셨다. 이것이 하나님으로서 그분의 속성이다. 하나님은 모든 차원에서 자신의 말씀을 신실하게 지키신다.

하지만 이 단순한 사실에 이스라엘의 소망(또한 우리의 소망)이 달려 있다. 용서와 회복의 행위에서도 하나님의 의로우심과 신실하심이 똑같이 작동될 것이기 때문이다. 그리고 이제 다니엘은 여기에 호소한다.

하지만 다니엘의 기도의 마지막 단계로 넘어가기 전에 이 중간 부분의 중요성을 지적해둘 필요가 있다. 다니엘은 하나님께 이 모든 것이 일어나지 않았던 것처럼 행동해달라고 간구하지 않는다. 그는 마치 "우리가 일부러 그랬던 게 아닙니다. 다 큰 실수였을 뿐입니다. 더 잘하도록 노력하겠습니다"라고 말하기라도 하듯이 이스라엘을 위해 변명하려고 하지 않는다. 화난 부모 앞에서 흐느껴 우는 아이처럼 불쌍해 보임으로써 처벌을 피해 보겠다는 마음으로 '하나님의 감정을 자극하려고' 하지도 않는다. 다니엘은 이스라엘에 관한 사실을 있는 그대로 직시한다. 하지만 동시에 하나님에 관한 강력한 사실을 내세우고 이를 고수한다. 그러므로 모든 말씀과 행동에 있어서 의로우신 하나님이신 여호와께서는 그분의 백성에게 주신 약속과 그분의 백성을 통해 세상에 주신 약속을 신실하게 지키실 것이다. 공의의 하나님이 곧 용서와 자비의 하나님이시다.

우리 마음속에서 이 두 진리를 동시에 인정하기가 쉽지 않지만, 이것은 대단히 중요하다. 특히 기도할 때 필수적이다. 다니엘은 이 둘을 매우 밀접하게 연결한다. 7절에서 그가 하는 말에 주목하

라. "주여 공의는 주께로 돌아가고." 그리고 두 절 아래 9절에서 하는 말을 들어보라. "주 우리 하나님께는 긍휼과 용서하심이 있사오니."

물론 성경의 위대한 드라마의 흐름 속에서 우리가 서 있는 자리에서는 그리스도의 십자가라는 최고의 사실을 바라볼 수 있고, 그 덕분에 이 진리의 양쪽 측면을 모두 알고 이해하고 믿을 수 있다. 하나님의 최고의 공의와 하나님의 최고의 자비와 용서가 바로 십자가 위에 동시에 쏟아졌기 때문이다. 바로 십자가 위에서 하나님이 하나님의 아들의 인격 안에서 우리 죄와 반역의 결과를 친히 담당하셨으며 자비와 용서의 문을 여셨다. 다니엘의 기도는 그가 기도를 드리는 그 하나님의 성품을 깊이 알고 있었음을 보여준다. 하나님의 백성의 역사 안에서 행동하시는 하나님에 관한 이야기를 알고 있다. 이스라엘의 이야기가 이스라엘의 메시아의 죽음과 부활 안에서 절정과 성취에 이르렀음을 알고 있기에 우리의 기도는 훨씬 더 강력한 기초를 지니고 있다. 우리의 기도가 우리가 기도를 드리는 그 하나님에 관한 (신구약의) 성경적 진리에 대한 계속되는 재진술이 되게 하자.

다니엘의 요구

> 강한 손으로 주의 백성을 애굽 땅에서 인도하여 내시고 오늘과 같이 명성을 얻으신 우리 주 하나님이여, 우리는 범죄하였고 악을 행하였나이다. 주여 구하옵나니 주는 주의 공의를 따라 주의 분노를 주의 성 예루살렘, 주의 거룩한 산에서 떠나게 하옵소서.

이는 우리의 죄와 우리 조상들의 죄악으로 말미암아 예루살렘과 주의 백성이 사면에 있는 자들에게 수치를 당함이니이다.
"그러하온즉 우리 하나님이여, 지금 주의 종의 기도와 간구를 들으시고 주를 위하여 주의 얼굴 빛을 주의 황폐한 성소에 비추시옵소서. 나의 하나님이여, 귀를 기울여 들으시며 눈을 떠서 우리의 황폐한 상황과 주의 이름으로 일컫는 성을 보옵소서. 우리가 주 앞에 간구하옵는 것은 우리의 공의를 의지하여 하는 것이 아니요 주의 큰 긍휼을 의지하여 함이니이다. 주여, 들으소서! 주여, 용서하소서! 주여, 귀를 기울이시고 행하소서! 지체하지 마옵소서. 나의 하나님이여, 주 자신을 위하여 하시옵소서. 이는 주의 성과 주의 백성이 주의 이름으로 일컫는 바 됨이니이다."
_단 9:15~19

이것이 강력한 중보 기도라는 점에 당신도 동의할 것이다. 사용된 말과 반복하는 표현을 통해 엄청난 열정이 표출되어 있다. 영어 번역본에서는 느낌표의 사용을 통해 이를 전달하고자 노력한다. 하지만 여기에서는 단순한 수사나 감정 이상이 들어있다. 본보기가 되는 이 기도는 우리가 마음으로 받아들일 만한 특징들을 보여준다.

(느낌표로 강조된) 마지막 간구를 통해 다니엘의 근본적인 기도는 하나님이 그분의 백성을 용서하고 그들의 도시와 그분의 성전("주의 황폐한 성소")과 더불어 그들을 회복시켜주셔야 한다는 내용이었음을 분명히 알 수 있다. 오늘날 하나님의 백성의 상태—세계 전역과 우리 교회의 상태—에 관해 생각할 때 이것은 우리가 마땅히 해

야 하는 기도, 어쩌면 지금보다 훨씬 더 자주 해야 하는 기도일 것이다. 우리가 그들의 땅과 도시로 돌아가거나 눈에 보이는 성전의 재건을 기다리며 포로 생활을 하던 이스라엘과 같은 처지에 있기 때문이 아니다. 위에서 살펴본 그 의미에서, 너무나도 많은 장소와 너무나도 많은 방식으로 하나님의 백성이라고 주장하는 이들이 하나님이 우리를 부르신 목적, 즉 세상 안에서 하나님의 선교를 이바지해야 할 사명에 대해 합당하지 않게 살아가고 있기 때문이다. 겸손하고 통회하는 마음으로 우리는 회복되어야 하며, 이를 위해 하나님께 부르짖어야 한다.

하지만 이것이 우리의 약속이라면, 다니엘의 마음의 갈망에 공감한다면, 우리는 그가 이 기도를 하는 근거에 주의를 기울여야 한다. 다니엘은 무엇을 근거로 하나님께 보고 듣고 용서하고 행동해달라고 간구했는가?

먼저 우리는 그가 무엇을 자신의 간구의 근거로 삼지 않았는지를 알 수 있다. "우리가 주 앞에 간구하옵는 것은 우리의 공의를 의지하여 하는 것이 아니요 주의 큰 긍휼을 의지하여 함이니이다"(18절). 다니엘은 자신이나 자기 백성의 공로에 의지해 하나님께 간구하지 않는다. 그의 기도에는 합당한 자격을 갖추고 있는 태도("주님, 한 번 정도는 우리를 봐주셔야 합니다")가 전혀 없다. 오히려 모든 반응은 오직 우리가 받을 자격이 없는 하나님의 은총으로부터 흘러나와야 한다. 성공회 기도서의 아름다운 "겸손히 나아감을 구하는 기도"(Prayer of Humble Access)는 의도적으로 다니엘서의 이 절을 암시하는 것으로 보인다.

> 오 자비로우신 주님, 우리는 우리 자신의 의를 의지해서는 주님의 식탁으로 나갈 자격이 없고 주님의 많고 큰 자비를 의지할 때만 나갈 수 있습니다. 우리는 주님의 식탁 아래에 떨어져 있는 부스러기를 모을 자격조차 없습니다. 하지만 언제나 자비를 베푸시는 동일한 주님이십니다.[2]

이렇게 부정적인 내용을 말한 다음 다니엘은 자신이 기도를 드리는 하나님의 마음에 그대로 전해지는 세 가지 요소, 즉 하나님의 일관성과 하나님의 명성, 하나님의 언약을 언급한다.

1 하나님의 일관성. 다니엘은 하나님께 그분이 과거의 역사에서 하신 행동을 상기시키는 것으로 기도를 시작한다. 물론 그분이 하신 가장 위대한 일은 출애굽이었다. 이 기념비적인 구원의 행동을 통해 여호와 하나님은 (파라오를 비롯해) 이집트의 모든 신에 대한 그분의 능력을 보여주셨고, 그분의 백성을 정치적, 경제적, 사회적, 영적 억압으로부터 구원하셨다. 하나님으로서 여호와의 명성은 바로 이 사건에 기초를 두고 있었다(15절, 또한 출 15:14~16을 보라). 또한 그들의 하나님의 구속적 사랑, 신실하심, 강한 능력에 대한 이스라엘의 믿음의 영원한 기초가 되는 사건이기도 했다. 따라서 다니엘은 하나님께 출애굽을 비롯해 그분이 과거에 의로운 일을 행하신 것과 일관된 방식으로 자신들을 대하실 것을 간구한다. 하나님은 하나님이 일관되게 하시는 일만 하시면 된다. 하나님이 하나님 되셔서 그에 따라 행동하시기만 하면 된다.

2 **하나님의 명성.** 여호와의 명성이 과거에 그분이 행하신 놀라운 구원 행동에 기초하고 있다면 현재 그분의 백성이 치욕적인 포로 생활을 하고 있고 그분의 도성과 성전이 폐허가 되어 있는 이 상황에서 세상은 그분에 대해 어떻게 생각할까? 그들은 경멸의 대상이었으며, 따라서 그들의 하나님 여호와도 마찬가지였다. 이것이 바로 에스겔이 지적하는 딜레마였다(겔 36:16~32). 이스라엘 백성이 당한 수치 때문에 이스라엘 하나님의 이름이 열방 중에서 '더럽혀졌다'(평범한 것으로 취급되고 무시당하고 있다). 그들의 수치가 곧 그분의 수치였다. 그러므로 하나님은 에스겔을 통해 그들을 깨끗하게 하고 회복시킬 뿐 아니라 궁극적으로 그분 자신의 이름을 깨끗하게 하고 그분 자신의 명성을 회복하기 위해 행동하겠다고 약속하셨다. 이것이 바로 다니엘이 하나님께 그 성과 그 백성이 "주의 이름으로 일컫는" 성과 백성임을 재치 있게 상기시키면서 기도하고 구하는 바다. 좋든 나쁘든 그들의 운명과 그분의 이름은 밀접하게 연결되어 있다. 이제 이 둘 모두의 명성이 좋아지도록 하자.

3 **하나님의 언약.** 다니엘이 '주의'(your)이라는 단어를 얼마 많이 사용하는지를 눈여겨보았는가? 이 단어는 그의 기도의 마지막 문장에서 종처럼 울려 퍼진다. "주의 백성, 주의 성, 주의 거룩한 산, 주의 황폐한 성소, 주의 성, 주의 백성, 주의 이름." 앞서도 지적했듯이 이것은 단순히 수사적 혹은 감정적 강조를 위한 표현이 아니다. 여기에는 심오한 신학이 담겨 있다. 여호와 하나님과 이스라엘 사이의 언약적 관계의 핵심에는 이렇게 강렬하게 인격적 관계, 소유의 관계가 자리 잡고 있다. "나는 너희의 하나님이

되고 너희는 내 백성이 될 것이니라." 이에 대해 이스라엘은 "주께서 우리의 하나님이 되시고 우리는 주의 백성이 될 것입니다"라고 답한다. 신명기 26장에서는 이 언약의 두 당사자가 이를 아름답게 확인한다.

> 네가 오늘 여호와를 네 하나님으로 인정하고 또 그 도를 행하고 그의 규례와 명령과 법도를 지키며 그의 소리를 들으라. 여호와께서도 네게 말씀하신 대로 오늘 너를 그의 보배로운 백성이 되게 하시고 그의 모든 명령을 지키라 확언하셨느니라.
>
> _신 26:17~18

이것은 출애굽을 통해 성취된 구속에 기초해 시내 산 언약으로 확립된 관계였다. 그리고 여기서 다니엘은 여기에 호소하고 있다. "주님, 우리가 누군지 기억하소서. 우리가 누구의 소유인지 기억하소서." 그는 모세가 수백 년 전에 했던 같은 호소를 되풀이하고 있다(신명기 9장 26~29절을 읽고 모세의 기도에서도 '주의'라는 단어가 여러 차례 사용되고 있다는 점에 주목하라).

다니엘서 9장에 기록된 기도는 우리가 배우고 사용해야 할 놀라운 기도다. 우리의 기도를 위한 매우 강력한 본보기를 제공하며, 똑같은 기능을 하는 수많은 시편과 함께 활용되어야 한다. 이것은 하나님의 마음에 가닿는 기도이자, 하나님 우리가 기도하는 것보다 훨씬 더 기꺼이 응답하고자 하시는 기도다. 다니엘은 아멘이라고 말하기도 전에 이를 깨달았다.

다니엘의 전망

- 다니엘 9:20~27

> 내가 이같이 말하여 기도하며 내 죄와 내 백성 이스라엘의 죄를 자복하고 내 하나님의 거룩한 산을 위하여 내 하나님 여호와 앞에 간구할 때, 곧 내가 기도할 때에 이전에 환상 중에 본 그 사람 가브리엘이 빨리 날아서 저녁 제사를 드릴 때 즈음에 내게 이르더니, 내게 가르치며 내게 말하여 이르되, "다니엘아, 내가 이제 네게 지혜와 총명을 주려고 왔느니라. 곧 네가 기도를 시작할 즈음에 명령이 내렸으므로 이제 네게 알리러 왔느니라. 너는 크게 은총을 입은 자라 그런즉 너는 이 일을 생각하고 그 환상을 깨달을지니라." _단 9:20~23

하나님이 다니엘의 기도에 (심지어 그가 기도를 마치기도 전에!) 즉각적으로 응답하신 것은, "그들이 부르기 전에 내가 응답하겠고 그들이 말을 마치기 전에 내가 들을 것"이라는, 새로운 창조 안에서의 삶에 관한 하나님의 약속(사 65:24)이 성취되었을 때의 현실을 보여주는 한 예다. 물론 이는 다니엘의 기도가 무의미했음을 암시하지 않는다(당신이 기도를 시작하자마자 하나님이 응답을 준비해 두셨다면 왜 기도하겠는가?). 이것은 본문에서 일어나는 일에 대한 지나치게 '경직된' 해석이다. 핵심은 다니엘과 하나님 사이의 관계가 하루 세 번의 대화를 통해 너무나도 친밀해져서[다니엘은 하늘에서 "크게 은총을 입은 자"(총애를 받는 사람)였다!(단 9:23, 10:11, 19)] 다니엘이 기도를 시작할 때 이미 하나님이 그 기도의 주제와 내용이 무엇일지를 아셨다는 것이다. 그렇다고 해서 그의 기도가 중요하지 않게 되는 것은 아니다. 우리가 세계와 교회의 혼란스러운 상황에 관해 하나님께 기도할 때 이 기도가 우리와 모든 하나님의 백성에게 여전히 탁월한 본보기가 된다는 점을 이미 살펴보았다. 또한 하나님은 신비로운 방식으로 그분의 백성의 기도를 세계의 역사를 다스리시는 수단으로 사용하신다.

그렇다면 하나님은 다니엘의 기도에 대해 뭐라고 응답하실까? 기억하라. 다니엘은 예레미야서 두루마리를 통해 바빌로니아에서 지내는 70년의 기간이 이제 끝나가고 있으며, 따라서 이스라엘이 고향으로 돌아갈 때가 임박했음을 이해하고 있었다. 하지만 그는 이것을 그저 기뻐할 이유로 보지 않고 자기 백성의 죄를 고백하고—그렇게 귀환할 때까지도— 하나님께 자비와 용서를 베풀어달라고 간구할 계기로 보았다. 이제 하나님은 그 '70년'과 그 용서에 관해 뭐라고 말씀하실까? 가브리엘이 하나님의 응답을 전해준다. 그도 지적하듯이 이 응답을 이해하기 위해서는 '지혜와 총명'이 필요했다. 너무나도 옳은 말이었다!

> 네 백성과 네 거룩한 성을 위하여 일흔 '이레'를 기한으로 정하였나니 허물이 그치며 죄가 끝나며 죄악이 용서되며 영원한 의가 드러나며 환상과 예언이 응하며 또 지극히 거룩한 이가 기름

부음을 받으리라.

"그러므로 너는 깨달아 알지니라. 예루살렘을 중건하라는 영이 날 때부터 기름 부음을 받은 자 곧 왕이 일어나기까지 일곱 '이레'와 예순두 '이레'가 지날 것이요 그 곤란한 동안에 성이 중건되어 광장과 거리가 세워질 것이며, 예순두 '이레' 후에 기름 부음을 받은 자가 끊어져 없어질 것이며 장차 한 왕의 백성이 와서 그 성읍과 성소를 무너뜨리려니와 그의 마지막은 홍수에 휩쓸림 같을 것이며 또 끝까지 전쟁이 있으리니 황폐할 것이 작정되었느니라. 그가 장차 많은 사람들과 더불어 한 '이레' 동안의 언약을 굳게 맺고 그가 그 '이레'의 절반에 제사와 예물을 금지할 것이며 또 포악하여 가증한 것이 날개를 의지하여 설 것이며 또 이미 정한 종말까지 진노가 황폐하게 하는 자에게 쏟아지리라 하였느니라" 하니라. _단 9:24~27

베드로가 예수께 누군가를 일곱 번까지 용서해야 하느냐고 물었을 때, 예수께서 "일곱 번이 아니라 일흔 번씩 일곱 번이라도 용서해라. 확인하고 세어보기를 그치고 너의 생각을 확장해라!"라고 대답하셨던 것을 떠올려보라. 여기서 그와 비슷한 일이 일어나고 있다. 다니엘(과 예레미야)은 '70년'을 생각하고 있지만, 하나님은 "너는 그보다 훨씬 먼 미래에 대해 생각해보아야 한다. 일흔 곱하기 일곱 해를 생각해보아라"라고 말씀하신다(NIV에서는 이 점을 명확히 하기 위해 '이레'를 '주'로 번역한다). 문자적으로 이것은 490년에 해당하지만, 다시 한번 이런 중요한 숫자들(70과 7)은 어림잡은 숫자이자 상징적인 숫자일 가능성이 크다. 이 말씀은 우리에게 바빌로니아가 부상하고 나서 대략 한 사람의 긴 생애(70년에 관한 예레미야의 예언)가 지난 후에 무언가 중요한 일이 곧 일어나겠지만, 다니엘의 기도에 대해 온전히 응답하기 위해서는 대략 천 년의 절반이 지난 후에(다니엘의 일흔 이레) 훨씬 더 중요한 일이 일어나야 한다고 말하고 있다. 그에게는 믿음뿐만 아니라 인내와 장기적인 전망이 필요했다.

일흔 이레(24절)와 일곱 이레, 예순두 이레, 마지막 이레(25~27절)를 우리의 달력 체계에 따라 정확한 연대를 계산해내려고 하기보다는 (상대적인 기간을 뜻하는) 어림수로 받아들여 한다고 생각하는 이유 중 하나는, 수백 년 동안 많은 사람이 어떤 연대와 어떤 사건이 문자적으로 49년, 434년, 7년에 해당하는지를 알아내려고 노력해왔기 때문이다. 그들은 대체로 어떤 연대를 출발점으로 잡는가에 따라 온갖 종류의 다른 해법을 제시했다(다니엘 9장 25절 "예루살렘을 중건하라는 영이 날 때부터"라는 구절은 어떤 연대와 어떤 인물을 의미하는가? 예레미야의 예언인가? 고레스의 칙령인가?). 관심이 있다면 자세한 주석에 제시된 다양한 해석의 가능성을 참고하면 된다[어니스트 루커스(Ernest Lucas)의 책이 특히 자세하고 유익하다]. 하지만 솔직히 나는 루커스처럼 가브리엘의 말이 연대기적으로 자세한 사건과 인물에 대한 정확한 예언인 것처럼 해석해내려고 한다면 이는 핵심에서 빗나간 시도라고 생각한다.

지나치게 교조적이고 편파적인 태도로 수수께끼 같은 이 예언을 해독하려고 하지 말아야 하는 또 다른 이유는, 이 예언이 다양한 층위에서 작동하는 것처럼 보이기 때문이다. 나는 24절에서 가브리엘이 말하는 바와 25~27절에서 덧붙여서 말하는 것 사이에는 차이점이 존재한다고 생각한다.

다니엘 9장 24절

다니엘은 하나님께 이스라엘의 죄를 해결해달라고 기도했고, 24절에서 가브리엘은 "그분이 해결하실 것이다. 하지만 곧 포로 생활을 마치고 고향으로 돌아오는 것이 다가 아니다. 그것을 넘어서 하나님은 약 500년이 지나서 여전히 죄인인 백성을 그들의 땅으로 일시적으로 회복시키는 정도가 아니라 죄의 문제 자체를 완전히 해결하실 것이다"라고 대답한다.

24절은 두 부분으로 나뉘며, 각 부분은 세 개의 동사로 이뤄져 있다. 전반부는 부정적인 내용이고, 후반부는 긍정적인 내용이다. 미래는 어떤 모습일까? 기본적으로 죄의 종식과 하나님의 정의의 확립이다.

먼저 이스라엘 백성과 예루살렘 안에서 무언가 일어나기로 '작정되어' 있다. 즉 이는 깨뜨릴 수 없는 하나님의 뜻이자 약속이다.

이를 통해

- 허물이 그치며
- 죄가 끝나며
- 죄악이 용서될 것이다.

둘째, 그때 일어날 일을 통해

- 하나님의 공의가 입증되고 영원한 의가 이뤄질 것이며

- ◆ 성경의 예언이 성취될 것이고
- ◆ "지극히 거룩한 이"—이 구절은 장소(성전)를 뜻할 수도 있고 사람을 뜻할 수도 있다(따라서 "지성소"로 번역하기도 하고 "지극히 거룩한 이"로 번역하기도 한다)—가 기름 부음을 받을 것이다.

내가 보기에, 24절은 주 예수 그리스도의 삶과 죽음, 부활이라는 사건이 아닌, 바빌로니아 멸망 이후 수백 년이 지나서 발생한 다른 어떤 사건에 대한 적합한 설명으로 해석하기가 어렵다. 분명히 신약 기자들은 십자가를 죄가 궁극적으로 종식되고 죄악이 용서되는 사건으로 보았고, 부활을 하나님과 하나님이 기름 부으신 분의 궁극적인 신원(vindication)으로 보았다. 그리고 (바울의 말처럼) 이 모든 일이 "성경대로" 일어났다(고전 15:1~3).

다니엘 9장 25~27절

이 부분은 훨씬 더 불가사의하며, 이에 관해 너무나도 많은 주석가들이 너무나도 많은 상이한 해석의 가능성을 제시한다. 전체로 나는 이 부분이 안티오코스 4세 에피파네스의 끔찍한 신성 모독과 박해, 특히 주전 167년에 그가 성전을 더럽힌 사건(27절은 아마도 이 사건을 뜻할 것이다)을 가리킬 가능성이 크다고 생각한다. 만약 그렇다면 25절과 26절의 "기름 부음을 받은 자"(Anointed One)가(NIV에서 이를 대문자로 표기함으로써 암시하는 바처럼) 메시아이신 예수를 가리키지 않는다는 점을 인정해야 한다. 두 경우 모두 히브리어 단어 **마시아**(màsîah, "기름 부음을 받은 자")는 하나님을 위한 특정한 책무나 봉사를 수행하도록 기름 부음을 받은 사람을 뜻한다. 이사야는 이교도인 고레스 왕을 지칭할 때도 이 표현을 사용했다. 왜냐하면 하나님이 이스라엘을 위한 그분의 목적을 성취하기 위해 그를 일으키셨기 때문이다(사 44:28~45:1). 25절에서 예루살렘과 성전이 재건될 것이라는 예레미야의 예언 이후 대략 '일곱 이레'의 해가 지나서 일어난 왕은 고레스를 지칭할지도 모른다. 혹은 "예루살렘을 중건하라는 영이 날 때"가 고레스의 칙령을 뜻한다면 "기름 부음을 받은 자"는 성전 재건을 개시하는 데 이바지한 여호수아나 스룹바벨과 같은 회복된 공동체의 초기 지도자 중 한 사람을 지칭할 수도 있다(학개서를 보라).

그런 다음 훨씬 더 기간(예순 두 이레의 해)이 이어지고 또 다른 "기름 부음을 받은 자"가 죽임을 당하고 그에게 아무것도 남지 않을 것이다(26절). 어떤 이들은 이것이 주전 171년에 대제사장 오니아스가 살해당한 사건을 가리킨다고 본다—이 사건은 안티오코스 에피파네스의 극단적인 행동이 절정에 이르기 직전에 발생했다. 다시 한번 우리는 '마지막'이라는 단어를 만난다. 안티오코스는 최악의 일을 저지를 것이다. 그는 성전 안에 우상, 즉 황폐하게 하는 가증한 것을 세울 것이다. 그는 헤아릴 수 없을 정도로 많은 하나님의 백성을 모욕하고 살해할 것이다. 하지만 그의 시간은 다른 상징적인 숫자에 비하면 상대적으로 짧을 것이다(마지막 '이레'에 불과할 것이다). 마지막은 정해져 있으며, 가당치도 않게 살아계신 하나님에 대해 맞서는 모든 폭군과 마찬가지로 그는 최후를 맞게 될 것이다.

결론

따라서 나는 이 말씀을 교조적으로 연대와 인물, 사건을 특정할 수 있는 자세한 연대기가 아니라 다가올 역사에 대한 개략적인 구조로 이해해야 한다고 생각한다. 여기서 연대를 특정하려고 집착한다면 본문의 핵심을 놓치고 말 것이다. 하지만 비록 세부 사항이 모호하거나 상이한 해석의 가능성이 존재한다고 할지라도 이 구조의 전반적인 윤곽이 제시되어 있으므로 가브리엘이 다니엘의 기도에 대한 응답으로 전하고자 하는 메시지는 충분히 파악할 수 있다. 그 메시지는 이것이다.

다니엘은 죄에 대한 그의 고백에 기초해 하나님께 용서를 구하는 기도를 드렸다. 그리고 하나님은 용서하겠다고 약속하신다. 하지만 이 용서는 두 층위에서 작동된다. 한편으로 이스라엘에 포로 생활 이후 그 땅으로 돌아가는 것을 그분의 백성에 대한 하나님의 용서와 회복의 적어도 부분적인 선언으로 이해했다. 이사야 40~55장에서는 이 메시지를 강력하게 선포한다. 하지만 다른 한편으로 그 후에도 다니엘과 포로기 이후 시대의 예언자들은 이스라엘이 여전히 죄악 된 민족이며 그들에게 끊임없는 회개와 용서가 필요하다는 것이 분명하다고 생각했다. 하지만 다니엘 9장 24절에서는 결국 이런 상태가 영원히 지속하지는 않을 것이라고 선언한다. 하나님이 범죄를 그치게 하고, 죄를 끝내게 하며, 사악함을 용서하기 위해 일하실 것이다. 궁극적으로 하나님만이 이를 성취하실 수 있으시며, 그리스도의 십자가와 부활 이후를 사는 우리는 다니엘이 앞을 내다보았듯이 뒤를 돌아보면서 그분이 정말로 이를 성취하셨음을 확인할 수 있는 특권을 누린다. "다 이루었다!"

또한 다니엘은 하나님이 그분의 이름과 명성을 신원하실 것을 빌었다. 이 역시 성취되었지만, 역사가 진행되는 과정에서 하나님의 백성 이스라엘은 반복적이며, 심지어 점차 최고조에 이르는 어려움을 경험하게 된다(25~27절). 그분의 백성은 쫓기고 박해를 당하고 살육을 당할 것이다. 먼 미래에 끔찍한 시간이 찾아올 것이다. 하지만 하나님은 다니엘의 기도와 헤아릴 수 없이 많은 그분의 백성의 기도를 잊지 않으실 것이다. 그런 환난의 시간은 종식될 것이며, 하나님은 세상 안에 있는 그분의 백성을 향한 그분의 장기적인 약속과 목적을 끝까지 신실하게 이루실 것이다.

따라서 다니엘의 기도에 대한 하나님의 응답은 격려이자 경고였다. 이 책의 나머지 부분과 마찬가지로 하나님의 주권을 부인하는 것처럼 보이는 역사적 사건 속에서 이스라엘의 하나님 여호와의 주권을 믿으라는 부르심이었다. 다니엘이 기도했던 바가 궁극적으로 성취되고 그가 꿈과 환상을 통해 본 것이 궁극적으로 실현되는 것은 (역사 안에서 그가 선 곳에서 바라볼 때) 먼 미래의 일일 것이다. 하지만 그래도 괜찮다. 하나님이 통제하고 계시며, 다니엘이 알고 있었을 시편의 말씀처럼 "주의 목전에는 천 년이 지나간 어제 같으며 밤의 한 순간 같을 뿐이다"(시 90:4). 그러므로 주를 그들의 거처로 삼고 오늘날까지 계속해서 그렇게 하는 모든 세대의 그분의 백성들이 다니엘의 비전에 동참하도록 하자(시 90:1).

같은 시편에서는 하나님이 인간을 티끌로 돌아가게 하신다고 말한다(시 90:3). 정말로 다니엘과 그의 세대 전체가 결국에는 죽음이라는 티끌 안에 잠들었다. 하지만 이 책의 마지막 장에서 살펴보는 바와 같이 그의 이야기는 거기에서 끝나지 않는다.

대단원과 작별인사 10

다니엘 10장

1 바사 왕 고레스 제삼년에 한 일이 벨드사살이라 이름한 다니엘에게 나타났는데 그
일이 참되니 곧 큰 전쟁에 관한 것이라 다니엘이 그 일을 분명히 알았고 그 환상을
깨달으니라
2 그 때에 나 다니엘이 세 이레 동안을 슬퍼하며
3 세 이레가 차기까지 좋은 떡을 먹지 아니하며 고기와 포도주를 입에 대지 아니하며
또 기름을 바르지 아니하니라
4 첫째 달 이십사일에 내가 힛데겔이라 하는 큰 강 가에 있었는데
5 그 때에 내가 눈을 들어 바라본즉 한 사람이 세마포 옷을 입었고 허리에는 우바스
순금 띠를 띠었더라
6 또 그의 몸은 황옥 같고 그의 얼굴은 번갯빛 같고 그의 눈은 횃불 같고 그의 팔과
발은 빛난 놋과 같고 그의 말소리는 무리의 소리와 같더라
7 이 환상을 나 다니엘이 홀로 보았고 나와 함께 한 사람들은 이 환상은 보지 못하였
어도 그들이 크게 떨며 도망하여 숨었느니라
8 그러므로 나만 홀로 있어서 이 큰 환상을 볼 때에 내 몸에 힘이 빠졌고 나의 아름다
운 빛이 변하여 썩은 듯하였고 나의 힘이 다 없어졌으나
9 내가 그의 음성을 들었는데 그의 음성을 들을 때에 내가 얼굴을 땅에 대고 깊이 잠
들었느니라
10 한 손이 있어 나를 어루만지기로 내가 떨었더니 그가 내 무릎과 손바닥이 땅에 닿
게 일으키고
11 내게 이르되 큰 은총을 받은 사람 다니엘아 내가 네게 이르는 말을 깨닫고 일어서
라 내가 네게 보내심을 받았느니라 하더라 그가 내게 이 말을 한 후에 내가 떨며
일어서니
12 그가 내게 이르되 다니엘아 두려워하지 말라 네가 깨달으려 하여 네 하나님 앞에
스스로 겸비하게 하기로 결심하던 첫날부터 네 말이 응답 받았으므로 내가 네 말
로 말미암아 왔느니라
13 그런데 바사 왕국의 군주가 이십일 일 동안 나를 막았으므로 내가 거기 바사 왕국
의 왕들과 함께 머물러 있더니 가장 높은 군주 중 하나인 미가엘이 와서 나를 도와
주므로
14 이제 내가 마지막 날에 네 백성이 당할 일을 네게 깨닫게 하러 왔노라 이는 이 환
상이 오랜 후의 일임이라 하더라
15 그가 이런 말로 내게 이를 때에 내가 곧 얼굴을 땅에 향하고 말문이 막혔더니

16 인자와 같은 이가 있어 내 입술을 만진지라 내가 곧 입을 열어 내 앞에 서 있는 자
에게 말하여 이르되 내 주여 이 환상으로 말미암아 근심이 내게 더하므로 내가 힘
이 없어졌나이다
17 내 몸에 힘이 없어졌고 호흡이 남지 아니하였사오니 내 주의 이 종이 어찌 능히 내
주와 더불어 말씀할 수 있으리이까 하니
18 또 사람의 모양 같은 것 하나가 나를 만지며 나를 강건하게 하여
19 이르되 큰 은총을 받은 사람이여 두려워하지 말라 평안하라 강건하라 강건하라 그
가 이같이 내게 말하매 내가 곧 힘이 나서 이르되 내 주께서 나를 강건하게 하셨사
오니 말씀하옵소서
20 그가 이르되 내가 어찌하여 네게 왔는지 네가 아느냐 이제 내가 돌아가서 바사 군
주와 싸우려니와 내가 나간 후에는 헬라의 군주가 이를 것이라
21 오직 내가 먼저 진리의 글에 기록된 것으로 네게 보이리라 나를 도와서 그들을 대
항할 자는 너희의 군주 미가엘뿐이니라

다니엘 11장

1 내가 또 메대 사람 다리오 원년에 일어나 그를 도와서 그를 강하게 한 일이 있었느
니라
2 이제 내가 참된 것을 네게 보이리라 보라 바사에서 또 세 왕들이 일어날 것이요 그
후의 넷째는 그들보다 심히 부요할 것이며 그가 그 부요함으로 강하여진 후에는
모든 사람을 충동하여 헬라 왕국을 칠 것이며
3 장차 한 능력 있는 왕이 일어나서 큰 권세로 다스리며 자기 마음대로 행하리라
4 그러나 그가 강성할 때에 그의 나라가 갈라져 천하 사방에 나누일 것이나 그의 자
손에게로 돌아가지도 아니할 것이요 또 자기가 주장하던 권세대로도 되지 아니하
리니 이는 그 나라가 뽑혀서 그 외의 다른 사람들에게로 돌아갈 것임이라
5 남방의 왕들은 강할 것이나 그 군주들 중 하나는 그보다 강하여 권세를 떨치리니
그의 권세가 심히 클 것이요
6 몇 해 후에 그들이 서로 단합하리니 곧 남방 왕의 딸이 북방 왕에게 가서 화친하리
라 그러나 그 공주의 힘이 쇠하고 그 왕은 서지도 못하며 권세가 없어질 뿐 아니라

그 공주와 그를 데리고 온 자와 그를 낳은 자와 그 때에 도와 주던 자가 다 버림을
당하리라
7 그러나 그 공주의 본 족속에게서 난 자 중의 한 사람이 왕위를 이어 권세를 받아 북
방 왕의 군대를 치러 와서 그의 성에 들어가서 그들을 쳐서 이기고
8 그 신들과 부어 만든 우상들과 은과 금의 아름다운 그릇들은 다 노략하여 애굽으로
가져갈 것이요 몇 해 동안은 그가 북방 왕을 치지 아니하리라
9 북방 왕이 남방 왕의 왕국으로 쳐들어갈 것이나 자기 본국으로 물러가리라
10 그러나 그의 아들들이 전쟁을 준비하고 심히 많은 군대를 모아서 물이 넘침 같이
나아올 것이며 그가 또 와서 남방 왕의 견고한 성까지 칠 것이요
11 남방 왕은 크게 노하여 나와서 북방 왕과 싸울 것이라 북방 왕이 큰 무리를 일으킬
것이나 그 무리는 그의 손에 넘겨 준 바 되리라
12 그가 큰 무리를 사로잡은 후에 그의 마음이 스스로 높아져서 수만 명을 엎드러뜨
릴 것이나 그 세력은 더하지 못할 것이요
13 북방 왕은 돌아가서 다시 군대를 전보다 더 많이 준비하였다가 몇 때 곧 몇 해 후
에 대군과 많은 물건을 거느리고 오리라
14 그 때에 여러 사람이 일어나서 남방 왕을 칠 것이요 네 백성 중에서도 포악한 자가
스스로 높아져서 환상을 이루려 할 것이나 그들이 도리어 걸려 넘어지리라
15 이에 북방 왕은 와서 토성을 쌓고 견고한 성읍을 점령할 것이요 남방 군대는 그를
당할 수 없으며 또 그가 택한 군대라도 그를 당할 힘이 없을 것이므로
16 오직 와서 치는 자가 자기 마음대로 행하리니 그를 당할 사람이 없겠고 그는 영화
로운 땅에 설 것이요 그의 손에는 멸망이 있으리라
17 그가 결심하고 전국의 힘을 다하여 이르렀다가 그와 화친할 것이요 또 여자의 딸
을 그에게 주어 그의 나라를 망하게 하려 할 것이나 이루지 못하리니 그에게 무익
하리라
18 그 후에 그가 그의 얼굴을 바닷가로 돌려 많이 점령할 것이나 한 장군이 나타나 그
의 정복을 그치게 하고 그 수치를 그에게로 돌릴 것이므로
19 그가 드디어 그 얼굴을 돌려 자기 땅 산성들로 향할 것이나 거쳐 넘어지고 다시는
보이지 아니하리라
20 그 왕위를 이을 자가 압제자를 그 나라의 아름다운 곳으로 두루 다니게 할 것이나
그는 분노함이나 싸움이 없이 몇 날이 못 되어 망할 것이요
21 또 그의 왕위를 이을 자는 한 비천한 사람이라 나라의 영광을 그에게 주지 아니할

것이나 그가 평안한 때를 타서 속임수로 그 나라를 얻을 것이며
22 넘치는 물 같은 군대가 그에게 넘침으로 말미암아 패할 것이요 동맹한 왕도 그렇게 될 것이며
23 그와 약조한 후에 그는 거짓을 행하여 올라올 것이요 소수의 백성을 가지고 세력을 얻을 것이며
24 그가 평안한 때에 그 지방의 가장 기름진 곳에 들어와서 그의 조상들과 조상들의 조상이 행하지 못하던 것을 행할 것이요 그는 노략하고 탈취한 재물을 무리에게 흩어 주며 계략을 세워 얼마 동안 산성들을 칠 것인데 때가 이르기까지 그리하리라
25 그가 그의 힘을 떨치며 용기를 다하여 큰 군대를 거느리고 남방 왕을 칠 것이요 남방 왕도 심히 크고 강한 군대를 거느리고 맞아 싸울 것이나 능히 당하지 못하리니 이는 그들이 계략을 세워 그를 침이니라
26 그의 음식을 먹는 자들이 그를 멸하리니 그의 군대가 흩어질 것이요 많은 사람이 엎드러져 죽으리라
27 이 두 왕이 마음에 서로 해하고자 하여 한 밥상에 앉았을 때에 거짓말을 할 것이라 일이 형통하지 못하리니 이는 아직 때가 이르지 아니하였으므로 그 일이 이루어지지 아니할 것임이니라
28 북방 왕은 많은 재물을 가지고 본국으로 돌아가리니 그는 마음으로 거룩한 언약을 거스르며 자기 마음대로 행하고 본토로 돌아갈 것이며
29 작정된 기한에 그가 다시 나와서 남방에 이를 것이나 이번이 그 전번만 못하리니
30 이는 깃딤의 배들이 이르러 그를 칠 것임이라 그가 낙심하고 돌아가면서 맺은 거룩한 언약에 분노하였고 자기 땅에 돌아가서는 맺은 거룩한 언약을 배반하는 자들을 살필 것이며
31 군대는 그의 편에 서서 성소 곧 견고한 곳을 더럽히며 매일 드리는 제사를 폐하며 멸망하게 하는 가증한 것을 세울 것이며
32 그가 또 언약을 배반하고 악행하는 자를 속임수로 타락시킬 것이나 오직 자기의 하나님을 아는 백성은 강하여 용맹을 떨치리라
33 백성 중에 지혜로운 자들이 많은 사람을 가르칠 것이나 그들이 칼날과 불꽃과 사로잡힘과 약탈을 당하여 여러 날 동안 몰락하리라
34 그들이 몰락할 때에 도움을 조금 얻을 것이나 많은 사람들이 속임수로 그들과 결합할 것이며
35 또 그들 중 지혜로운 자 몇 사람이 몰락하여 무리 중에서 연단을 받아 정결하게

되며 희게 되어 마지막 때까지 이르게 하리니 이는 아직 정한 기한이 남았음이라
36 그 왕은 자기 마음대로 행하며 스스로 높여 모든 신보다 크다 하며 비상한 말로
신들의 신을 대적하며 형통하기를 분노하심이 그칠 때까지 하리니 이는 그 작정된
일을 반드시 이룰 것임이라
37 그가 모든 것보다 스스로 크다 하고 그의 조상들의 신들과 여자들이 흠모하는 것
을 돌아보지 아니하며 어떤 신도 돌아보지 아니하고
38 그 대신에 강한 신을 공경할 것이요 또 그의 조상들이 알지 못하던 신에게 금 은
보석과 보물을 드려 공경할 것이며
39 그는 이방신을 힘입어 크게 견고한 산성들을 점령할 것이요 무릇 그를 안다 하는
자에게는 영광을 더하여 여러 백성을 다스리게도 하며 그에게서 뇌물을 받고 땅을
나눠 주기도 하리라
40 마지막 때에 남방 왕이 그와 힘을 겨룰 것이나 북방 왕이 병거와 마병과 많은 배
로 회오리바람처럼 그에게로 마주 와서 그 여러 나라에 침공하여 물이 넘침 같이
지나갈 것이요
41 그가 또 영화로운 땅에 들어갈 것이요 많은 나라를 패망하게 할 것이나 오직 에돔
과 모압과 암몬 자손의 지도자들은 그의 손에서 벗어나리라
42 그가 여러 나라들에 그의 손을 펴리니 애굽 땅도 면하지 못할 것이니
43 그가 권세로 애굽의 금 은과 모든 보물을 차지할 것이요 리비아 사람과 구스 사람
이 그의 시종이 되리라
44 그러나 동북에서부터 소문이 이르러 그를 번민하게 하므로 그가 분노하여 나가서
많은 무리를 다 죽이며 멸망시키고자 할 것이요
45 그가 장막 궁전을 바다와 영화롭고 거룩한 산 사이에 세울 것이나 그의 종말이 이
르리니 도와 줄 자가 없으리라

다니엘 12장

1 그 때에 네 민족을 호위하는 큰 군주 미가엘이 일어날 것이요 또 환난이 있으리니 이
는 개국 이래로 그 때까지 없던 환난일 것이며 그 때에 네 백성 중 책에 기록된 모
든 자가 구원을 받을 것이라

2 땅의 티끌 가운데에서 자는 자 중에서 많은 사람이 깨어나 영생을 받는 자도 있겠고 수치를 당하여서 영원히 부끄러움을 당할 자도 있을 것이며
3 지혜 있는 자는 궁창의 빛과 같이 빛날 것이요 많은 사람을 옳은 데로 돌아오게 한 자는 별과 같이 영원토록 빛나리라
4 다니엘아 마지막 때까지 이 말을 간수하고 이 글을 봉함하라 많은 사람이 빨리 왕래하며 지식이 더하리라
5 나 다니엘이 본즉 다른 두 사람이 있어 하나는 강 이쪽 언덕에 섰고 하나는 강 저쪽 언덕에 섰더니
6 그 중에 하나가 세마포 옷을 입은 자 곧 강물 위쪽에 있는 자에게 이르되 이 놀라운 일의 끝이 어느 때까지냐 하더라
7 내가 들은즉 그 세마포 옷을 입고 강물 위쪽에 있는 자가 자기의 좌우 손을 들어 하늘을 향하여 영원히 살아 계시는 이를 가리켜 맹세하여 이르되 반드시 한 때 두 때 반 때를 지나서 성도의 권세가 다 깨지기까지이니 그렇게 되면 이 모든 일이 다 끝나리라 하더라
8 내가 듣고도 깨닫지 못한지라 내가 이르되 내 주여 이 모든 일의 결국이 어떠하겠나이까 하니
9 그가 이르되 다니엘아 갈지어다 이 말은 마지막 때까지 간수하고 봉함할 것임이니라
10 많은 사람이 연단을 받아 스스로 정결하게 하며 희게 할 것이나 악한 사람은 악을 행하리니 악한 자는 아무것도 깨닫지 못하되 오직 지혜 있는 자는 깨달으리라
11 매일 드리는 제사를 폐하며 멸망하게 할 가증한 것을 세울 때부터 천이백구십 일을 지낼 것이요
12 기다려서 천삼백삼십오 일까지 이르는 그 사람은 복이 있으리라
13 너는 가서 마지막을 기다리라 이는 네가 평안히 쉬다가 끝날에는 네 몫을 누릴 것임이라

다니엘 10, 11, 12장을 하나로 묶은 이유는 단지 이 책을 딱 열 장으로 이뤄진 짧은 책으로 만들기 위해서가 아니다. 다니엘서의 이 세 장이 다니엘이 이 땅을 떠날 무렵 경험했던 단일한 환상을 담고 있기 때문이다. 나와 함께 본문의 메시지를 살펴보기 전에 이 세 장을 한꺼번에 읽어보면 좋을 것이다. 11장 중간에서 포기하지 말라! 다니엘처럼 끝까지 인내하라.

이 세 장은 세 부분으로 명확히 구분된다.

- **단 10:1~11:1** 다니엘의 준비와 가브리엘과의 만남[1]
- **단 11:2~12:4** 안티오코스 4세 에피파네스 통치기까지의 역사에 대한 미리보기
- **단 12:5~13** 다니엘에게 주는 결론적 약속

다니엘의 마지막 환상

_ 다니엘 10:1~11:1

이 환상 전체가(4장에 기록된 느부갓네살의 증언과 비슷하게) 증언의 형식으로 주어져 있다. 다만 편집자 주처럼 이 환상이 믿을 만하며 그 본질적인 내용이 '큰 전쟁'에 관한 것이라고 밝히는 첫 부분은 3인칭으로 서술되어 있기는 하다(단 10:1). 지상의 왕국들과 천상의 영역에서 벌어지는 갈등이라는 주제가 이 부분 전체를 관통한다. 앞부분과 마찬가지로 그의 환상의 내용과 의미에 초점을 맞추기 전에 다니엘이라는 사람을 관찰하는 것만으로도 많은 것을 배울 수 있다. 10장에서 적어도 세 가지가 두드러진다.

다니엘의 기도: 땅 위에서의 애도, 천상에서의 전쟁

> 바사 왕 고레스 제삼년에 한 일이 벨드사살이라 이름한 다니엘에게 나타났는데 그 일이 참되니 곧 큰 전쟁에 관한 것이라. 다니엘이 그 일을 분명히 알았고 그 환상을 깨달으니라.
>
> 그 때에 나 다니엘이 세 이레 동안을 슬퍼하며, 세 이레가 차기까지 좋은 떡을 먹지 아니하며 고기와 포도주를 입에 대지 아니하며 또 기름을 바르지 아니하니라. _단 10:1~3

다니엘은 기도의 사람이었다. 우리는 6장을 통해 이미 이 사실을 알고 있다. 하지만 여기서 그의 기도는 감정과 목적에 있어서 훨씬 더 강렬해진다. 여기서는 그가 3주 동안 애도하며 금식하기로 작정한 이유를 바로 밝히지는 않지만, 나중에 우리는 그가 국제무대에서 무슨 일이 일어나고 있는지를 이해하려고 노력하고 있었음을 발견하게 된다(단 10:12). 물론 그가 행정부의 고위직에서 일하고 있음을 고려할 때 이는 직업적인 관심과도 무관하지 않았다. 하지만 다니엘은 평생 그랬듯이 하나님, 그의 하나님, 그의 백성인 이스라엘의 하나님이 제국들의 일에도 관여하신다—아니, 하나님이 모든 인간의 제국들을 주권적으로 다스리신다—는 것을 너무나 잘 알고 있었다. 따라서 그는 자신의 주변에서 소용돌이치듯이 발생하고 있던 지상의 사건들 배후에 자리 잡은 영적 현실을 분별하려고 노력했다. 이미 하나님은 그에게 인간 제국의 '야만적' 차원에 대해 경고하는 환상을 주셨다(7장). 하나님은 그가 그 시작을 목격했던 페르시아 제국이 분열하고 경쟁하는 그리스/헬라 왕국들이 출현할 미래의 때에 일어날 가속화하는 악을 그에게 미리 보여주셨다(8장). 하지만 그가 스스로 말했듯이, 이 모든 것은 여전히 이해하기 어려웠다(단 8:27). 그래서 다니엘은 자신이 알고 있는 세상과 자신이 그 안에서 살아가고 있는 이야기를 더 잘 이해하기 위해 하나님의 통찰을 구하며 기도했다. 그의 기도 생활은 세상으로부터 도피하기 위한 수단이 아니라 하나님을 세상 안으로 모시고 들어가는 수단이었다. 6장에서 보았듯이 그의 방 창문이 예루살렘을 향해 열려 있었던 것은 그의 기도를 내보내기 위해서가 아니라 이스라엘의 하나님이 들어오시게 하기 위해서였다.

생의 마지막에 이른 지금 다니엘은 거의 필사적으로 하나님의 계획과 목적을 이해하려고 애쓰는 것처럼 보인다. 어쩌면 그는 어느 정도의 평화와 소망, 확신을 품고 죽고 싶어서 그랬을지도 모른다. 이것이 그가 애도하며 금식하는 목적이다. 그리고 앞으로 보겠지만 하나님은 이 책의 마지막 절에서 마침내 그에게 그것을 허락하신다.

밤에 하나님이 천사를 통해 그에게 말씀하시는 꿈의 형태로 일어난 것처럼 보이는 앞의 환상들과 달리 이 환상은 그가 일하는 낮에 다른 사람들과 함께 있을 때 그에게 주어진다. 다니엘서 10장 4~9절의 이야기는 다소의 바울이 다마스쿠스로 가는 길에 했던 경험(행 9:7)과 비슷하다. 하나님이나 하나님의 천사가 나타나고 다른 이들에 이에 압도되지만, 그 사건에는 전혀 참여하지 못했기 때문이다(다니엘과 같이 있던 이들은 두려워하며 도망쳤을 뿐이다, 단 10:7). 하지만 주된 차이점은, 사울에게 나타나신 분은 부활하신 주 예수 그리스도인 반면, 다니엘에게 나타난 이는 분명히 큰 위엄과 영광, 권세를 지닌 천사 같은 인물, 즉 하나님의 사자로서 보냄을 받은 인물이었다는 것이다. 다니엘은 큰 용기를 내어 그 '사람'의 모습을 자세히 묘사할 수 있을 정도로 그를 길게 응시할 수 있었다(단 10:5~6). 하지만 그가 (나에게는 운동 경기장에서 사람들이 목청껏 고함을 지르는 소리를 떠올리게 하는) '무리의 소리와 같은' 목소리로 말했을 때 다니엘은 땅바닥에 쓰러져 납작 엎드렸다.

> 한 손이 있어 나를 어루만지기로 내가 떨었더니 그가 내 무릎과 손바닥이 땅에 닿게 일으키고 내게 이르되, "큰 은총을 받은 사

람 다니엘아, 내가 네게 이르는 말을 깨닫고 일어서라. 내가 네게 보내심을 받았느니라" 하더라. 그가 내게 이 말을 한 후에 내가 떨며 일어서니 그가 내게 이르되, "다니엘아, 두려워하지 말라. 네가 깨달으려 하여 네 하나님 앞에 스스로 겸비하게 하기로 결심하던 첫날부터 네 말이 응답 받았으므로 내가 네 말로 말미암아 왔느니라. 그런데 바사 왕국의 군주가 이십일 일 동안 나를 막았으므로 내가 거기 바사 왕국의 왕들과 함께 머물러 있더니 가장 높은 군주 중 하나인 미가엘이 와서 나를 도와 주므로, 이제 내가 마지막 날에 네 백성이 당할 일을 네게 깨닫게 하러 왔노라. 이는 이 환상이 오랜 후의 일임이라" 하더라.

_단 10:10~14

여기서 우리는 천사의 말을 통해 다니엘이 지난 3주 동안 그렇게 해왔음을 알 수 있다. 그것은 대단히 의도적인 노력이었고, 깨달음을 얻고 스스로 겸비하겠다는 분명한 목적을 가지고 결심한 일이었다. 다니엘의 기도는 목적이 분명하고, 끈질기고(9장에서 살펴보았듯이), 자신과 자기 백성의 죄를 고백하는 철저한 겸손함에 기초를 두고 있었다. 다니엘은 하나님이 자신의 기도에 대해 응답하시고 그가 간절히 바라던 깨달음을 주시기까지 시간이 너무 오래 걸리는 이유가 무엇인지 궁금하게 여겼을지도 모른다. 설명은 매우 놀라웠다.

하나님이 대답을 주지 않으셨기 때문이 아니었다(눈부신 사자는 사과하는 말투로 그렇게 설명한다). 그와 반대로 하나님이 다니엘의 기도를 들으셨고, 그가 기도하기 시작한 '첫날' 응답을 주셨다. 지연

된 것은 하나님의 잘못이 아니었다. 사자의 잘못도 아니었다. 그는 서둘러 길을 나섰지만 '바사 왕국의 군주'가 그를 막았다—그의 저항은 이십일 일 동안 계속되었고 그 기간 내내 다니엘은 기도했다. "가장 높은 군주 중 하나인 미가엘"이 도와주러 왔을 때에야 비로소 가브리엘(그인 것이 거의 확실하므로)은 말하자면 자유를 얻어서 다니엘에게 와서 사명을 완수할 수 있게 되었다. 무슨 일이 일어난 것일까?

이 물음에 대한 솔직한 답은 나도 자세히는 알 수 없다는 것이다(자세한 내용을 만들어내려고 해서도 안 될 것이다). 하지만 분명한 점은, 다니엘이 땅에서 하는 기도가 '천상의 영역'에서 벌어지고 있는 영적 갈등과 연결되어 있다는 것이다(여기서는 '하늘'이라는 단어를 하나님이 거하시는 '공간'이 아니라 하나님의 사자이자 대리자로서 그분의 뜻을 행하는 존재들과 그분께 맞서 반역하고 악으로 돌아선 존재들을 포함해 창조된 영적 존재들로 이뤄진 영역 전체라는 의미로 사용한다). 아래 땅에서 벌어지는 모든 일의 배후에 자리 잡고 있는 우주적 갈등이 존재하며, '군주'들이라고 부를 수 있는 영적 세력, 혹은 신약의 용어로는 '정사와 권세'가 이 갈등에 관여하고 있다. 성경에서는 이 영적 세력에 관해 많은 것을 알려주지 않지만, 그 세력이 존재한다고 분명히 말한다. 여기서 보듯이 그중 일부는 특정한 민족들과 연관이 있으며 그 민족들의 정치적, 군사적 성공에 관여하는 것처럼 보인다. 그것이 무엇이든 이 영적 세력은 창조된 존재들이며 만주의 주이시며 만왕의 왕이신 주권적인 창조주 하나님께 여전히 복종해야 한다. 신명기 32장 8~9절에서는 지극히 높으신 하나님이 그분의 언약 백성인 이스라엘과 독특한 관계를 맺으셨다고 주장하는 동시에 하나님이 다른 민족들에게 "하나님의 아들들의 수효대로" 특정한 기업을 나눠주셨다고 말한다(신 32:8, NIV 각주, 개역개정에서는 "이스라엘 자손의 수효대로"라고 번역함—역주). (아마도 어려운 이 히브리어 본문에 대한 올바른 해석인 것으로 보이는) '하나님의 아들들'이라는 표현은 구약에서 천사와 같은 존재를 가리키는 경우가 많다.

따라서 다니엘의 기도는 영적 권세와 영적 갈등의 영역과 연결되어 있었다. 왜 천사처럼 보이는 '바사 왕국의 군주'는 하나님이 다니엘에게 그분의 말씀을 전하도록 보내신 그 사자를 막았을까(13절)? 그 이유는 그것이 알렉산더 대왕의 그리스 제국에 페르시아가 패배할 것이라는 말씀이었고(단 11:2~4), 하나님의 말씀이 전해지면 하나님이 작정하신 대로 이뤄질 것이기 때문이었다. 따라서 페르시아의 군주는 미가엘—하나님의 백성을 보호하는 천사—이 그를 제압할 때까지 그 말씀이 전해지지 못하게 막으려고 노력했다. 따라서 이 땅에서의 갈등은 천상의 영역에서 벌어지는 갈등을 반영하며, (물론 이것은 이미 그의 세계관의 일부였을 테지만) 이제 다니엘은 이 사실을 알게 되었다.

이를 깨달을 때 우리의 기도 생활은 어떻게 바뀔까? 사도 바울처럼 우리는 하나님의 나라에 복종하고 그 나라를 섬길 때 영적인 전투에 참여하고 있음을 깨달아야 한다. 예수의 사역 안에서도 이 갈등이 분명히 존재했으며, 그분은 제자들이 우리가 임하는 이 전투의 본질을 반드시 이해할 수 있게 하셨다. 바울의 말처럼 "우리의 씨름은 혈과 육을 상대하는 것이 아니요 통치자들과 권세들과 이 어둠의 세상 주관자들과 하늘에 있는 악의 영들을 상대함"이다(엡 6:12). 그리고 이 투쟁에서는 우리의 전쟁과 무기 역시 영적이다. "우리의 싸우는 무기는 육신에 속한 것이 아니요, 오직 어떤 견고한 진도 무너뜨리는 하나님의 능력이라. 모든 이론을 무너뜨리며 하나님 아는 것을 대적하여 높아진 것을 다 무너뜨리고 모든 생각을 사로잡아 그리스도에게 복종하게 하니"(고후 10:4~5).

하지만 성경이 우리에게 이 영적 권세에 관해 제한된 정보만 주고 있음을 고려할 때 우리의 생각이나 기도를 거기에 집중해야 하는지는 의문이다. 분명히 우리는 우리의 기도가 우리가 볼 수 있는 것 너머의 영적 현실과 연결되어 있으며, 우리가 이 세상에서 하나님의 나라를 섬기면서 관여하는 모든 것 배후에서, 또한 그 주위에서 영적 전쟁이 벌어지고 있음을 이해할 필요가 있다. 하지만 성경은 우리에게 이런 영적인 권세들과 직접 맞서 싸우라고 하지 않고 하나님의 전신 갑주를 입고 하나님께 기도하라고 말한다. '지역 귀신'을 확인하고 명명한 다음 그런 귀신들과 맞서 싸우라고 가르치는 영적 전쟁의 신학과 실천이 존재한다. 이런 실천이 일부에서는 선교 전략으로 인기가 있지만 나는 그것이 얼마나 성경적 근거를 주장할 수 있는지 회의적이다. 또한 우리는 그런 전략의 '전문가들'이 하는 과도한 주장에 대해서도 경계해야 한다. 때로는 마치 하나님이 우리의 영적 전쟁의 결과를 기다리고 계시며, 하나님의 구원 사역의 성공이 우리가 일을 제대로 하는지 여부에 달려 있는 것처럼 말하는 경우도 있다. 하지만 오히려 하나님이 모세와 이스라엘 백성에게 분명히 말씀하셨듯이 전쟁은 주의 것이며 그것을 이기시는 분도 하나님이시다(출 14:13~14). 더 정확히 말하면 그리스도의 십자가와 부활을 통해 하나님이 이미 승리하셨다(골 2:15). 우리는 계속되는 전투에 참여하라고 부르심을 받았지만, 이것은 이미 결정적인 승리를 거둔 싸움이다.

다니엘은 이 영적 세력과 '군주'들의 존재를 완전히 인식하고 있으며, 그중 일부는 하나님의 말씀과 사역에 반대하고 일부는 지지한다는 것을 알고 있음에도, 이 전투에 직접 참여하라는 명령을 받지 않았고, 참여하기 위해 노력하지도 않는다. 그 전투는 그가 그들과 하나님께 맡겨둔 행위의 영역에 속해 있었다. 그는 하나님께 기도하고 그 결과를 그분께 맡긴다. 아마도 우리에게도 그것이 최선의 선택일 것이다.

다니엘의 겸손: 땅에서 무력하지만 하늘에서는 존귀하게 여겨짐

다니엘은 자신에 관해 가차 없이 정직하다. 이 이야기에서 그의 자세는 전혀 영웅적이지 않다. 우리는 그가 친구들에게 "이보게들, 내가 방금 대천사 가브리엘과 얘기를 나눴어"라고 가볍게 말하는 모습을 상상할 수 없다. 반대로 그는 이 사건의 압도적인 성격을 강조하면서 그로 인해 자신이 두려움에 떨며 땅바닥에 쓰러지고 말았다고 말한다. 실제로 일련의 자세는 거의 희극적으로 보인다. 먼저 그는 바닥에 얼굴을 대고 엎드렸고(9절), 여전히 떨면서 손과 무릎으로 바닥을 짚었으며(10절), 힘겹게 일어났지만(11절), 다시 얼굴을 바닥을 향하며 절했다(15절). 이 만남에서 그의 마음과 몸의 상태를 어떻게 묘사하고 있는지를 보라.

◆ 내 몸에 힘이 빠졌고 나의 아름다운 빛이 변하여 썩은 듯하였고 나의 힘이 다 없어졌으나(8절)

◆ 이 환상으로 말미암아 근심이 내게 더하므로 내가 힘이 없어졌나이다. 내 몸에 힘이 없어졌고 호흡이 남지 아니하였사오니 내 주의 이 종이 어찌 능히 내 주와 더불어 말씀할 수 있으리이까?(16~17절)

하나님의 사자는 그에게 힘을 주고 말을 할 수 있게 하기 위해서 그를 세 번이나 만져야 했다(10, 16, 18절). 그는 나이가 많은 성도였다. 그는 평생 많은 경험을 했고 지혜를 얻었다. 그는 어렸을 때부터 인간 권력의 중심부에서 활동하며 날마다 기도로 하나님의 임재 속에서 일정한 시간을 보냈다. 하지만 그에게는 어떤 일이 일어나도 대처할 능력이 있다고 자신만만해하는 태도가 전혀 없다.

어쩌면 바로 앞 문장의 첫 부분에 "하지만"이라는 단어를 사용하지 말아야 했는지도 모르겠다. "그리고 그렇기 때문에"라고 말하는 쪽이 더 나았을 것이다. 왜냐하면 우리가 날마다 기도를 통해 하나님께 더 가까이 나아갈수록 자신이 중요하다고 여기는 태도가 점점 더 사라지기 때문이다. 하나님의 위엄과 놀라울 정도로 풍성한 그분의 사랑과 은총을 더 많이 이해할수록 우리는 더 겸손해진다. 다니엘은 이 찬송가에 표현된 열망을 구현하고 있는 것처럼 보인다.

거룩한 사랑이 나의 겉옷이 되게 하시고
겸비가 나의 속옷이 되게 하소서.
참으로 겸비한 마음은 더 겸손해져
그 결점을 미워하며 슬피 우나이다.[2]

하지만 다니엘이 자신을 이렇게 바라보았더라도 하나님은 그를 그렇게 보지 않으셨다. 천사는 세 번이나 "큰 은총을 받은 사람이여"라는 말로 그를 안심시킨다(단 9:23, 10:11, 19). 히브리어 구문은 어법상 강조형이며, 더 문자적으로 번역하면 "크게 사랑받는 사람"이라는 말이다. 하나님은 편애하지 않으신다. 성경에서는 그분과 더 깊은 관계를 맺기 위해 노력하는 사람은 누구든지 그분과 친밀한 관계를 맺을 수 있다고 분명히 가르친다. 이것은 그리스도인들이 하나님과 가까이 동행함으로써 철저한 겸손함을 잃어버리거나 자신의 무가치함을 잊어버리지 않으면서도 하나님이 그들로 인해 기뻐하신다는 것을 알 수 있는 그런 관계다. 그리스도께서는 이 땅에서 이런 관계를 누리셨고, 특히 세례를 받으실 때 "이는 내 사랑하는 아들이요 내 기뻐하는 자라"라는 성부의 음성을 들으셨다(마 3:17).

내가 가장 좋아하는 구절, 특별히 젊은 그리스도인이었을 때 내가 가장 좋아했던 구절 중 하나는 "여호와의 친밀하심이 그를 경외하는 자들에게 있음이여"라는 시편 25편 14절 말씀이다. 이 말씀에는 우리를 안심시키는 힘이 있다. 많은 그리스도인처럼 나는 나 자신이 무가치하다는 느낌, 나에 대한 하나님의 기대, 심지어는 나에 대한 나의 기대에 '결코 미치지 못한다'는 느낌 때문에 괴로웠을 때가 많았다. 많은 연구와 입증이 이뤄진 '가면 증후군'(imposter syndrome)이라는 마음의 상태가 있다. 아무리 열심히 일하더라도, 아무리 많은 성공을 이루더라도 내적으로는 항상 자신이 사기꾼인 것처럼 느끼는 마음의 상태를 가리킨다. '외부적으로는' 성공했지만 '안에는' 사기꾼이 숨어 있다. 나는 영적으로도 이런 상태가 존재하며, 사탄은 이를 이용해 그리스도인을 괴롭히기를 즐긴다고 생각한다. 나 역시 내 삶과 그리스도인으로서의 섬김에 있어서 다양한 시점에 이런 경험을 한 적이 있다. 하지만 참된 겸손은 사기꾼처럼 느끼는 것을 뜻하지 않는다. 참된 겸손이란 당신이 하나님 앞에서 누구이며 어떤 존재인지를 알고 당신의 삶에 대한 당신 자신의 판결이 아니라 하나님의 판결을 신뢰하는 것을 뜻한다. 그리고 때때로 하나님은 나에게 '다니엘'이 경험했던 그런 순간(다니엘처럼 환상을 받았다는 말이 아니며, 나는 나에게 환상을 주시지 않은 것에 대해 감사드린다!)을 주셔서 주의 미소를 느끼고 내가 그분을 위해 하려고 노력하는 일에 대해 그분이 기뻐하신다는 확신을 갖게 하셨다. 이것은 교만이 아니다. 그것에 대해 (나 자신이나 다른 사람들에게) 절대 자랑하지 않기 때문이다. 이것은 "여호와의 친밀하심"을 경험하는 순간이며 이런 순간은 너무나도 귀하다.

다니엘의 깨달음: 땅에서 구하고 하늘로부터 주어짐

"그는 어디에서 이 모든 것을 얻었을까?" 그들은 예수에 관해서 이렇게 물었다. 물론 그분은 자신이 말씀하시고 행하시는 이 모든 것을 하늘에 계신 아버지에게서 받았다고 답하셨을 것이다(요 5:16~30). 하지만 틀림없이 그분은 스스로 성경을 매우 깊이 연구하셨을 것이며, 그러므로 열두 살이셨을 때도 성전에서 박식한 율법 교사들과 토론할 수 있으셨다. 그분은 하나님으로부터 받으셨지만, 땅에서 말씀을 공부하심으로써 받으셨다.

이따금 설교자들은 "어떻게 성경이 그렇게 생생하고 분명하게 다가오게 하실 수 있는지 모르겠어요!"라는 감사와 존경의 마음이 담긴 반응을 듣곤 한다. 그럴 때 나는 보통 "그것은 하나님의 말씀입니다. 나는 그저 그 말씀을 꺼내놓을 뿐입니다"라고 조용히 대답한다. 물론 맞는 말이다. 하지만 설교 준비를 위해 긴 시간 열심히 노력하고 생각하고 기도해야 한다는 것도 알고 있다.

이 마지막 장들에서 우리는 다니엘이 하나님이 주신 선물과 인간의 노력을 결합했음을 알 수 있다. 처음부터 다니엘에게 찾아온 천사는 그에게 "내가 이제 네게 지혜와 총명을 주려고 왔느니라"라고 말했다(단 9:22). 그가 받은 환상과 그 환상이 담고 있는 의미는 그가 그저 '꿈속에서 만들어낸' 무언가가 아니었다. 그것은 하나님의 사자를 통해 하나님으로부터 온 것이다. 하지만 동시에 천사는 다니엘에게 "이 일을 생각하고 그 환상을 깨달아야" 한다고 말한다(단 9:23하). 그는 11장과 12장에 기록된 메시지를 받기 전에 석 주 동안 기도하고 금식했다. 그리고 그 기간이 끝날 무렵 천사가 그에게 찾아왔을 때 천사는 "네가 깨달으려 하여 네 하나님 앞에 스스로 겸비하게 하기로 결심하던 첫날부터 네 말이 응답 받았으므로"라고 말했다(단 10:12). 간단히 말해 다니엘서의 후반부에 기록된 말씀은 하나님의 계시와 인간의 정신적 노력의 신비로운 결합이었다. 둘 중 하나만이 아니라 둘 다였다.

랭엄 파트너십이 세계 전역의 많은 나라에서 주최하는 성경적 설교를 위한 훈련 세미나에서 우리는 "나는 설교를 준비할 필요가 없습니다. 성령께 의지할 뿐입니다"라는 식의 태도를 흔히 접한다. 심지어는 미리 준비하는 것 자체가 '영적이지 않으며' 성령에 대한 믿음이 부족하다는 증거라고 주장하는 이들도 있다. 그들은 예수께서 "어떻게 또는 무엇을 말할까 염려하지 말라. 그 때에 너희에게 할 말을 주시리니, 말하는 이는 너희가 아니라 너희 속에서 말씀하시는 이 곧 너희 아버지의 성령이시니라"(마 10:19~20)라고 말씀하신 것을 인용하면서 이런 태도를 정당화한다. 그들이 간과한 것은, 예수께서 제자들이 체포되어 법정으로 끌려갈 때에 관해 말씀하고 계신다는 점이다(19절은 "너희를 넘겨 줄 때에"라는 구절로 시작된다). 그런 순간이 찾아올 때 그들은 변호를 준비할 시간이 없을 것이다. 하지만 그들은 걱정할 필요가 없다. 성령께서 그들이 말할 수 있게 해주실 것이기 때문이다. 따라서 예수께서는 교회의 설교자가 아니라 법정의 죄에 관해 말씀하고 계신다. 오히려 우리는 바울이 디모데에게 가르쳤듯이(딤전 4:13~15, 딤후 2:15) **열심히 노력하여** 하나님의 말씀을 부지런히 공부해야 하며, 그와 동시에 기도하면서 우리가 준비하고 설교하는 모든 과정에서 우리를 도와주시는 하나님의 성령을 의지해야 한다. 그렇게 할 때 다니엘의 경우와 마찬가지로 하나님의 선물과 우리의 노력이 결합된 결과로 나타날 것이다.

역사와 교만, 그리고 소망

_ 다니엘 11:2~12:4

마침내 메시지—다니엘이 받은 마지막 메시지— 자체를 다룰 차례다. 이 메시지는 다니엘을 넘어 미래까지 이어지는 역사를 다룬다. 이 메시지에서는 바빌로니아 포로 생활이 끝났다고 해서 이스라엘의 고통이 끝난 것은 아니며, 그들이 고향 땅으로 돌아가더라도 심한 박해와 고통의 시간이 찾아올 것이라는, 이전의 환상에서 다루는 주제를 재차 강조한다. 더 나아가 마침내 하나님의 나라가 승리하고 하나님의 백성은 단지 살아남을 뿐 아니라 영원한 생명으로 부활할 것이라는—또한 다니엘은 심지어 죽음에 의해서도 이 궁극적인 미래의 영광에 참여할 특권을 빼앗기지 않을 것이라는— 이전 환상의 위대한 주장을 재차 강조한다.

역사: 하나님의 통제와 인간의 선택

다니엘을 찾아온 천사는 페르시아 제국의 남은 기간을 놀라울 정도로 부정적인 태도로 평가한다. 에게해에서 인도 국경까지를 통치한 제국의 2백 년 역사를 단 한 절로 요약한다(단 11:2)! 그리스를 공격할 왕이 등장할 때까지 페르시아 왕이 몇 명 더 있을 것이라고 말한다. 실제로 주전 5세기 초에 두 명의 페르시아 왕이 그리스 정복을 시도했지만, 주전 490년과 480년에 두 차례의 결정적인 전투에서 패배하고 말았다. 그런 다음 (8장에서 들이받는 외뿔 염소로 묘사했던) 알렉산더 대왕과 주전 4세기 중엽에 이뤄진 그의 페르시아 정복을 설명하는 데에도 한 절이면 충분했다(3절). 따라서 4절에 이르면 이른바 헬레니즘 시대에 나타난 네 왕국을 다룰 차례가 된다. 주께서 보시기에 천 년이 하루 같다면 수백 년을 다루는 데 두 절로 충분하다는 것이 전혀 놀랍지 않다!

그리스가 이 지역 전체를 문화적으로 지배하는 시대는 로마가 그리스를 정복하고 지중해 동부와 중동 지역까지 지배력을 확장할 때까지 2백 년 더 지속되었다. 하지만 네 개의 헬라 왕국 중에서 유대의 이스라엘 백성의 삶에 영향을 미친 것은 둘뿐이었다. 바로 이집트를 지배한 프톨레마이오스 왕국과 시리아를 지배한 셀레우코스 왕국이었다. 다니엘 11장에서는 이 둘을 각각 남방 왕과 북방 왕으로 지칭한다. 팔레스타인 땅은 경쟁하는 이 두 왕국 사이에 자리 잡고 있었기에 유대인의 운명은 이 두 왕국 중 한쪽의 손에 달린 것처럼 보였다. 그러므로 11장에서는 남쪽과 북쪽의 두 세력 사이의 음모와 계략, 전쟁에 대해 다룬다. 여기서는 자세한 내용을 다룰 필요가 없다(이에 관해서는 더 자세한 주석을 참고하면 된다). 이 장의 핵심 주제는 이야기의 절정—이전의 환상(단 7:23~25, 8:23~25, 9:26~27)에서 등장했던 셀레우코스의 왕 안티오코스 4세 에피파네스의 통치(단 11:21~39)—에 이르는 과정이다.

하지만 그에게 초점을 맞추기 전에 이 서사의 중요한 특징, 즉 역사적 사건을 통제하시는 하나님의 주권(천사를 통해 장차 무슨 일이 일어날지를 설명하시는 분은 바로 하나님이시다)과 자신의 선택과 행동에 관한 인간의 자유와 책임 사이의 긴장과 균형에 주목하라.

한편으로 어떤 일들은 '작정된 기한에' 일어날 것이며(29, 35절) '작정된 일'은 반드시 이뤄질 것이다(36절). 하지만 다른 한편으로 11장에는 이 왕이나 저 왕이 "자기 마음대로 행하리라"라는 구절이 세 번 등장한다(3, 16, 36절). 이 구절은 처음에는 알렉산더 대왕에게, 마지막에는 안티오코스에게 적용된다. 따라서 이 이야기 속의 모든 인간 참여자들에게 다 적용된다. 그러므로 하나님이 예언자적 환상의 형태로 장차 일어날 역사를 미리 제시하셨기에 등장인물들이 스스로 어떤 선택이나 결정도 하지 못하고, 그저 하나님의 능력에 의해 조정되어 행동하는 꼭두각시 인형에 불과하다고 비난할 여지가 전혀 없다. 오히려 그들은 자유롭게 행동하며 자신의 행동에 대해 책임져야 한다. 그들은 자신의 행동에 따라 심판과 처벌을 받는다. 그리고 많은 경우에 이 인간 왕들과 장군들은 하나님께 맞서는 영적 세력처럼 지상의 권력과 탐욕을 위해 싸우는 과정에서 하나님과 하나님의 백성에 맞서서 행동한다. 하지만 여전히 하나님이 통제하고 계신다. 다니엘도, 그에게 찾아온 천사도, 이 책 전체도 이 두 쌍둥이 현실 사이의 긴장을 해소하려고 노력하지 않는다. 성경은 그저 둘 모두를 인정할 뿐이다. 사람들은 자신이 선택한 대로 행하며 좋든 나쁘든 자신이 선택한 목표를 추구한다. 하지만 하나님은 여전히 주권적이시며 수백 년에 걸친 역사의 과정을 통해 한편으로는 구속과 은총, 다른 한편으로는 악인에 대한 궁극적 심판이라는 하나님의 목적을 성취하신다.

물론 이것은 성경 전체가 증언하는 긴장이다. 우리는 이 긴장을 벗어나 이원론(선과 악 사이의 끝없는 투쟁)으로 빠져서도 안 되고 숙명론(모든 인간의 행동이 우주적인 운명의 작용이므로 선택의 자유와 도덕적 책임은 환영일 뿐이라는 견해)으로 빠져서도 안 된다. 성경의 나머지 부분과 마찬가지로 다니엘서에서는 이렇게 말하고 있을 뿐이다. 사람들은 스스로 어떻게 행동할지 선택하며 그 결과에 책임져야 한다. 하지만 하나님은 아시고 보시며 궁극적으로 모든 것을 통해 그분의 목적을 이루신다.

치명적이지만 제한적인 박해

이렇게 하나님이 정하신 뜻과 인간의 자유가 신비롭게 결합되어 안티오코스 4세 에피파네스의 통치를 특징지었던 압도적인 악과 폭력, 억압, 신성 모독이라는 절정에 이르게 된다. 이에 관한 자세한 내용은 다니엘서 11장 31~35절에 기록되어 있다. 세 가지가 두드러진다.

첫째, 하나님의 백성은 고통을 당할 것이다. 그 자체로는 놀랍지 않다. 성경에서는 이것이 규칙적으로 반복되는 현실이라고 가르친다. 그것이 계속되는 반역과 사악함에 대한 하나님의 심판의 형태를 띨 때 우리는 그것을 자초한 고통이라고 말할 수 있다. 예언자들은 예루살렘의 파괴와 유배로 귀결된 바빌로니아의 포위 공격으로 인해 예루살렘과 유다 백성이 당한 끔찍한 고통을 그렇게 해석했다. 9장에 기록된 다니엘의 기도에서도 이런 해석을 확인할 수 있다. 하지만 동시에 성경에서는 고통을 이런 관점에서 설명할 수 없고, 설명해서도 안 되는 경우도 있다고 분명히 말한다. 예를 들어, 성경에서는 이집트에서 히브리인들은 그들의 죄에 대한 하나님의 심판 때문이 아니라 이집트인들의 죄악 된 억압 때문에 고통을 당하고 있었다고 말한다. 여기서도 마찬가지다. 다니엘서에서는 '안티오코스의 진노'가 이스라엘에 대한 하나님의 진노의 표현이었다고 암시하는 표현이 전혀 없다. 오히려 그들은 이스라엘의 하나님과 그분의 백성에 맞서기로 작정한 악한 체제의 희생자들이었다. 그들이 고통과 괴로움 속에서 부르짖을 수는 있겠지만 여기서 그들에게 회개를 촉구하지는 않는다.

둘째, 그런 고통이 하나님의 백성을 분열시킬 수도 있다. 실제로 그들의 적들의 전술은 바로 그런 분열을 만들어내는 것이었다. 안티오코스는 한편으로는 극심한 박해와 폭력을, 다른 한편으로는 매력적인 아첨과 기만 전략을 사용해 일부 유대인들을 유혹해 자신에게 협력하게 했던 것으로 보인다. 그러는 사이에 다른 유대인들은 심지어 죽음에 이를 때까지도 끝까지 그에게 저항했다. 이런 시기에 무슨 일이 일어나고 있는지를 이해하고 나머지 사람들에게 좋은 지침과 지도력을 제공할 사람들이 절실하게 필요하다. 여기서는 그런 사람들을 가리켜 "지혜로운 자들"이라고 말한다(33~35절). 하지만 그들이라고 해서 박해라는 무시무시하고 깨끗하게 만드는 불을 피하지는 못할 것이다.

> 그가 또 언약을 배반하고 악행하는 자를 속임수로 타락시킬 것이나 오직 자기의 하나님을 아는 백성은 강하여 용맹을 떨치리라. 백성 중에 지혜로운 자들이 많은 사람을 가르칠 것이나 그들이 칼날과 불꽃과 사로잡힘과 약탈을 당하여 여러 날 동안 몰락하리라. 그들이 몰락할 때에 도움을 조금 얻을 것이나 많은 사람들이 속임수로 그들과 결합할 것이며, 또 그들 중 지혜로운 자

> 몇 사람이 몰락하여 무리 중에서 연단을 받아 정결하게 되며 희게 되어 마지막 때까지 이르게 하리니 이는 아직 정한 기한이 남았음이라. _단 11:32~35

하지만 셋째로 박해의 고통에는 한계가 있을 것이다. 박해는 끝나게 될 것이다. 혹은 여러 '마지막들'에 이를 것이다. 8장에서 살펴보았듯이 다니엘서와 같은 책에서 '마지막'이라는 말이 반드시 '우리가 아는 세상의 종말'을 뜻하는 것은 아니다. 우리는 결국 이 악의 세상에 결정적이며 궁극적인 종말이 찾아올 것을 알고 있다. 혹은 더 정확히 말하자면, 악이 종식되어 세상이 하나님이 의도하신 선과 아름다움, 기쁨, 평화로 회복될 것이다. 하지만 그럴 때가 오기 전이라도 극심한 고통의 시기가 영원히 지속되지는 않는다. 하나님의 백성에 대한 박해와 억압의 역사에는 부침이 존재한다. 다니엘의 환상에서는 정해진 때에 안티오코스의 극심하고 신성모독적이며 폭력적인 교만함에도 그런 '마지막'이 찾아올 것이라고 강조한다. 이 장에서는 그런 고통에 한계가 있을 것이라고 반복적으로 지적한다. 이런 박해가 꼭 있을 테지만 제한된 시간 동안만, 혹은 하나님이 정하신 기간만 지속될 것이다(단 11:24, 27, 29, 35, 36, 40).

그런 확신이 고통을 줄여주지는 않지만, 소망을 주는 것은 분명하다. 소망에 관해 묻는 것은 좋다. 고통당하는 하나님의 성도들이 가장 자주 하는 질문은 "오 하나님, 언제까지입니까?"였다. 이 질문은 성경 전체의 마지막 장들까지 줄곧 반복되었으며, 거기에서도 하나님의 주권적인 통제와 하나님의 궁극적인 구속적 정의에 대한 동일한 확신이 주어진다(계 6:9~11).

내가 이 장을 쓰고 있는 지금 나는 랭엄 파트너십의 동료들과 함께 일주일 동안 수련회를 하고 있다. 우리 단체의 지도자 중에는 레바논에서 살며 일하고 있는 시리아인 부부가 있다. 우리는 일주일 동안 함께 시편 119편을 읽고 있는데 카프(kaph) 단락을 읽을 때 그 부인은 84절이 시리아에 있든지, 레바논에서 난민으로 지내든지, 시리아 그리스도인들의 간절한 기도라고 말했다.

> 주의 종의 날이 얼마나 되나이까?
> 나를 핍박하는 자들을 주께서 언제나 심판하시리이까?
> _시 119:84

물론 그들은 이슬람 국가(ISIS)에 의한 끔찍한 폭력을 자행하는 사람들을 위해 기도하며 하나님이 그들을 회개로 이끄시거나 그들을 억제해 주시기를 간구한다. 물론 그들은 레바논의 난민 수용소에서 사는 이슬람 전사들의 가족들을 돌보는 값비싼 사랑을 기꺼이 실천한다. 하지만 그들은 그리스도인으로서 절실한 도움이 필요한 수많은 사람과 더불어 살아가며 그들을 위해 일하고 그들에게 복음을 증언하려고 애쓰면서 날마다 주께 간절히 묻는다. "이런 상태가 얼마나 오래 계속될 것입니까? 이 모든 파괴와 죽음, 상실, 고통이 끝날 때까지 우리는 얼마나 오래 기다려야 합니까?" 그들은 복수를 추구하지 않지만, 하나님이 공의롭게 행하시기를—성경에 자주 표현된 갈망의 마음으로, 하나님의 응답을 확신하며— 간절히 고대한다.

미래의 소망: 부활과 심판

하지만 그런 응답을 너무 늦게 받는 사람들, 환난의 시간 동안 죽은 사람들은 어떻게 될까(단 12:1)? 이런 궁극적인 질문—박해의 시간 중에 성도들이 불의한 죽임을 당하는 도무지 이해할 수 없는 상황—에 대해 다니엘서에서는 개인적인 부활에 대한 모호하지 않은 약속을 제시한다(단 12:2). 여기서 내가 '모호하지 않은'이라고 말한 이유는, 구약성경에서 죽음으로 인해 신실한 그리스도인들과 맺으신 하나님의 언약적 관계가 끝나지는 않을 것이라는 암시와 희망이 주어졌기 때문이다. 그러나 부활의 삶에 대한 약속은 명확하고 구체적이지 않다.[3] 아래의 본문들이 그런 방향을 가리키기는 하지만 구체적인 내용은 전혀 담고 있지 않다.

- ◆ 시편 16편에서는 시인이 죽어도 하나님이 그를 포기하시지 않으신다고 말한다. 심지어 그의 몸도 '안전히' 살 것이며 하나님 앞에는 '생명'과 '기쁨', '영원한 즐거움'이 있다고 말한다. 하지만 어떻게 그런 일이 가능할지를 탐구하지는 않는다.
- ◆ 시편 49편 15절에서는 하나님이 그리스도인을 악인의 운명인 스올, 즉 무덤에서 건져내실 것이라고 주장한다. 이는 그를 죽음으로부터 지켜주신다는 뜻일까? 죽음 이후에도 지켜주신다는 뜻일까?
- ◆ 시편 73편 23~24절에서는 하나님이 '후에는'—많은 이들은 이 단어가 죽음 이후를 전제한다고 생각한다— 시인을 영광으로 영접하실 것이라고 기대한다.
- ◆ 욥기 19장 25~27절에는 "나의 대속자가 살아 계시니"라는 유명한 구절이 포함되어 있으며, 욥이 죽더라도 하나님 앞에서 자신이 신원될 것을

기대하는 것처럼 보인다. 하지만 이 본문은 정확히 번역하기가 까다롭기로 악명이 높다.

◆ 이사야는 하나님이 결국 "모든 민족의 얼굴을 가린 가리개"(곧 죽음)를 제하실 것이라고 약속하며, 이는 그분이 "사망을 영원히 멸하실 것"이기 때문이라고 말한다(사 25:7~8). 따라서 하나님의 백성은 "주의 죽은 자들은 살아나고 그들의 시체들은 일어날" 그날, "티끌에 누운 자들"이 깨어나 기쁨의 노래를 부를 그날을 고대할 수 있다(사 26:19).

이 외에도 부활을 암시하는 공동체적이거나 대표적인 구절들이 있다. 이스라엘 전체가 회개하고 하나님께 돌아올 때 하나님이 그들을 다시 살리실 것이다(호 6:1~2). 그들이 포로 생활을 마치고 돌아올 때 그것은 수많은 죽은 이들의 뼈가 생명으로 회복되는 것과 같을 것이다(겔 37:11~14). 주의 종—자신의 생명을 다른 이들을 위해 내어주신 후 이스라엘을 대표하며 그들의 정체성을 공유하시는 분—은 "씨를 보게 되며 그의 날이 길 것"이다. 또한 하나님이 그분을 신원하시고 그분이 승리하실 것이다(사 53:10~12).

하지만 다니엘서의 마지막에서 이 약속은 명확하며 전혀 모호하지 않다.

> 땅의 티끌 가운데에서 자는 자 중에서 많은 사람이 깨어나 영생을 받는 자도 있겠고 수치를 당하여서 영원히 부끄러움을 당할 자도 있을 것이며, 지혜 있는 자는 궁창의 빛과 같이 빛날 것이요 많은 사람을 옳은 데로 돌아오게 한 자는 별과 같이 영원토록 빛나리라. _단 12:2~3

죽음은 스올의 음울한 지하 세계에서 그림자처럼 끝없이 사는 것이 아니라 '땅의 티끌 가운데서' 잠자는 것이 되었다. 그리고 박해 속에서 불의하게 죽음을 맞은 사람에게든, 이 땅에 엄청난 악을 자행한—하지만 공의에 직면하기도 전에 죽음으로써 '잘못을 하고도 심판을 받지 않은' 것처럼 보이는— 사람에게든, 죽음으로 미래가 차단되는 것이 아니다. 여기서 말하는 부활에는 차이가 존재한다. 어떤 이들은 부활로 '영생'을 받게 될 테지만, 어떤 이들은 부활로 '수치'와 '영원한 부끄러움'을 당하게 될 것이다. 신원과 속량을 행하시는 하나님이 심판도 행하실 것이다. 그러므로 부활은 의인에 대한 신원인 동시에 하나님의 공의에 대한 신원이기도 하다.

하지만 여기서 두 가지를 지적해두어야 한다. 첫째, 이는 고통과 죽음에 직면한 그리스도인 개인에게 큰 소망과 확신을 제공한다. 하지만 이것은 그저 개인적인 것이 아니다. 이러한 영생의 약속을 받은 이들이 그저 자신이 미래에 누릴 지복에 대해서만 확신하는 것이 아니다. 그들은 하나님의 백성의 공동체적인 구속에 참여할 것이다. 1절에 비추어 부활에 관한 이 두 절을 읽어야 한다. "그 때에 네 백성 중 책에 기록된 모든 자가 구원을 받을 것이라"(단 12:1). 성경의 다른 곳에서는 하나님의 궁극적인 목적은 완전히 새로운 창조 안에서 속량 받은 인류—모든 족속과 백성과 방언에서 부르심을 받은 하나님의 백성—가 충만한 부활의 생명 안에서 영원히 살게 된다고 분명히 가르친다.

둘째, 약속은 분명하지만, 세부 사항은 그렇지 않다. 죽음의 잠에서 깨어나는 것이 어떤 모습일지에 관해서 말해주지 않는다. 그 영생의 시간에 우리의 몸이 어떤 모습일지에 관해서 말해주지 않는다. 우리는 수많은 질문을 하고 싶지만—다니엘도 아마 그랬을 것이다— 그에게는 "이 말은 마지막 때까지 간수하고 봉함할 것임이니라"는 명령이 주어질 뿐이다. 대답을 얻을 때까지 기다려야 한다. 하지만 '마지막 때'가 이미 역사 안으로 파고들어왔다. 예수 그리스도의 부활이 바로 이렇게 묘사되었다. 첫 사도들의 놀라운 메시지는, 하나님이 십자가에 달려 죽으신 그리스도를 부활한 몸의 생명으로 다시 일으키신 주의 첫날에 (마르다가 죽은 오빠 나사로에 관해 예수께서 대답했듯이, 요 11:24) 모두가 '마지막 날'에 일어날 것이라고 믿었던 일을 기대하게 하는 사건—"잠자는 자들의 첫 열매"(고전 15:20)—이 일어났다는 것이었다. 그날 하나님은 궁극적으로 모든 하나님의 백성에게 현실이 될 그 일에 대한 보증을 미리 역사 안에서 보여주셨다. 예수의 부활은 믿음으로 그분 안에 있는 모든 사람에게 부활이 무엇을 의미할 것인지를 보여주는 본보기다. 하나님이 예수를 죽은 자 가운데서 다시 살리신 바로 그 능력이 "우리의 낮은 몸을 자기 영광의 몸의 형체와 같이 변하게" 할 것이다 (빌 3:21).

안녕, 다니엘
—일단은

_ 다니엘 12:5~13

다니엘서 10장 11절에서 시작된 사자(앞서 살펴보았듯이 아마도 천사 가브리엘일 것이다)의 말이 끝났고 다니엘은 홀로 강가에 서 있다. 하지만 사실 혼자가 아니었다. 그의 환상은 아직 끝나지 않았고 그에게는 대답을 받지 못한 질문들이 있었기 때문이다.

> 나 다니엘이 본즉 다른 두 사람이 있어 하나는 강 이쪽 언덕에 섰고 하나는 강 저쪽 언덕에 섰더니, 그 중에 하나가 세마포 옷을 입은 자 곧 강물 위쪽에 있는 자에게 이르되, "이 놀라운 일의 끝이 어느 때까지냐?" 하더라.
>
> 내가 들은즉, 그 세마포 옷을 입고 강물 위쪽에 있는 자가 자기의 좌우 손을 들어 하늘을 향하여 영원히 살아 계시는 이를 가리켜 맹세하여 이르되, "반드시 한 때 두 때 반 때를 지나서 성도의 권세가 다 깨지기까지이니, 그렇게 되면 이 모든 일이 다 끝나리라" 하더라.
>
> 내가 듣고도 깨닫지 못한지라. 내가 이르되, "내 주여, 이 모든 일의 결국이 어떠하겠나이까?" 하니, 그가 이르되, "다니엘아, 갈지어다. 이 말은 마지막 때까지 간수하고 봉함할 것임이니라. 많

은 사람이 연단을 받아 스스로 정결하게 하며 희게 할 것이나 악한 사람은 악을 행하리니 악한 자는 아무것도 깨닫지 못하되 오직 지혜 있는 자는 깨달으리라."

"매일 드리는 제사를 폐하며 멸망하게 할 가증한 것을 세울 때부터 천이백구십 일을 지낼 것이요, 기다려서 천삼백삼십오 일까지 이르는 그 사람은 복이 있으리라."

"너는 가서 마지막을 기다리라. 이는 네가 평안히 쉬다가 끝날에는 네 몫을 누릴 것임이라." _단 12:5~13

다니엘서는 수수께끼처럼 알쏭달쏭하게 끝나지만(지금까지 읽은 말씀을 생각하면 전혀 놀랍지 않다), 또한 이상하게도 우리에게 위로와 확신을 준다. 사실 다니엘조차 "내가 듣고도 깨닫지 못한지라"라고 말했음을 기억할 때 우리는 다니엘의 환상과 현재 역사 속에서 일어나는 사건이나 이른바 '종말'의 시간표 사이의 연관성을 수학적으로 정확히 계산해내는 것에 과도하게 집착하는 태도로부터 자유로워질 수 있다. 이 마지막 환상의 두 사람 중 하나가 "어느 때까지냐?"라고 물었을 때, 또한 다니엘 자신이 "이 모든 일의 결국이 어떠하겠나이까?"라고 물었을 때, 의도적으로 수수께끼 같은 대답이 주어진 것이 거의 확실하다. 7절의 "때"와 11~12절의 "일"이 뜻하는 바를 정확히 알아내고자 하는 모든 시도는 결국 혼란으로 이어질 뿐이다. 이 두 단어는 장차 백성이 당할 고통과 슬픔을 뜻하지만, 계속해서 우리에게 하나님이 궁극적으로 통제하시며 반드시 "이 모든 일이 다 끝나리라"는 확신을 준다.

그 외에 다니엘의 가르침은 "진정하고 하던 일을 계속하라"(Keep

calm and carry on)라는 유명한 말과 비슷하게 들린다. 두 번 반복되는 "갈지어다"라는 말은 퉁명하게 무시하는 말이 아니라 다니엘에게 하던 일로, 기도의 삶으로, 무엇이든 남아 있는 그의 삶으로 돌아가서 마지막까지 그것을 계속하면 된다고 그를 안심시키는 말이다. 개인으로서 그의 '마지막'은 틀림없이 곧 찾아올 것이다. 하지만 그에게도 그 마지막이란 잠, 곧 사나 죽으나 하나님이 그분의 백성에게 약속하신 안식일 뿐이다. 그리고 마지막 절에 기록된 약속은 그에게, 또한 바빌로니아와 페르시아, 예루살렘에서 끝까지 하나님을 신실하게 믿었던 사람들에게—삶에서 끝까지 믿음을 지키고 죽기까지 순종한 모든 장소와 모든 시대의 하나님의 백성들에게—하나님이 그들에게 주시는 위로와 확신의 말씀이다. 이것은 순전히 영적이며 비물질적인 약속이 아니다. '몫'이라는 단어는 분명히 이스라엘에 하나님이 그들에게 주신 땅을 분배했던 것을 지칭하며, 하나님의 속량하는 능력에 의해 이 땅에서 실현된 미래를 가리킨다. 우리는 새로운 창조의 현실, 즉 하나님이 약속하신 새 하늘과 새 땅에 참여할 것이다(사 65:17, 계 21:1~5).

우리가 하나님의 아들, 인자, 곧 주 예수 그리스도를 믿는 믿음을 통해 다니엘의 하나님을 우리의 하나님으로 알고 있다면, 하나님의 말씀에 기록된 이 약속이 우리에게도 주어질 것이다. "너는 안식할 것이다 … 너는 일어날 것이다 … 너는 받을 것이다."

이 말씀이 우리 귓속에서 울려 퍼지는 가운데 우리는 실로 다니엘처럼, 평화 안에서 나아가, 주를 사랑하고 섬길 수 있다.

그리스도의 이름으로, 아멘.

주

프롤로그

1. Jim Reeves, "This World Is Not My Home", *We Thank Thee* (RCA, 1962).

01. 타협 혹은 대결

1. George Orwell, "Notes on Nationalism," *England, Your England and Other Essays* (Secker and Warburg, 1953). 이 글은 Polemic (October 1945)에 처음으로 게재되었다. "민족주의 비망록,"《나는 왜 쓰는가: 조지 오웰 에세이》(한겨레출판)에 수록됨.

02. 순금으로 된 머리 진흙으로 된 발

1. 찬송가 Arthur Campbell Ainger, "God Is Working His Purpose Out as Year Succeeds to Year," (1894).
2. John Ellerton, "The Day Thou Gavest, Lord, Is Ended," (1870).

03. 절하라 그렇지 않으면 화형당할 것이다

1. 그렇게 하지 아니하실지라도"라는 말이 그들의 하나님이 그들을 구원하실 수 있다는 그들의 주장을 가리킬 가능성도 있다. 즉 그들이 "그분이 우리를 구원하실 수 없다고 할지라도, 우리는 당신이나 당신의 신들을 섬기지 않을 것입니다"라고 말했다는 것이다. 하지만 주석적 논증이 복잡하기는 해도 나

는 NIV(또한 대부분의 영어 번역본)에 반영된 해석(즉 "하지만 비록 그분이 그렇게 하지 않으시더라도")이 옳으며 옹호할 수 있다고 생각한다. NEB에서는 다음과 같이 미묘한 균형 잡기를 시도한다. "맹렬히 타는 풀무불로부터 우리를 구원하실 수 있는 신이 존재한다면, 그분은 우리가 섬기는 우리의 하나님이시고 그분은 당신의 권력으로부터 우리를 구원하실 것입니다. 하지만 그렇지 않더라도 우리는 당신의 신을 섬기거나 금 신상을 예배하지 않을 것임을 알아두십시오…."

04. 하늘에 계신 하나님이 땅에서 다스리신다

1. David G. Myers, Malcolm A. Jeeves, *Psychology Through the Eyes of Faith* (Leicester: Apollos, 1991), 131~132. 《신앙의 눈으로 본 심리학》(IVP).
2. 같은 책, 135.

05. 벽에 쓰신 글씨

1. Philip Jenkins, *The Great and Holy War: How World War I Changed Religion For Ever* (New York: HarperOne, 2014).

06. 사자들에 맞서

1. "공적 질서와 도덕, 건강, 이 부분의 다른 조항에 복종하는 모든 사람은 양심의 자유와 종교를 자유롭게 고백하고 실행하고 선전할 자유를 똑같이 지닌다." "1949년 인도 헌법" 25조 1항.
2. 1991년 "네팔 헌법"에서 인용.

08. 숫양과 숫염소, 그리고 마지막

1. 다니엘서의 '다리오'를 고레스와 동일 인물로 간주해야 한다는 매우 강력한 주장이 존재한다. '다리오'라는 용어는 개인의 이름이 아니라 왕의 호칭이다. 주요한 주석에서는 이 문제를 다루고 있다. 이 관점을 취하는 이들은 "이 다니엘이 다리오 왕의 시대, 즉 바사 사람 고레스 왕의 시대에 형통하였더라"라는 다니엘 6장 28절에 대한 NIV의 각주에 동의할 것이다.
2. 이것은 하나님의 진노가 아니라 안티오코스의 진노를 가리킨다(공동번역과 달리 원서에서 인용한 NRSV에서는 "큰 진노가 이스라엘 위에 내렸다"라고 번역함—역주). 이 책에서는 그리스인들 아래에서 유대인들이 당한 고통을 하나님이 죄로 인해 그들에게 내리신 심판으로 해석하지 않는다.

09. 모범적 기도, 불가사의한 예언

1. '70년'은 '어림잡은 숫자'일 가능성이 크다. 실제 포로 기간(예루살렘 함락으로부터 유대인들이 그들의 땅으로 돌아갈 수 있도록 허락하는 고레스의 칙령까지)은 주전 587년에서 538년까지 대략 50년이다. 약 70년에 해당하는 기간을 찾는다면 두 기간이 이에 해당할 것이다. (1) 주전 605년(카르케미시 전투에서 이집트 군대를 격파한 후 느부갓네살의 통치가 시작된 시점)에서 주전 538년(고레스에게 바빌로니아가 멸망 당한 때)까지, (2) 주전 587년(성전이 파괴된 해)부터 주전 516년(성전 재건이 완료된 해)까지. 다니엘은 첫 번째 가능성을 택하여 바빌로니아의 70년이 고레스의 승리를 통해 종식될 것으로 생각하는 것처럼 보인다. 스가랴 1장 12~16절에서는 두 번째 가능성에 따라 70년을 이해하는 것처럼 보인다.
2. 이 기도는 에드워드 4세 재위기였던 1549년에 영국 국교회의 첫 번째 공동기도서에 처음으로 수록되었다.

10. 대단원과 작별인사

1. 본문에서는 천사의 이름을 가브리엘이라고 밝히지 않지만, 천사인 화자가 "메대 사람 다리오 원년"에 활동했다고 밝히고 있으며(단 11:1) 이는 그가 9장 21절에서 같은 해에 다니엘에게 보냄을 받은 가브리엘과 동일한 천사이자 8장 15~16절의 바로 그 천사임을 뜻한다.
2. Bianco da Siena, "Come Down, O Love Divine," trans. *Richard Frederick Littledale* (1867).
3. 사람들은 흔히 구약 안에 죽음 이후의 삶, 부활, 영생에 관한 가르침이 이토록 드문 이유가 무엇인지 묻곤 한다. 한 가지 이유는, 이스라엘이 죽음과 내세에 대해 병적인 매혹을 느끼고 심지어는 집착했던 주변 문화와 완전히 구별되기를 하나님이 바라셨기 때문이라고 생각한다. 예를 들어, 이집트에서 그럴 만한 여유가 있는 사람들(특히 파라오들)은 장차 죽은 이들의 세계 속에서 자신이 거할 '집'을 준비하는 데에 평생을 바치고 엄청난 돈을 쓰곤 했다. 피라미드와 무덤, 미라 등이 그 증거다. 구약에서는 죽음에 대한 집착이 아니라 삶의 선함, 선한 피조물 안에서의 삶을 가르치며 사람들에게 지금 하나님이 앞에서 최선을 다해 살라고 말한다. 구약의 이스라엘에게 죽음은 악이자 적이었다. 그 너머에 있는 것은 신비였다. 하지만 주 하나님 여호와께서는 삶에 대한 주이신 것처럼 죽음에 대한 주이시기도 하다(신 32:39, 삼상 2:6). 또한 그분은 죽은 지 얼마 되지 않은 이들을 다시 살리시는 능력을 지니신 분으로 알려졌으며(왕상 17장, 왕하 4장), 따라서 그들은 죽음 너머에 무엇이 있든지 그분을 신뢰하며 살 수 있었다.

성경 색인

예레미야

에스겔

다니엘

호세아

아모스

하박국

스가랴

마카베오상

마태복음

누가복음

요한복음

사도행전

로마서

고린도전서

고린도후서

에베소서

빌립보서

주제 색인

ㄱ

ㄷ

ㄹ

ㅁ

ㅂ

ㅇ